本书得到国家社科基金一般项目资助，项目名称：青藏地区多元文化与社会主义核心价值观融合研究　项目编号：16BKS125

本书还得到青海师范大学马克思主义学院学科建设经费资助

文化与价值

崔治忠 ◎ 著

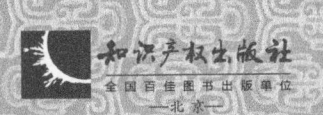

图书在版编目（CIP）数据

文化与价值/崔治忠著. —北京：知识产权出版社，2022.1
ISBN 978-7-5130-7874-0

Ⅰ.①文… Ⅱ.①崔… Ⅲ.①价值（哲学）—文化研究 Ⅳ.①B018-05

中国版本图书馆 CIP 数据核字（2021）第 234047 号

责任编辑：韩婷婷　国晓健　　　　责任校对：王　岩
封面设计：臧　磊　　　　　　　　责任印制：孙婷婷

文化与价值

崔治忠　著

出版发行：	知识产权出版社 有限责任公司	网　　址：	http://www.ipph.cn	
社　　址：	北京市海淀区气象路 50 号院	邮　　编：	100081	
责编电话：	010-82000860 转 8359	责编邮箱：	176245578@qq.com	
发行电话：	010-82000860 转 8101/8102	发行传真：	010-82000893/82005070/82000270	
印　　刷：	北京虎彩文化传播有限公司	经　　销：	各大网上书店、新华书店及相关专业书店	
开　　本：	720mm×1000mm　1/16	印　　张：	15	
版　　次：	2022 年 1 月第 1 版	印　　次：	2022 年 1 月第 1 次印刷	
字　　数：	236 千字	定　　价：	78.00 元	
ISBN 978-7-5130-7874-0				

出版权专有　侵权必究
如有印装质量问题，本社负责调换。

序 言

党的十八大指出,社会主义核心价值体系决定着中国特色社会主义发展方向,是凝聚全党全国各族人民思想共识和磅礴力量的重要工具,是引领社会思潮的定盘针和指向标。在要求加强社会主义核心价值体系建设的同时,十八大报告倡导积极培育和践行社会主义核心价值观。党的十八大之后,习近平总书记在多种场合宣传社会主义核心价值观,深刻诠释核心价值观的基本内涵、内在联系、重要意义以及培育和践行途径,对社会各界培育和践行社会主义核心价值观提出明确要求。可以说,在全社会倡导培育和践行社会主义核心价值观是十八大以来党和国家推进中国特色社会主义文化建设的重要举措。各级党组织、政府部门和企事业单位积极响应党中央的相关要求,认真推进社会主义核心价值观宣传教育工作落细落小落实;社会各界人士特别是领导干部、先进模范、公众人物、广大青少年积极培育和践行社会主义核心价值观。就成效而言,社会主义核心价值观得到广泛弘扬,中国特色社会主义更加深入人心,马克思主义在意识形态领域的指导地位更加巩固,全党全国各族人民的共同思想基础不断得到夯实。

但不可否认,社会主义核心价值观的培育和践行还存在如下问题:一是持续性不够。价值观的塑造是一项长期工作,需要常抓不懈。然而,在现实生活当中,存在忽重忽轻、时断时续的问题。有些单位和部门重视一阵之后就置之不理,有些单位和部门上级强调就重视,上级不强调就无视;有些单位和部门忙时忽视闲时抓一抓。不止有些单位和部门如此,一些党员干部亦是如此。普通老百姓忙于生活和工作,持续培育和践行社会主义核心价值观的动力不足。二是深度不够。社会主义核心价值观的培育和践行是一项细致入微的工作，搞搞形式、走走过场是远远不够的。但在现实生活当中，有些地区、单位、行业社会主义核心价值观的培育和践行还没有完全落细落小落实。相关的广告牌和标语到处都是，但对如何将社会主义核心价值观与普通老百姓的日常生活有机联系起来思考不多、研究不深、宣传不够。三是广度不够。社会主义核心价值观是当代中国的主流价值观，是全党全国人民都要培育和践行的价值观。不可否认，我国存在一定程度的城乡和区域差别，再加上不同阶层、不同行业、不同受教育程度的人对社会主义核心价值观的认识和接受程度不一样，这就导致社会主义核心价值观的培育和践行存在地区、单位、行业差别。特别是在一些"老少边穷"地区，社会主义核心价值观的培育和践行还存在一定的盲区。

党的十九大报告指出，要以培养担当民族复兴大任的时代新人为着眼点，强化教育引导、实践养成、制度保障，发挥社会主义核心价值观对国民教育、精神文明创建、精神文化产品创造生产传播的引领作用，把社会主义核心价值观融入社会发展各方面，转化为人们的情感认同和行为习惯。当前，深入推进社会主义核心价值观的培育和践行，需要处理好以下三个关系：一是社会主义核心价值观与社会主义文化、中华传统文化以及其他文化的关系。二是社会主义核心价值观与其他核心价值观的关系。三是社会主义核心价值观的培育和践行模式与传统道德培育和践行模式的关系。第一重关系实际上就是社会主义核心价值观与多元文化的关系。文化之间的不同可以体现在形式、载体、历史传承、社会影响等方面，但价值观方面的差异是最根本、最深刻的区别。在文化当中，价值观处于核心地位。因此，不同的价值观就决定了文化的多元和多样。当前，中国特色社会主义文化是我国文化的主体，中华传统文化是根基，其他外来文化是重要补充。就中华传统文化而言，既包含儒家文化、道家文化以及中国化的佛教文化、伊斯兰教文化、基督教文化，又包含汉族文化和55个少数民族各自的文化。社会主义核心价值观要成为全体人民共同的价值追求，就需要中国特色社会主义文化成为引领中华传统文化创造性转化和创新性发展的主导力量，成为规范其他文化的重要力量。第二重关系揭示了不同价值观之间的复杂关系。有些价值观相互冲突，有些价值观相互补充，有些价值观既有相互冲突的内容又有相互补充的内容。有些价值观在彼时相互补充但在此时相互冲突，有些则始终冲突或补充。总体来说，社会主义核心价值观是当代中国精神的集中体现，但还与其他价值观存在复杂的关系。只有处理好社会主义核心价值观与其他价值观的关系，才能使社会主义核心价值观发挥最大效用。第三重关系关注历史与现实、知与行。社会主义核心价值观是当代中国的主流价值观，但它不是凭空产生的。中华优秀传统价值观是社会主义核心价值观的思想根源，马克思主义价值观是理论基础，我们党带领人民进行的革命、建设和改革伟大实践是现实基础，实现社会主义现代化和中华民族伟大复兴是阶段性奋斗目标。社会主义核心价值观不只是思想观念，更是价值理念。因此，社会主义核心价值观的价值就体现在对人民群众所思所想所行的影响上。但是，社会主义核心价值观要内化于人民群众的心灵当中，外化为人民群众的现实行动，就必须被广大人民所认知、认同和践行。对不同的人来说，具体的认知、认同和践行方式是不一样的。这就要求我们立足不同地区、不同单位、不同行业的具体情况，采取切实有效的方式引导人们认知、认同和践行社会主义核心价值观。中华民族是重视教育和道德养成的民族，在漫长的历史发展过程中，积淀形成了一系列行之有效的道德养成和践行模式。批判继承传统道德养成和践行模式不仅能够丰富社会主义核心价值观培育和践行的路径，而且能够增强各族群众对社会主义核心价值观的情感认同和自觉践行意识。

在全社会推进社会主义核心价值观的培育和践行是一项系统工作。对普通群众来说，掌握社会主义核心价值观的基本内涵和践行路径即可。但对理论工作者而言，还需要关注社会主义核心价值观培育和践行过程中遇到的理论问题和现实问题。具体来说，可能遇到的理论问题包括社会主义核心价值观三个层面十二个价值理念之间存在什么样的逻辑关联，社会主义核心价值观如何应对其他价值观发起的挑战，社会主义核心价值观与社会主义文化存在什么关系，社会主义核心价值观如何引领各种社会思潮，如何把文化建设与社会主义核心价值观的培育和践行有机结合起来，如何推进社会主义核心价值观的时代化和大众化，如何借鉴传统优秀价值理念，等等。可能遇到的现实问题包括如何把社会主义核心价值观融入老百姓的日常生活，如何让社会主义核心价值观规范人们的言行举止，如何使社会主义核心价值观的宣传更接地气、更入人心，当社会主义核心价值观与人们既有的价值理念发生冲突时如何引导人们坚持社会主义核心价值观，如何推进社会主义核心价值观培育和践行的长期化与制度化，如何把社会主义核心价值观的培育和践行与传统文化的传承和弘扬有机结合起来，等等。当然，上述理论问题和现实问题并不是泾渭分明的，有些理论问题本身也是现实问题，有些现实问题也是理论问题。解决这些问题既需要哲学社会科学工作者树立问题意识、坚持问题导向、深化理论研究、破解理论难题，也需要实务工作者立足实际情况、坚持原则立场、大胆改革创新、推进社会主义核心价值观的培育和践行工作。

理论问题不同于现实问题，前者主要涉及是什么，后者主要涉及怎么做。或许有人会提出批评，指出理论问题也可以关注怎么做。例如，学者们对社会主义核心价值培育和践行路径的研究就是回答怎么做。笔者认为，"做某事的方法"必须与实际相关联，脱离实际的纯粹理论层面的"方法"不是现实的方法，最多只是可能或潜在的方法。可能的方法能否解决实际困难还是一个需要实践检验的问题。当然，理论问题和现实问题并不是截然分开的，有些理论问题与现实关系较近，有些较远。例如，如何处理社会主义核心价值观与其他价值观的关系就是与现实关系较为密切的理论问题，社会主义核心价值观三个层面十二个价值理念之间的逻辑关系就是离现实比较远的理论问题。因此，对理论问题的解答也存在抽象程度高低的问题。本书从哲学维度分析了文化与价值、多元文化与多元价值、价值与核心价值观、社会主义核心价值观与中华文化、社会主义核心价值观与传统优秀儒家道德文化之间的关系，较为系统地回答了价值的含义与功能、价值在文化中的地位、多元文化的发展轨迹、核心价值观与文化的关系、社会主义核心价值观的内涵与特征、新时代如何培育和践行社会主义核心价值观等理论问题。这些理论问题看似与社会主义核心价值观的培育和践行关系不太密切，但实际上是始终存在并深刻影响社会主义核心价值观培育和践行效果的根本问题。

本书就是围绕这些重要关系和根本问题而展开的，具体包括前言、正文和结语三个部分。其中，第一章分析了文化的定义、本质和功能。文化是一个容易产生歧义的词。在不同的语境当中，文化概念的含义就不一样。在现实层面，文化是人的生活样式；在本质层面，文化是人类本质的对象化和历史积淀；在生成层面，文化是自然的人化和人的自然化；在历史层面，文化是人类在历史发展过程中智力活动的总和。文化具有重要的功能。对个人来说，文化能够培育认知模式、塑造价值取向、规范行为举止、增强归属认同；

对社会而言，文化有助于政治秩序的维护和政治功能的发挥，有助于推动经济可持续发展和生态文明建设；对民族和国家来讲，文化是一个民族之所以是该民族的灵魂，是国家生命力、创造力和凝聚力的集中体现；对人类来说，文化能够引导人们认识自己和认识世界，能够促进人类改造自己和改造世界，能够推动人类社会不断向前发展。

第二章介绍了多元文化及其发展趋势。在人员、资本、商品及信息交流日益密切的今天，人们越来越多地感受到多元文化的影响。多元文化不同于静态结构中的多样文化，多元文化是共时性的异质文化，并且处在相互联系、相互作用和相互影响的关系当中。多元文化的相互作用有良性、中性和恶性之分，其中，多元文化之间的良性互动是符合个人、民族和国家利益的互动，也是有利于人类社会发展的互动。多元文化之间的良性互动不是文化之间的"敬而远之"，而是相互尊重基础上的共生互补。

第三章首先对价值和评价概念做了分析，然后对文化、价值观以及两者的内在关系做了说明，指出价值观是文化的核心。与文化概念一样，价值是一个难以准确下定义的词。价值不是事物的属性，而是事物对人的需要的意义。价值具有主体性和客观性、相对性和绝对性、多样性和统一性。此外，价值还有内在价值和工具价值之分。其中，价值的多样性是多元文化得以存在的前提，统一性是多元文化共生互补的保障。价值是评价活动的对象和结果，而评价活动是人类一切理性活动的基本要素。不管是认识活动抑或是实践活动，都离不开价值评价。评价对认识、实践、人与社会发展都具有极为重要的作用。不同于价值体系，价值观是人们对于价值本质和价值评价标准、原则与方法的认识的体系。在文化的内部结构和诸多内容当中，价值观是核心，而多元价值观融合是多元文化共生互补的根本前提。

第四章首先分析了社会主义核心价值观的基本内涵和社会主义核心价值观与社会主义核心价值体系的内在关系，指出社会主义核心价值观是中国特色社会主义文化的核心；其次揭示了社会主义核心价值观的价值意蕴，指出社会主义核心价值观继承和发展了我国优秀传统价值理念，运用和体现了马克思主义的基本立场、观点和方法，凝炼和丰富了社会主义核心价值体系，借鉴和超越了西方主流价值观；最后阐述了中华文化认同的重要意义和面临的挑战，指出在全社会培育和践行社会主义核心价值观有助于增强全国各族人民对中华文化的思想认同、历史认同和情感认同。

第五章专门分析了社会主义核心价值观的培育和践行。社会主义核心价值观是先进和科学的价值观，但要对人民群众发挥价值引领和行为规范作用，就必须被广大人民认知、认同和践行。本章首先结合不同群体的实际情况，提出了社会主义核心价值观的认知、认同和践行方式；其次分析了社会主义核心价值观与中华优秀传统道德文化的关系，指出要以传统儒家道德文化中的对应价值理念丰富社会主义核心价值观，以其他优秀价值理念充实社会主义核心价值观；最后揭示了传统儒家文化包含的道德培育模式和践行模式，指出社会主义核心价值观的培育和践行必须借鉴和吸收传统优秀道德培育模式和践行方式，深化社会主义核心价值观的入脑入心入行。

本书是笔者在教学之余抽时间写作而成的。其中，第四章和第五章的主体部分作为学术论文已经发表在相关刊物，其余部分为首次面世。具体来说，第四章第二节以《社会主义核心价值观的价值意蕴》为题发表在《理论探索》2015年第3期，第四章第三节分别以《社会主义核心价值观的培育与践行：基于中华文化认同的视角》和《社会主义核心价值观与中华文化认同》为题分别发表在《领导之友》2016年第13期和《理论导刊》2016年第5期。第五章第一节以《社会主义核心价值观的认知认同与践行》为题发表在《苏州科技大学学报》2017年第2期，第五章第二节以《中华传统道德文化与社会主义核心价值观》为题发表在《广西社会主义学院学报》2016年第5期，第五章第三节以《社会主义核心价值观弘扬中华优秀传统道德思想的三个维度》为题发表在《广西社会主义学院学报》2018年第1期。感谢上述期刊的编辑对论文提出的宝贵意见和建议，他们对拙作的认可鼓舞了笔者。另外，本书也是国家社科基金一般项目"青藏地区多元文化与社会主义核心价值观融合研究"（项目编号：16BKS125）结项成果的一部分，特此感谢国家社会基金对本书的资助。

崔治忠

2021年7月

前 言

生物学告诉我们，人是哺乳动物，但在日常生活当中，人们通常将自己与其他动物区别开来，在言说"动物"时，把自己排除在动物之外。例如，动物园里没有被关起来且被其他动物观赏的人，《动物世界》纪录片没有关于人的生存和交往的专题内容。直观来看，前后似乎存在不融洽的地方。实际上，这种不融洽反映了人的独特之处。作为动物，人与其他动物一样依赖于物质能量的摄入和新陈代谢。但不同于其他动物，人能够进行理性思维，能够运用语言表达自己的思想和情感，能够创造工具改造世界。

随着人类改造世界能力的不断提高，人与其他动物的差别越来越大。在早期人类社会，狮子、老虎、豹子、豺狼等体型较大的肉食动物是人类的天敌，它们的生活领地就是人类活动的边界。闯入老虎出没的区域就意味着生命有可能受到伤害。但在今天，人类的足迹已经遍布天涯海角，其他动物的生存空间大为缩小。狮子、老虎、豹子、豺狼、鲨鱼不再是人类的天敌，反而成为需要人类保护的对象。那么，是什么使人类与其他动物出现了如此大的差距？亚里士多德认为，人跟其他动物的根本区别在于人有理性思维，而其他动物则没有。通过观察猴子、狗、海豚等动物的行为，我们很难说它们不具有理性思维的能力。同样，同一种动物特别是群居动物之间也存在交流交往活动，只不过它们使用的工具不同于人类使用的工具。黑猩猩可以制作简单的工具捕捉白蚁，猴子也可以通过垒箱子来摘取挂在屋顶的香蕉。由此可见，创造简单工具还不能把人与其他动物区别开来。那么，人与其他动物的根本区别在哪里？笔者认为，人是具有创造意识和创造能力的动物。随着创造意识和创造能力的不断提高，人与其他动物的差距就会持续拉大。

在哲学史当中，肉体与心灵、物质与精神相对应。哲学家对人的分析通常采取肉体与心灵二分的方法，并且把心灵视为人的本质存在。但是，心灵是什么样的存在？心灵包含哪些东西？心灵与肉体存在什么样的关系？这些问题是当代心灵哲学关注的重要问题。随着科学技术的快速发展，另外一个问题日益受到哲学家的关注，这就是机器能否超越人类，或者说，机器会不会独立思考？在电子计算机诞生之前，这些问题不会成为人们慎重思考的问题。但在今天，人工智能技术已经得到广泛应用，智能驾驶、智能操控、人机智能对话等先进技术深刻影响人们的日常生活。智能机器不再是零部件的简单组合，开始具备人的某些能力，甚至在信息储存、数据计算、运行时间、工作环境要求等方面远超人类。在这种情况下，很难对机器能否超越人类给出明确答案。尽管信息技术和人工智能技术还会快速进步，但笔者认为，机器毕竟是机器，无法完全超越人类。这是因为人类不仅有信息储存能力、计算能力、操作能力，还有自我反思能力和自我提高能力。

结合人与其他动物的区别和人与智能机器的区别，可以得出人类具有的一种本质特征。这就是人不仅能够认识和改造外在对象，而且能够认识和改造自我，并在认识和改造自我的过程中不断深化对客观世界的认识和改造。也就是说，人不单纯是由基因和环境所决定的自在物，更是在认识和改造世界的过程中不断趋向自由的自觉者。当然，实现自由状态的过程是漫长和曲折的。从肉体维度来说，作为个体的人的存在时间在100年左右。但人类对自然界和自我的认识已经经历了数百万年，有文字记载的历史也有好几千年。人的一生不同于其他动物依赖生物本能而生存，也不同于智能机器依靠程序设定来运行，人可以通过教育获得以往人类对自然和自我的认识，还可以通过创新创造深化对自然和自我的认识。也就是说，人一方面接受历史的熏陶，另一方面又创造历史。正是在这一层意义上，人既不同于其他动物，也不同于智能机器。

严格来说，"接受历史的熏陶"是不准确的说法。因为历史已经逝去，无法影响当下的人。准确的说法应是"接受历史文化的熏陶"，再精确一些就是"接受文化的熏陶"。正如本书正文所言，文化是一个极为复杂和庞大的系统。学习历史文化可以得到至少三个方面的信息：一是人类发展的历程。从宇宙的角度来说，四五千年甚至数百万年是非常短暂的，但对人类历史发展而言是极为曲折和坎坷的。了解人类发展的历程就能够明确自己所处的历史阶段。二是人类认识和改造世界的成果。这些成果不仅推动人类社会发展到今天，而且为当今人们继续推动人类社会发展提供了丰富资源。三是人类的价值追求。文化形成于人类对世界的认识和改造过程中，并表现为物质文化、精神文化和制度文化等。文化之所以形成并不断丰富，就在于文化包含着人们的根本价值追求。时代在发展，人们的价值追求也在不断发生变化。但是，不管人的生存环境怎么改变，人的追求怎么变化，有些基本追求不会改变，如和平、安全、真善美、平等、自由、诚实、守信等。这不是说人们的根本价值追求是固定不变的。相反，随着时代的发展，人们要不断深化对根本价值追求基本内涵和实现路径的认识。

文化的形成和发展既离不开具体族群或民族的共同价值追求，也离不开具体族群或民族生存的自然环境和生产方式。正因为不同族群或民族生活在不同的自然环境当中，从事着不一样的生产活动，对自我和世界形成各具特色的认识，才造就了世界文化的多元多样。也正因为人们具有相同或相似的根本价值追求，不同文化之间才可以实现共存共生共荣。人的自觉活动都受到价值目标的指引，人的认识和实践活动都包含价值评价活动。只要有人存在，就有价值存在。人的实践活动的种类有多少种，引领实践活动的价值就有多少种。在诸多价值当中，有些价值处于核心地位，对其他价值发挥着引领作用。这些价值就是核心价值，由核心价值构成的价值观就是核心价值观。不同的民族有不同的文化，不同的文化有不同的核心价值。

中华民族是在漫长历史发展过程中形成的"多元一体"民族。其中，"一体"为中华民族，"多元"为56个民族。与之相对应，中华文化是中华民族在认识和改造客观世界的过程中形成的文化。从民族角度来说，56个民族的文化都是中华文化的有机组成部分，其中，汉族文化是中华文化的主体。从基本构成来说，儒家文化是中华传统文化的主体，道家文化、佛教文化和中国化的伊斯兰文化、基督教文化是重要组成部分。从历史发展角度来说，中华文化是源远流长、开拓创新的文化。在当代，中国特色社会主义文化是中华文化的主体，中华优秀传统文化是根基。在不同时代，中华文化包含的核心价值不尽相同。与中华民族在近代以来遭遇的苦难和机遇相类似，中华文化也存在现代转型和创新发展的问题。由于价值观在文化当中处于核心位置，文化的创新发展势必包含价值观的转型升级。

新中国成立之后，特别是改革开放以来，我国经济社会发生了翻天覆地的变化。人民生活水平的改善和国家综合实力的提升推动了中华民族快速迈向现代化。但是，人的现代化、民族的现代化和国家的现代化不仅表现为物质条件的改善，还表现为精神状态的提升。人的精神状态的提升集中体现为思想道德素质和科学文化水平的提升，民族精神状态的提升集中体现为民族凝聚力、向心力和创造力的增强，国家精神状态的提升集中体现为文化软实力的提高。相比于经济快速发展，我国的文化建设还不能满足人民日益增长的美好精神生活需求，国民的思想道德素质和科学文化水平还不高，国家文化软实力还不强。在持续推动经济社会科学发展的同时，我们党大力推进中国特色社会主义文化建设。党的十八大提出在全社会培育和践行社会主义核心价值观，将人的现代化、民族的现代化和国家的现代化推到新的历史高度。

社会主义核心价值观是我们党在坚持马克思主义价值观、弘扬中华优秀传统价值观和借鉴吸收其他人类优秀价值观的基础上提出的具有科学性、先进性和实践性的价值观。社会主义核心价值观包含三个层面十二个价值理念，其中，每个价值理念包含丰富的内涵，每个层面的四个价值理念对应不同的领域，三个层面的价值理念构成层次分明、逻辑严密、主旨突出的价值体系。社会主义核心价值观是中国特色社会主义文化的核心，是当代中华文化的核心。在全社会培育和践行社会主义核心价值观必须把发挥先进典型和动员发动广大人民群众有机结合起来，必须把社会主义核心价值观内化于心和外化为行有机结合起来，必须把社会主义核心价值观的培育和践行与传承和弘扬中华优秀传统文化有机结合起来。培育和践行社会主义核心价值观绝不是死记硬背和照搬照用十二个价值理念，而是要系统全面地认识三个层面十二个价值理念的丰富内涵，在思想上认同、在情感上接受、在行动上践行社会主义核心价值观。社会主义核心价值观的培育和践行不是一时之需，而是引领中华民族和中国人民迈入现代化的根本价值观，是现在和未来很长一段时期全党全国人民的主流价值观。要推进社会主义核心价值观的入脑入心入行，就必须与中华优秀传统文化结合起来，一方面以优秀传统价值理念补充和丰富社会主义核心价值观；另一方面借鉴吸收传统优秀道德培育模式和践行模式。只有当社会主义核心价值观成为人民群众日用而不知的价值引领，社会主义核心价值观的培育和践行才能落细落小落实，中华传统文化才能实现创造性转化和创新性发展，中国特色社会主义文化才能转化成为激励全国各族人民奋力实现中华民族伟大复兴的强大精神动力。

目录
>>CONTENTS

第一章　文化及其功能　　001

第一节　文化的定义 / 001
　　一、语境 / 002
　　二、语境与文化 / 004
　　三、哲学层面的文化 / 007

第二节　文化的本质 / 010
　　一、在现实层面，文化是人的生活样式 / 011
　　二、在本质层面，文化是人的类本质的对象化和历史积淀 / 013
　　三、在生成层面，文化是自然的人化和人的自然化 / 015

第三节　文化的功能 / 018
　　一、文化对个体的功能 / 019
　　二、文化对社会的功能 / 024
　　三、文化对民族和国家的功能 / 029
　　四、文化对人类的功能 / 035

第二章　多元文化及其发展趋势　　042

第一节　多元文化 / 042
　　一、多元文化概念的使用 / 043
　　二、多元文化的定义与实质 / 045

第二节　多样文化的形成与多元文化问题 / 050
　　一、多样文化的形成 / 050

二、多样文化之间的相互作用 / 054

第三节　多元文化的共生互补 / 060

　　一、多元文化互动日趋频繁 / 061

　　二、共生互补是多元文化互动的价值追求 / 062

　　三、多元文化共生互补的实现路径 / 064

第三章　价值、评价以及价值观与文化的关系　　066

第一节　价　值 / 066

　　一、价值的定义 / 069

　　二、价值的主体性与客观性 / 072

　　三、价值的相对性与绝对性 / 075

　　四、价值的多样性和统一性 / 077

　　五、内在价值与工具价值 / 079

第二节　评　价 / 082

　　一、评价活动与评价标准 / 082

　　二、评价与认识、实践 / 090

　　三、评价的功能 / 096

第三节　价值观与文化 / 103

　　一、价值观 / 104

　　二、文化结构 / 112

　　三、价值观是文化的核心 / 120

第四章　社会主义核心价值观与文化认同　　133

第一节　社会主义核心价值观是中国特色社会主义文化的核心 / 134

　　一、社会主义核心价值观 / 134

　　二、社会主义核心价值观的核心地位 / 143

　　三、社会主义核心价值观是中国特色社会主义文化的核心 / 150

第二节　社会主义核心价值观的价值意蕴 / 155

一、社会主义核心价值观是对我国优秀传统价值理念的继承与发展 / 156

　　二、社会主义核心价值观体现了马克思主义的基本立场、观点和方法 / 157

　　三、社会主义核心价值观是对社会主义核心价值体系的凝炼与丰富 / 159

　　四、社会主义核心价值观是对西方主流价值观的超越 / 162

第三节　社会主义核心价值观与中华文化认同 / 164

　　一、中华文化认同及其重要意义 / 164

　　二、当前中华文化认同面临的挑战 / 167

　　三、以社会主义核心价值观的培育和践行强化中华文化认同 / 170

第五章　社会主义核心价值观的培育和践行　　178

第一节　社会主义核心价值观的认知、认同与践行 / 178

　　一、社会主义核心价值观的认知方式与强化措施 / 179

　　二、社会主义核心价值观的认同模式与影响因素 / 182

　　三、社会主义核心价值观的有效践行模式 / 185

第二节　借鉴和吸收优秀传统价值理念 / 188

　　一、传统儒家道德文化的基本特征与对其的批判性继承 / 189

　　二、以传统儒家道德文化中的对应价值理念丰富社会主义核心价值观 / 191

　　三、以传统儒家道德文化中的其他优秀价值理念充实社会主义核心价值观 / 194

第三节　借鉴传统儒家文化中的道德培育模式和践行模式 / 197

　　一、继承中华优秀传统道德培育模式 / 198

　　二、采纳中华优秀传统道德践行方式 / 201

结　语　　206

参考文献　　214

后　记　　221

第一章 ▶ 文化及其功能

"文化"是人们惯于使用的一个概念,也是人们既熟悉又陌生的一个词。熟悉的一面表现为大家都在使用和言说文化,陌生的一面表现为人们对文化的确切含义并不清楚。从哲学维度来说,文化就是人的自然化和自然的人化。其中,人是关键性的因素。这是因为文化不仅是人类创造的,更是为人类自身所创造。文化的产生和存在与人的愿望的实现密不可分。因此,文化与价值密切关联。那么,文化的确切含义是什么?文化与价值存在什么样的内在关联?对这些问题的解答是分析社会主义核心价值观与多元文化融合可能性和必要性的前提。

第一节 文化的定义

"文化"是一个使用极为广泛但含义极不确定的词。不管是普罗大众抑或是专家学者,要想给"文化"下一个确切定义是非常困难的,要想下一个大家都能够接受的定义更是难上加难。与其他词语一样,"文化"的含义不是先天确定的,而是在人们的日常生活中被赋予的。词语的用法不同,其含义就不同。正因为如此,我们需要对"文化"概念做一番语用和语义分析的工作。搞清楚人们是在什么层面上使用"文化"一词的,"文化"在不同层面具体有什么样的含义。

从某种意义上来说,理解就是交流。一个人对属于自己的思想观念不存在理解的问题,当需要理解什么东西时,就说明理解的对象是自己不熟悉的。理解某一对象就是认识主体将关于该对象的认识纳入自己的思想观念体系之中或在自己的思想观念体系中建构关于该对象的认识。每个人都有自己的思想观念体系，在该观念体系之中又有诸多次一级的思想观念体系。不同的思想观念体系就是理解和交流得以进行的思想背景或语境。语境不同，对事物的理解就不同。例如，在不同的语境当中，人们对同一块石头的理解就不一样。农民认为石头影响了土地的耕种，建筑师则把它作为原料看待，艺术家考虑石头的艺术价值，普通老百姓只会把石头作为跟水、空气一样司空见惯的事物。与对石头的理解一样，对文化概念的理解也依赖于具体的语境。因此，在分析文化的含义之前，需要了解语境以及语境与文化的关系。

一、语境

与其他概念一样，抛开具体的言说语境，"文化"没有确切的含义。不仅概念如此，语句甚至一个理论只有在具体的语境当中才有确切的意义。例如，大家都非常熟悉"人"这一概念，如果抛开具体的言谈语境，孤零零地谈论"人"这个词，言谈主体就不知道"人"这个词具体指的是什么。如果把言谈"人"的行为置于不同的语境当中，"人"的确切含义就不一样。在偷盗或抢劫现场，当犯罪嫌疑人说"人"这个词的时候，很可能是在提示同伙提高警惕。生物学家在讲人与猩猩的生物学关系时，所提及的人不是具体的某个人，而是作为类的动物学意义上的人。中国传统哲学中的人不是作为动物的人，而是处于家庭伦理关系当中的社会人。走进教室，看见教室里面有人，这里的人不是抽象的人，而是具体的作为学生或老师的人。此外，言说时的语气、书写时使用的标点符号，都会影响词语的具体含义。例如，一个愤怒的人所说的"人"很可能不同于一个享受成功喜悦的人所言说的"人"。同样，要掌握"文化"的确切含义就必须先明确使用该词的具体语境。那么，什么是语境？语境为什么会决定词语的意义？语境中发挥重要作用的成分或要素是什么？回答这些问题是进一步明确"文化"含义的前提。

构成一个言谈语境，必须具备一些基本要素。例如，言谈的主体、工具和内容。由于言谈可以是跨时空的，因此，言谈语境对时间和地点的要求并不明显。言谈不是主体指向对象的单线条的述说，而是主体和对象之间的互动。这种互动不一定是外在的、有物质媒介的互动，也可以是内在的思想互动。从这一层意义上来说，言谈没有截然分明的主体和客体之分，所有的参与者既是主体也是客体。除此之外，语境还要有主题。对一个语境来说，主题可能有多个，在言谈的过程中主题也可以不断变换。主题有大有小，主题明确的语境是界限比较分明的语境。与之相反，主题零散或经常变化的语境是相对松散的语境。在语境当中，主题是起核心作用的因素。那么，主题的核心作用体现在什么方面？笔者认为，其核心作用主要表现在以下三个方面：一是确立言说的大致范围。在一个语境当中，不同的主体，其言说的内容可以不同，但必须围绕同一个主题。否则，言说内容会成为主体之间交流的障碍。二是限定言谈内容的意义。一个词语可以有许多意义，一种意义可以用不同的词语表达。在一个语境当中，主题就像磁石一样影响着词语的意义，指引着词语的使用。三是决定语境的层次。毫无疑问，关于相对论的言谈主题明显不同于关于今天天气怎么样的言谈主题，两个主题所决定的语境完全不属于同一个层次。前者属于学术共同体，后者属于普罗大众。当然，离开了学术语境，专业人员也就是普通百姓。在言谈活动中，随着主题的改变，语境也随之变换。例如，在访谈节目中，谈论的主题既可以是非常专业的问题，也可以是极为普通的话题。在主题变化的过程中，语境在不断改变，词语和语句的意义也在发生改变。

  主题核心作用的发挥，必须通过言谈主体来实现。在一个语境当中，所有的主体都在谈论主题，但并不是任何人都能影响或改变语境。影响语境的往往是该言谈主体中的核心人物或言谈活动的组织者。因此，语境是一个或紧密或松散的思想交流共同体。这个共同体既可以是宏大的社会组织，如国家、民族、宗教、地区组织，也可以是两人之间在场或不在场的思想交流。例如，在阅读一本书时，读者可以与作者进行不在场的思想交流。一个人可以生活在语境不断变化的世界，但不能生活在没有语境的世界。马克思所讲的人的本质是一切社会关系的总和，就是从政治经济学层面揭示人的社会依赖性。人不能生活在没有语境的世界，这揭示了人的思想交流的社会依赖性。或许有人会问，流落在孤岛的鲁滨孙虽然孤身一人，不也活得好好的吗？笔者认为，思想交流的社会依赖性或言谈的语境相关性并不只是表现为人与人之间的物理联系，还表现为人与人之间的思想交流；不仅表现为现实的交流，还表现在已经发生或潜在的交流。鲁滨孙脱离了社会组织，但没有脱离人类社会，他仍然可以和不在场的人进行虚拟的思想交流。

  人的言谈活动离不开语境，揭示了语境的普遍性；语境随着主题的变换而变化,揭示了具体语境的相对性。语境的普遍性和具体语境的相对性启示人们,绝不可以抛开具体的语境去追逐意义的确定性。美国哲学家奎因(W. Quine)针对指称的不确定性列举了一个有名的例子。他讲,一位语言学家在非洲考察,发现一名土著人指着奔跑的兔子大喊"gavagai"。那么,"gavagai"指称什么东西呢?是指一只兔子,还是兔子的某一部分,甚至是兔子飞快奔跑的动作?[1] 显然,在土著人使用"gavagai"的具体语境之外,该语言学家是没有确切答案的。语言行为具有语境相关性是客观存在的事实,无所谓好与坏。人们应该主动认识和适应这种语境相关性,抛弃追求脱离一切语境的绝对意义的想法。相反,要沉下身子,穿梭于不同的语境当中,寻求具体语境当中词语或语句的确切意义。语境的层次具有相对性,一个具体的语境可能是由诸多更小的语境构成的。因此,在一个语境当中,词语含义的确切性也是相对而言的。正因为如此,人们不应该奢求对同一个词语或语句形成完全相同的理解。或者说,绝对确定的意义是不存在的,即使在同一个具体的语境当中。

二、语境与文化

词语含义的语境相关性和语境层次的相对性否决了词语具有完全确定的含义,但是,在不同语境中词语含义的相对确定性还是可以得到保障的,否则,人们相互之间的交流就无法开展,同心协力的工作就无法进行,世界的秩序就不能建立起来。如前所述,"文化"是使用极为广泛但又极不规范的一个词。使用的广泛性表现为,除不同民族和国家的文化之外,不同地区和社会组织也有自己独特的文化。此外,人们可以把许多行业、产业与文化连在一起,表达行业或产业特有的文化。正因为"文化"一词使用的场合极为广泛,也就催生了使用的不规范。这种不规范表现为人们可以用"文化"表达很不相同的含义,例如,人们既可以在抽象层面谈论人类的文化,也可以在微观层面谈论一家企业的文化或一个人的文化修养,但各个层面的文化含义是很不相同的。那么,"文化"一词为什么会出现这种现象,而"基因""相对论"等词的使用就相对规范一些?

---

[1] QUINE, WILLARD. Word and Object [M]. Cambridge: The MIT Press, 2013: 25-26.

回答这一问题就必须结合人类改造自然的实践活动,自从人类诞生之后,就出现了文化。尽管不同氏族、部落和民族使用不同的词描述文化,但"文化"指称的对象始终是存在的。相反,基因、相对论、电子、因特网等概念是科学技术较为发达之后才提出来的。相对而言,新产生的词语含义比较确定,使用范围较窄,运用就规范一些。此外,人们使用"文化"概念的门槛很低,即使没有多少知识基础的人也可以谈论文化,但专业领域的概念就不同了。你不可能跟一个没有多少知识的人大谈特谈相对论,也不能跟一个根本就不了解现代信息技术的人深入地谈论因特网。文化是由作为类的人创造的,人们既可以站在类的层面言谈文化,也可以从地区、民族甚至个体人的角度谈论文化。因此,使用门槛低、使用范围广、使用规则不确定等因素是"文化"具有含义模糊性的重要原因。在回答了"文化"一词使用极为广泛又极为混乱的原因之后,应该解释"文化"一词使用极为广泛又比较混乱的本质。

使用混乱并不等同于使用错误。错误的词语使用就是所用的词语全然不能准确表达言说主体的思想。而词语使用的混乱既可以表现为词语使用的错误,也可以表现为人们把不同层面或不同阶的意义放在一起言说。例如,人们不应该把古代文化、东方文化、基督教文化、上海都市文化、微软企业文化、潮汕饮食文化、人的文化修养等概念混在一起谈论。当人们谈论中国传统文化的时候,熟悉中国传统文化的人应该知道其主要包括哲学思想、政治思想、宗教思想、文学艺术等。但是,人们在谈论西北饮食文化时,绝不是在讲西北人民在饮食过程中体现出来的哲学思想。那么,人们运用"饮食文化"概念要表达什么意思?能不能用其他词语代替"饮食文化"?显然,"饮食文化"这个词是没有问题的,因为人们都在用,而且用起来比较方便,尽管其含义非常模糊。按照日常语言学派的主张,词语的意义要从词语的具体使用中去探求。人们使用"饮食文化"不是要指称物质层面的食品和饮料,而是指代体现在具体食品和饮料之内的独特做法和价值追求。如果说"饮食文化""娱乐文化""旅游文化"等词与抽象层面的文化有直接关联的话,那么,"文化人""文化课""文化作品"中的"文化"就显得更为宽泛。当人们称呼一个人是"文化人"的时候,并不是要表达这个人有独特的思想观念和价值追求,而是在表达这个人有知识。同样,"学文化""有文化"中的

"文化"不是指一般意义上的文化思想，而是指知识。因此，"文化人"可以被"知识人"替代，"学文化"可以被"学知识"替代，"有文化"可以被"有知识"替代。但是，"文化课""文化作品""文化修养"中的"文化"不能被"知识"取代，这里的"文化"不是指包含自然科学知识和人文社会科学知识在内的一般知识，而是特指人文知识。"文化课"特指讲授人文知识的课程，"文化作品"特指哲学社会科学领域的作品，"文化修养"特指人文层面的修养或素质。

人们在不同层面使用"文化"概念，但不会必然导致使用的混乱。那么，如何避免使用混乱呢？笔者认为，关键在于明确言说的语境，将词语的意义限定在同一个语境当中。例如，在谈论古代文化的时候，就不能赋予"文化"以知识、人文精神或食品的制作工艺等含义。在谈论饮食文化的时候，就不能进入哲学层面言说文化，因为饮食就是解决人们吃饭问题的活动，很难扯到哲学意义。尽管有人从喝茶和饭菜的制作上挖掘蕴含其中的哲学道理，但总给人一种牵强附会的感觉，最多是从饮食活动中找到与哲学思想相类似的因素。因此，笔者认为，只有划清言谈的范围，明确语境的界限，才能梳理清楚该语境中词语的具体含义。当然，要绝对划清语境的界限是不可能的事情，但尽可能划清界限和追求语义的确定性应该成为人们认识活动追求的重要目标。只有把每一个语境的界限划清楚了，具体语境中"文化"的含义才能相对确定下来。不同语境中的"文化"构成了人们言说文化的庞大思想观念体系。

那么，语境是什么？怎样划分语境的界限？笔者认为，语境是一种思想观念层面的场域，这种场域不是自然界中独立存在的事物，而是人们在思维活动中建构起来的对象。因此，划清语境的界限就是确定言谈共同体广泛认可的语境。构建语境虽然是主体的思维活动，但不是漫无目的和没有原则的主观臆想。共同认可的语境包含明确的主题、诠释主题的基本理论以及相关附属理论。如果把言谈活动比作科学活动，那么，语境就类似于库恩所说的"范式"。只有在共同的范式基础上，科学家共同体才能展开有效的学术交流与合作。当然，随着科学的发展，"范式"也在不断更新。与之类似，语境是言谈活动充分开展的前提，但语境不是一经建构就固定不变的，而是处在不断变化当中。

那么，这些不同语境中的"文化"为什么能够说得通？或者说，不同语境中的"文化"概念相互之间有什么样的关联？笔者认为，可以用维特根斯坦的"家族相似"理论来解释。维特根斯坦反对本质主义，拒绝给词语下定义。因为他认为事物之间没有共同的本质，只有"家族相似性"。而且，"家族相似性"只是一事物与另一事物之间的不完全相似性，不是所有事物具有的共同相似性。例如，一个家族里面，有些人面孔相似，有些人身材相似，有些人性格相似，但所有人没有共同的相似性。❶ 在笔者看来，要给一个词下一个绝对确定的定义是不可能的，但可以在具体语境中下一个大家能够接受的定义，而且，这个定义可以在言谈过程中发生改变。如果接受了这一个观点，人们寻求词语定义的活动就能得到解释，追求词语使用规范和意义确定性的活动就得到理论支撑。

三、哲学层面的文化

对不同语境中的"文化"概念，能不能进行宏观层面的区分？当然，回答这个问题的前提是回答为什么要区分。按照分析哲学的传统，区分的目的是为了把混杂在一起的事物按照一定的标准区别开来，界定各自的适用范围和事物之间的细微差别。在这里，目的等同于任务或目标。在价值层面，目的就是满足人的某种需要。跟区分其他概念一样，区分"文化"概念的价值目的就是消除人们言谈方面的含混不清，保障思想表达和信息传递的有效性。可以说，思想表达不清晰和主体间交流不畅是制约社会发展的重要因素。而思想表达不清晰的根本原因是思想本身就不清晰，思想是语言的意义，语言是思想的载体。思想产生于人的意识活动当中，因此，要确保思想的清晰明白，最直接和最根本的途径就是规范语言的使用。而规范语言使用的主要方面就是划清词语使用的具体范围，明确词语合理运用的语境。

人们在不同层面使用"文化"概念，概括起来讲，可以粗略划分为三类：一是微观具体层面的文化。例如，面是中国人特别是北方人的主要食品，但一碗简单的面，不同地方有不同的做法，拥有不同的味道。兰州牛肉面、陕西臊子面、山西刀削面、北京炸酱面、武汉热干面、重庆小面等各有各的做

---

❶ WITTGENSTEIN. Philosophical investigations [M]. Oxford：Basil Blackwell Ltd, 1967：32.

法和味道，体现了不同地区独特的面食文化。二是中观层面的文化。例如，中国56个民族各有自己的文化，同时，共同构成"多元一体"的中华文化，这里的文化不再是具体事物体现出来的独特的工艺或价值，而是一类事物共同体现出来的思想。再比如，北京都城文化、上海都市文化、西安历史文化都包含极为丰富的内容，需要作理论层面的概括和抽象才能把握各自的主旨。三是宏观层面的文化。如果从中华文化、欧洲文化、中东文化、印度文化等概念继续往上抽象和概括，就会得到最一般层面的文化。这种最抽象层面的文化是相对自然界而言的，是人在生产实践活动中创造出来的。这三类划分具有相对性和片面性，其相对性体现为，微观、中观、宏观层面的文化是相对而言的，因为没有一个可以被人们广泛接受的明确的划分方法和标准。例如，相比于一般意义上的人类文化，中华文化是中观文化，但相比于中华诗词文化、楹联文化、儒释道文化而言，中华文化又是宏观层面的文化；就清代湖南诗词文化而言，中华诗词文化又是宏观层面的文化。同样，如果在哲学层面研究文化，最一般层面的文化又成为哲学研究的具体内容。当然，从某种意义上来讲，哲学本身是人类文化的一个组成部分。这种划分的片面性表现为划分结果的单一性。实际上，人们可以在不同维度对文化进行划分。例如，从时间、地区、国家、民族、宗教、文化类型、文化内容等角度划分文化种类。本书给出的划分方法只是一种比较简单实用的方法而已。当人们在谈论文化时，首先要搞清楚是在什么层面谈论文化，只有明确了谈论的层次，才能进入大家共同谈论的语境。

　　不管是微观层面还是中观层面的文化，其意义取决于宏观层面文化的含义。例如，要搞清楚兰州牛肉面所蕴含的文化，就必须先掌握文化的一般意义。如果不清楚文化的意义和规范"文化"概念的使用，那么，所谓的饮食文化、企业文化、旅游文化不过是对"文化"概念的误用或哗众取宠的产物。那么，什么是文化？《现代汉语词典（第7版）》给"文化"下了三层定义：一是人类创造的物质财富和精神财富的总和，特指包括哲学、宗教、艺术、教育和科学在内的精神财富；二是运用文字的能力及一般知识；三是考古学用语，指由同样的工具和制造技术所代表的文化类型。显然，第一层定义是宏观抽象层面的定义。《英汉双解大字典》给文化（culture）下的定义是人类智力成就的总和，包括艺术、风俗习惯、社会制度等。对比这两类定义，可以发现一般意义上的文化特指人类在生产实践活动中创造出来的精神财富。《现代汉语词典（第7版）》之所以认为文化包含物质财富，不是因为物质财富本身是文化，而是因为物质财富体现了人类智力活动。例如，一辆汽车本身不是文化产品，但汽车的生产体现了制造者的智力活动，因此，汽车是文化的载体。要进一步区分"文化"概念的内涵和外延，就必须搞清楚"文化"一词的属性。

文化不是像"天安门""故宫"一样有专门所指的专名，也不是像"男人""汽车""飞机""马"一样是对一类事物的统称。当然，"文化"也不同于"金山""孙悟空""玉皇大帝"等空名，因为文化有指代的对象，而且指代的对象不是人们纯粹思想活动的产物。按照罗素的摹状词理论，"文化"不是名称，而是非限定摹状词。在语法结构中，"文化"可以作为主词，例如，"中华文化是源远流长的，中华文化是多元一体的"。在这个句子中，中华文化是主语，"是"是系词，"源远流长的"和"多元一体的"作为形容词修饰主词。对"中华文化是源远流长的"进行语义分析，它就等价于"有且只有一类事物，该类事物是中华民族在漫长历史发展过程中智力成就的体现"。通过转化，"中华文化"就消解为"中华民族在漫长历史发展过程中智力成就的体现"。这也反映了人们对"文化"概念的理解，即文化就是在生产实践活动中人类智力成就的体现。

在抽象层面，文化与文明是人们很容易混淆的一对概念。但如果仔细考察，就会发现两者有明显区别。例如，中华文明近似于中华文化，但两者有各自的侧重点。中华文明是中华民族在漫长历史发展过程中创造的精神财富和物质财富的总和，相对于中华文化侧重于精神财富，中华文明更突出物质财富。如果说中华文化是中华民族在认识自然和改造自然的过程中形成的思想观念和制度体系的总和的话，中华文明就是中华民族在历史发展过程中认识自然和改造自然能力与水平的集中体现。正因为如此，农业文明不同于农业文化，工业文明不同于工业文化，文明古国不同于文化古国。习近平在党的十九大报告中指出，从2020年开始，经过30年的艰苦奋斗，到本世纪中叶把我国建设成为社会主义现代化强国。"到那时，我国物质文明、政治文明、精神文明、社会文明、生态文明将全面得到提升。"❶ 显然，这里的"文明"不能代之以"文化"。就拿物质文明和政治文明来说，物质文明的含义是物质生产实践活动的先进程度，政治文明的含义是政治组织、政治活动、政治制度的先进程度。如果把"文明"代之以"文化"，那么，"物质文化"要么成为由"物质"和"文化"构成的并列词组，要么是"物质的文化"的缩写。就前者而言，物质与文化既相互区别又并列在一起。就后者而言，"物质的"修饰"文化"，这里的文化就是指体现或蕴含在物质当中的思想观念和价值追求。物质的文化相对于非物质的文化，非物质的文化是存在于人们头脑中的思想观念和人们拥有的生产技艺。为了进一步明确"文明"与"文化"之间的区别，我们可以举社会主义文化建设的例子。讲到"社会主义文化建设"，人们并不感到陌生，并且知道文化建设的内容。但如果讲"社会主义文明建设"，人们就会感到迷惑，不知道文明建设的具体含义与所指。只有在"文明"前面加上"物质""精神""政治""社会""生态"等词时，"文明建设"才能说得通。但这里的"文明"不同于"文化"。尽管文明与文化有着明显的区别，但两者也有内在关联，文明和文化都是相对于人而言的，都是人类智力成就的体现。

第二节　文化的本质

从语境的角度对文化进行分类，明确不同层次文化含义的区别，指出文化是人类智力成就的总和，似乎能够帮助人们较好地把握文化的含义。但实际上，文化的含义依然模糊。当然，这种模糊性是由两方面的原因导致的：一是文化概念内涵的笼统和外延的宽广，二是人们很难下一个确切的定义来刻画文化概念的含义。如果按照早期语言哲学的观点，含义模糊且无法界定清楚的概念就应该被人们抛弃，代之以含义明确的人工语言。但是，"文化"概念是不可能被抛弃或代替的，这是因为人们已经广泛接受了"文化"概念，而且，"文化"概念的运用有不断扩展的趋势。此外，从抽象层面特别是从哲

---

❶ 习近平. 决胜全面建成小康社会　夺取新时代中国特色社会主义伟大胜利 [J]. 求是, 2017 (21).

学层面言说世界，是人类认识世界和改造世界的现实需要，也是人类思维的高贵之处。如此一来，文化概念含义的模糊性就不是缺点，而是一种正常态。但是，含义模糊的概念总是不利于人类认识世界的。因此，要想办法克服这种模糊性。对"文化"来说，消除模糊性的一个重要手段就是先多方位诠释其含义，然后综合不同维度的理解形成整体的认识。下面，笔者就从现实层面、本质层面和生成层面分析"文化"的意义。

一、在现实层面，文化是人的生活样式

与文明一样，文化的自觉是建立在对其他文化认识的基础之上的。倘若生活在封闭的社会当中，接收不到外界的任何信息，一个人是不会对文明和文化有自觉意识的。近代以来，随着国门被打开，中外之间人员、物资、信息交流开始频繁起来，一些知识分子意识到内外之间的差别。除人种、器物、制度方面的明显区别外，还有文化方面的不同。那么，什么是文化？胡适认为，文化就是人们的生活方式。与之类似，梁漱溟主张文化"不过是那一民族生活的样法罢了"❶。如果从哲学层面来看，把文化定义为人们的生活方式或生活样法是很不准确的。原因有三：一是哲学层面的文化试图从理论层面把握人类创造出来的主要包括哲学、宗教、艺术、道德和各种制度在内的智力成就。而生活方式或生活样法则是具体的，是人们衣食住行的方式和建立其上的对外界的认识。显然，抽象的文化与具体的生活方式是不在一个层面的两个概念。二是哲学层面的文化包含人类诞生以来所创造的一切思想观念和制度体系，但生活方式或生活样法则是对当下人们现实生活的概括。人们虽然可以通过历史研究和考古发现推测古人的生活场景，但古人具体的生活方式则不可能复原。不同于具体的生活方式或样态，哲学层面的文化关注生活方式或样态蕴含的人们的思想观念、价值追求、伦理道德、宗教信仰等精神性的内容。三是生活方式的不同并不意味着文化的不同。在信息技术快速发展和社会结构剧烈变革的今天，一个家庭中长辈与晚辈、丈夫与妻子之间可能存在生活方式的巨大差异，但不能由此推出他们各自的文化不同。

既然如此，是不是意味着文化与生活方式截然不同呢？笔者认为，文化

---

❶ 曹锦清. 儒学复兴之路：梁漱溟文选 [M]. 上海：上海远东出版社, 1994：15.

概念具有语境依赖性，如果从哲学层面来审视，就会发现文化与生活方式是不能等同的。但在现实生活层面，文化就是人们的生活方式或生活样态。这就是古人讲的"道不远人"。道虽然是抽象、玄远的，但道来自日用伦常，又必须回归日用伦常。唯有如此，道器才能统一。与之类似，哲学层面的文化概念是人们总结归纳自己的生产实践活动而形成的。这是文化产生的源头。同时，文化还要回归生产实践活动，通过以文化人、以文育人来提高人们认识自然和改造自然的主动性，提高人们从事生产实践活动的能力。在现实层面，文化不仅不能脱离人们的生活，而且渗透在生活的各个方面，并影响着人们的认识和行为。正因为如此，胡适和梁漱溟才把文化界定为人们的生活方式或生活样法。❶ 这里有一个问题，抽象的文化与具体的生活是如何统一起来的？实际上，现实生活处处离不开思想观念的指导。具体来说，人的言行举止是有筹划的，是受一定思想观念支配的，并指向具体的目的。就拿简单的穿衣吃饭来说，人们总先有一个为什么穿衣吃饭、穿什么衣服、吃什么饭以及怎么穿衣和吃饭的认识。在日复一日、按部就班的生活当中，人们似乎不再考虑这些问题，但实际上最初是考虑过的，只不过后来就遵照答案行事，除非有特别的情况发生。例如，突然变天了或要出席重要活动，就需要重新思考穿什么衣服和怎么穿衣服的问题并形成指导行动的思想观念。如果把这些思想观念抽离出来，就成为理论层面的文化。如果运用这些思想观念指导人们的行为举止，文化就表现为人们具体的生活方式。

　　在现实层面，文化表现为人们的生活方式，但反过来不能说人们的生活方式就是文化，因为"人们的生活方式"又是一个非常笼统的概念。其中，"人们"指的是全体人类、一个民族、一个国家抑或是一个村社。对一个村民来说，其他村民可以概括为"人们"，但对国家而言，一个村社的人就不能称为"人们"。在谈论文化时，"人们"的范围就应该确定下来。例如，谈中西文化的差别时，"人们"或者指称中国人，或者指称西方人。谈论上海都市文化的时候，"人们"指的是在上海生活的人。当然，"人们"是一个概称，有些时候指言谈范围内所有的人，有些时候指大部分人。由于每个人的生活方式不同，对人们生活方式的概括始终存在概率问题。此外，"生活方式"也是

---

❶ 衣俊卿. 世纪之交中国文化哲学研究述评 [J]. 深圳大学学报，2003（1）.

很难界定的一个词。晚上工作、白天睡觉是不是一种生活方式？喜欢吃麻辣的川菜算不算一种生活方式？热衷于户外旅行是不是一种生活方式？等等。如果这些不算生活方式，那么，"生活方式"就离人们太远了。如果算生活方式，那么，文化就与生活习惯或生活爱好没有差别。人们直接用生活习俗或习惯就可以了，没有必要使用晦涩的"文化"概念。需要说明的是，当我们讲文化在现实层面是人们的生活方式的时候，"人们"指的是言谈语境中的所有人或大部分，"生活方式"指的是具体的衣食住行，"人们的生活方式"就是大部分人的共同的生活方式，且这种生活方式与另一文化语境中人们的生活方式不同。如果不同文化语境中的大部分人都坚持晚上睡觉、白天工作，那么，在做文化研究时指出人们坚持晚上睡觉、白天工作，就没有学术价值。因为创新是研究的根本目的和动力，也是人类智力成就的重要体现。

二、在本质层面，文化是人的类本质的对象化和历史积淀

将文化界定为人们的生活方式，倒是便于人们接受，但要掌握文化的含义，就需要抛开具体的现象，捕捉生活背后的思想观念。文化是相对于人而言的，离开人和人类社会，就没有文化。❶ 这里所说的人是作为类的人，因为文化不是个体创造的产物，相反，个体是文化影响的产物。荀子在《王制》篇中说："水火有气而无生，草木有生而无知，禽兽有知而无义，人有气、有生、有知，亦且有义，故最为天下贵也。"（《荀子·王制》）荀子把人与水火草木禽兽区别开来，指出"人最为天下贵"。人与禽兽的区别在于前者有知且有义，而禽兽只有知。站在认识论的角度，我们无法证明禽兽有知，禽兽之所以能够生存依靠的是本能。对此，马克思曾给出了非常有名的诠释。他讲："蜘蛛的活动与织工的活动相似，蜜蜂建筑蜂房的本领使人间的许多建筑师感到惭愧。但是，最蹩脚的建筑师从一开始就比最灵巧的蜜蜂高明的地方，是他在用蜂蜡建筑蜂房以前，已经在自己的头脑中把它建成了。"❷ 荀子认为，"人力不若牛，走不若马"，但牛马为用。人之所以能驾驭牛马，根本原因在

---

❶ 黄骏. 文化社会学视野中的文化与多元文化互动 [J]. 中南民族大学学报, 2008 (1): 168-172.
❷ 中共中央马克思恩格斯列宁斯大林著作编译局. 马克思恩格斯选集（第2卷）[M]. 北京: 人民出版社, 2012: 169-170.

于"人能群而彼不能群"。不管是有知且有义,还是"明分使群",人与禽兽的根本区别在于人是社会性动物。牛马可以成群,但不能组成社会。人之所以能够组成社会,有三个原因。首先,组成社会是个体的人得以生存的前提。离开社会组织,单个的人很难生存。其次,人具有理性思维能力和从事生产活动的能力。最后,社会性是人的根本属性。劳动创造了人,而劳动是一种群体性活动。人是从事生产实践活动的人,这就决定了人的社会性。马克思认为:"通过实践创造对象世界,改造无机界,人证明自己是有意识的类存在物,就是说是这样一种存在物,它把类看作自己的本质,或者说把自身看作类存在物。"❶ 正因为如此,在本质层面,文化就是人的类本质的对象化和历史积淀。❷

那么,人的类本质是什么?马克思在批判费尔巴哈的时候指出,费尔巴哈撇开现实的社会关系去孤立地观察宗教情感,把人作为抽象的孤立个体,把人的本质理解为许多人具有的纯粹自然的共同性。❸ 然而,人是具体的,是处于一定社会关系当中的存在物。因此,对人的类本质的理解必须把具体的社会关系作为逻辑前提。人是有意识的类存在物,因此,人的本质也就是人的类本质。人的类本质就是人是有意识的社会存在物。这里蕴含两层含义:一是人是社会存在物。人之所以成为人,就是因为他处在一定的社会关系之中。脱离了社会,人就成为有意识的动物。他或许可以依靠自然界的馈赠生存下来,但绝不能享受人的正常社会生活。然而,古往今来的许多思想家脱离具体的社会关系来谈论人的属性、特征和本质,因此,都没有抓住人的具体的社会属性。他们对人的理解或许非常深刻,但与现实中的人总有一层隔膜。二是人是有意识的动物。有意识是人与人结成社会组织的必要条件,也是人与其他动物最明显的区别。从某种意义上来说,人是社会存在物就内在包含着人是有意识的动物。但从人是有意识的动物并不能推出人是社会存在物。因此,在刻画人的类本质的时候,要在"社会存在物"之前加上"有意

---

❶ 中共中央马克思恩格斯列宁斯大林著作编译局. 马克思恩格斯全集(第3卷)[M]. 北京:人民出版社, 2002: 273.

❷ 衣俊卿. 世纪之交中国文化哲学研究述评[J]. 深圳大学学报. 2003(1): 72-81.

❸ 中共中央马克思恩格斯列宁斯大林著作编译局. 马克思恩格斯选集(第1卷)[M]. 北京:人民出版社, 2012: 135.

识的"作为限定。这里有一个问题，即能不能把"人是有意识的社会存在物"改为"人是处于一定社会关系中的理性动物"。从构成要素来看，两句话都包含了社会属性和理性两个要件。但是，前者强调的重点在"社会存在物"，后者强调的重点是"理性动物"。如果要刻画人与其他动物的区别，第二句话比较合理。但是，要刻画人的本质属性，第一句话就更有优势。

笔者认为，在强调人的社会属性和理性特征的同时，还要突出人是有欲望的动物。其他动物有需求，但人不仅有生存需求，还有欲望。借助于理性思维能力，欲望就成为推动社会发展的动力。正是在欲望的驱使和理性的引导下，人们结成一定的社会组织，按照一定的分工进行生产实践活动，在改造自然的过程中为自然界打上人的"印记"。这一过程就是人的类本质的对象化。在类本质对象化的过程中，人们创造了精神财富和物质财富来满足自己的需要。而文化就体现在人的类本质对象化的一切活动当中。随着人类社会不断向前发展，人的类本质对象化的产物不断积累，就形成了人类的文化传统。那么，在人的类本质对象化的过程中是什么东西转化成为文化？举例来说，在远古社会，人们为了捕杀一头跑得飞快的鹿，需要很多人协作打猎。人们被分为三列分别从三面进行围捕，将敞开的一面引向封闭的山口，当鹿被赶进山口之后，就可以合力捕杀了。在这一活动中，人们使用的简单工具、具体的捕杀场景、鹿的特征、人们排列的次序并不是文化的内容。相反，制造简单工具的方法，捕杀活动的组织，人与人之间的分工等才是文化学者关注的对象。而工具的制造、捕杀活动的组织、人们的分工是人们思想观念对象化的产物。因此，人的类本质的对象化实际上就是人的思想观念的对象化。当然，这里的人指的是社会的人，思想观念的对象化发生在人们的生产实践活动当中，对象化的载体是经过人类改造的自然界。

三、在生成层面，文化是自然的人化和人的自然化

从生成维度来看，在人类诞生之前，类人猿是大自然的一部分，整个世界就是自然界。随着人类的诞生，世界出现了分化。一方面，人类是自然界的一部分；另一方面，人类又构建了人类社会，开辟了人化自然。马克思认为，人类的文化创造包括两个过程：一个是人们把自身从自然界分离出来的

过程，另一个是人自我发展和自我创造的过程。❶ 概括起来讲，文化的创造过程就是自然的人化和人的自然化。自然的人化就是人类在生产实践活动中改造自然以满足自身的物质文化需要，从而使自在的自然成为人化的自然。自在的自然和人化的自然的区别在于后者打上了人的"印记"，这个"印记"就是人的主观愿望和思想观念的自然化产物。可见，自然的人化和人的自然化是同一个活动的两种效果。但是，由于生产力水平不同，生产实践活动中自然的人化和人的自然化的程度也不一样。一般来说，生产力水平比较低的时候，人的自然化程度就比较低。反之亦然。人的自然化的水平和层次反映了社会生产能力的高低和文化发展的层次。与类本质的对象化一样，自然的人化和人的自然化本身并不是文化，但反过来可以说文化就是自然的人化和人的自然化。这是因为文化是自然的人化和人的自然化过程中蕴含的思想观念与智力成就。这些思想观念和智力活动原本在人们的头脑中，它们要成为他人可以理解和传承的文化就必须借助于生产实践活动并附着在人化的自然上。因此，文化创造和文化发展发生在人与自然相互作用的过程当中。一方面，文化使人与自然相分离；另一方面，文化又在弥合人与自然的隔阂。❷ 需要注意的是，随着分工的细化和科学技术的发展，一部分文化产品的创作并不需要人们直接与自在的自然打交道，但不能完全脱离自然界，因为创作的主体和主体使用的工具都依赖于自然。实际上，自从人类社会诞生之后，人化的自然就日益成为自然界的重要组成部分，人们跟人化的自然打交道就是跟自然界打交道。

就文化而言，自然的人化和人的自然化表现为三个方面：一是生产方式的物质体现。生产方式包括生产力和生产关系，生产力表现为人类改造自然的能力和水平，其高低情况突出表现为生产工具的使用。生产关系直接表现为生产资料的占有关系，间接表现为产品的分配情况。在生产实践活动中，生产方式就表现为产品的生产和分配。因此，考古学家通过分析生产工具和产品质量来判断古代的生产力水平，通过产品的占有情况来判断古人的社会地位。二是思想观念的物质呈现。思想观念产生于大脑，可以通过语言传播，

---

❶ 何萍. 马克思的文化哲学及其传统 [J]. 南京大学学报, 2008 (6): 5-14.
❷ 邹广文. 马克思文化哲学思想的展开逻辑 [J]. 求是学刊, 2010 (1): 29-35.

也可以通过器物、纸张呈现出来。在历史发展的长河中，人的生命极为短暂。而且，人的记忆力有限，要想保留思想观念并且传承下去，就必须使其自然化。或书写在龟背、竹简、棉帛、纸上，或刻画在器物上。在文化研究中，集中承载思想观念的书籍、字画、雕刻、图片就成为主要对象。三是欲望和利益的物质实现。人之所以异于禽兽，生产实践活动之所以不断进行，人类社会之所以向前发展，都是由于人们欲望和利益的驱使。不同的价值追求和利益诉求就会导致人们对世界形成不同的认识方式和改造结果。例如，中国古人崇尚"天人合一""大同世界""和而不同""讲信修睦""居安思危""经世致用"等价值理念。这些理念深刻影响了中国古人对自然、社会和人自身的态度，深刻影响了中国古人的生产方式，塑造了中华民族的精神风貌，营造了独具特色且博大精深的中华传统文化。其他民族和国家亦是如此，因此，文化研究的一种重要方面就是研究人的价值观及其变迁。

　　文化是人们在具体的社会生产实践中产生的，而社会生产实践具有地区差异性，因此，文化也就具有区域性。❶ 实际上，文化的区域性也是自然的人化和人的自然化的现实表现。例如，生活在高原地区的人们创造的文化就不同于生活在平原地区人们所创造的文化。高原地区气温低，昼夜温差大，许多农作物不能种植，人们对畜牧业的依赖比较强。这种生存环境更容易使人们产生对大自然的敬畏和对生命的敬重。相反，平原地区通常土地肥沃、交通便利、人口稠密。这种生存环境很容易使人们对土地产生深厚的感情，有助于人们养成吃苦耐劳、勤劳节俭的良好习俗。同样，沿海地区的人们创造的文化不同于内陆地区人们创造的文化。沿海地区渔业和商贸业比较发达，受此影响，沿海地区的人们思想更加开放，经商意识更加浓厚。与之相反，内陆地区由于人员信息交流不便，人们生活在相对封闭的环境中，更容易固守传统，不愿变革。需要说明的是，不同地区之间的文化差异具有相对性。就中国地域文化来说，北方文化不同于南方文化。但是，北方文化或南方文化自身也不是铁板一块。例如，南方文化中，湖湘文化不同于吴越文化和岭南文化。吴越文化也有地域差别。然而，人们往往将文化的地域差异归因于地理环境的不同。但是，地理环境对文化的影响是有限的、间接的。例如，

---

❶ 黄骏. 文化社会学视野中的多元文化互动与社会变迁 [J]. 甘肃社会科学, 2009 (3): 66-69.

湖南与江西、广东与广西单从地理环境上来说，差别不是很大，但是，文化之间的差异就大得多。尽管如此，在影响文化发展的诸多因素中，地理环境虽然不是决定因素，但也是一种重要因素。❶ 而且，地理环境对文化的影响是间接的。地理环境必须通过生产实践活动这一中介对文化产生影响。相对来说，如果人们的生产活动对地理环境的依赖程度低些，那么，地理环境对文化的影响就小些；反之亦然。文化的区域性蕴含着文化的差异性，而文化的差异必然催生多元文化的共存与共融问题。在文化交流比较匮乏的古代，多元文化可以处于"老死不相往来"的共存状态。但是，在信息技术飞速发展并深刻影响人们日常生活的今天，文化之间的相互影响越来越明显。这种影响会产生两种截然相反的后果：一是促进不同文化的交流和借鉴；二是导致不同文化之间的紧张甚至冲突。在这种情况下，多元文化之间的共存和共融问题就显得更加突出了。

第三节　文化的功能

虽然人们无法给文化下一个大家都普遍接受的定义，但学者们热衷于研究文化，普通老百姓甚至商家也愿意使用文化概念。之所以如此，原因有三：一是人们已经在非常宽泛的意义上使用文化概念。不管是把文化等同于知识、道德判断，还是在人类物质文明和精神文明的层面使用文化，文化一词都是简洁实用的。知识渊博的学者和目不识丁的文盲都可以在自己的言说语境中自如地使用文化概念，尽管两者所言的文化含义差别很大。二是文化概念含义的模糊性蕴含了概念诠释空间的宽广性。与学者们热衷于研究《老子》一样，人们总想对说不清道不明的文化概念说些什么，以图抓住文化概念的根本。三是文化具有重要功能。文化不仅是人与其他动物相区别的根本标志，也是人成为人和人更好地实现自身价值的前提。在论述了文化的含义和本质之后，有必要谈一谈文化的功能。实际上，对文化功能的分析是对文化内涵和本质探索的深化。言说的角度不同，文化的功能就不一样。下面，笔者从

---

❶ 黄育馥. 20世纪兴起的跨学科研究领域：文化生态学 [J]. 国外社会科学, 1999 (6)：19-25.

个体、社会、民族和国家、人类四个层面分析文化的功能。

一、文化对个体的功能

不同于人工语言，日常语言具有含义模糊性和语义歧义性。在日常生活当中，人们并不追求严格的语义确定性。例如，当我们言说"这是一个人"时，并没有对不同层面"人"的含义做详细区分。但如果细究起来，就会发现说"刚出生的小孩是人"与说"一名大学生是人"是很不相同的。刚出生的小孩仅仅是生物学意义上的人，只有当生物学意义上的人具有成熟的理性思维能力和社会行为能力时，他才成为社会学意义和法律意义上的人。当然，法律意义上的人的物质基础就是生物学意义上的人，而要使一个生物学意义上的人成为社会学意义和法律意义上的人，就必须借助于文化的熏陶和滋养，这也就是青少年必须接受教育的原因。一个人在成长过程中要接受许多具体知识，培养多方面的技能。例如，在学习过程中接受自然科学知识和人文社科知识，在学习和社会交往中培养语言交流能力、分析和解决问题的能力、从事某种工作的能力等。抛开具体内容，可以发现，对一个人来说，文化具有以下四种功能。[1]

一是培育认知模式。人的身体是由父母带到这个世界的，但人的心灵是由自己塑造的。海德格尔讲，人是被抛入这个世界的。"抛入"一词展示人在这个世界当中所处的被动境地，人要成为"在者"，就必须在无可奈何走向死亡的过程中跟畏惧、虚无、孤独做斗争。与之相对，中国传统哲学把人的成长视为成己成物的内在修养过程和治国平天下的外王过程，而且，这两个过程都是个体主动选择和积极作为的过程。但不管是被动的适应还是主动的选择，人在成长过程中，首先面对的任务是认识自己和认识世界。就认识自己而言，要回答我是谁、我从哪里来、我到哪里去、我能干什么、我喜欢什么、我要成为什么等问题。就认识世界来说，要回答自己处在一个什么样的世界、我对这个世界能做些什么等问题。这就会产生一个价值问题，即认识自己和认识世界为什么非常重要。笔者认为，如同一个在茫茫黑夜中行走的人需要确定自己的时空方位一样，一个人也需要在思想中确立自己的"位置"。两者

---

[1] 黄骏. 文化社会学视野中的文化与多元文化互动 [J]. 中南民族大学学报，2008（1）：168-172.

的区别在于，空间位置的确定靠的是自己在空间坐标系中的三维坐标。在这个坐标系中，自己所处的世界中的具体事物具有相对确定的空间位置。但人的思想就很不相同，思想世界中自己的"位置"是由个体的人对自己和世界的认识所决定的。在基督教认识论中，宇宙万物都是由神创造的，个体所处的位置取决于自己对神的理解和信仰。在日常经验中，个体对世界的认识源于自己和他人的感觉经验。通常，人们不会对"太阳从东边升起""天圆地方""石头比羽毛下落的速度快"等观点产生疑问。但是，在科学世界观中，个体对自己和世界的认识大不同于宗教世界观，与日常经验也有明显的区别。那么，处于相同或相似环境中的人们为什么会形成对自己和世界不一样的认识？人的认识活动是一个复杂的过程，在这个过程中，人的知识基础、感觉器官的敏感性、理性思维的能力以及注意、兴趣、情绪等非理性因素都会发挥作用，从而影响认识过程和认识结果。概括起来讲，人的认知模式决定着认知活动的开展和认知结果的获取。而文化是影响认知模式形成的重要因素。需要说明的是，认知模式是一个系统，不仅包含基本的理论预设，还包括推理的规则、认识的方法和价值取向。因此，文化对个体认知模式的影响不是零碎的，而是整体的；不是短暂的，而是长期的；不是单一的，而是复杂的。整体性表现为文化影响着人们对基本理论的选取和对推理规则的遵守，引导人们的认识活动向一定方向推进；长期性表现为文化对人们认知模式的影响是持久的，人们很容易对某些事物的认识发生改变，但处于认识活动深层的认知模式很难发生大的改变；复杂性表现为文化对人们认知模式的影响不是单线条和均匀的，相反，会因时因地因人出现明显的差别。具体来说，处于同一文化背景中的不同个体，也可能拥有差别很大的认知模式。尽管如此，同一文化中不同个体认知模式的差异往往要小于不同文化中个体认知模式之间的差异。

二是塑造价值取向。认识自己和认识世界并不是最终目的，而是为改造自己和改造世界服务。改造自己和改造世界是为了满足人们的需求。那么，这里的"需求"能不能换成"欲望"呢？需求和欲望之间有什么样的联系？在回答第一个问题之前，先分析需求和欲望之间的关联。欲望是人的本能愿望。不同于其他动物，人的欲望不仅包括衣食住行等生理需求，还包括追求舒适、愉悦、快乐、幸福等方面的精神需求。说欲望是人的本能愿望并不意味着任何人都有相同的欲望。实际上,人的欲望是打上文化烙印的愿望。在不同文化当中,人们的欲望是不同的。文化对欲望的影响主要表现在两个方面:一方面,欲望的产生依赖于个体对自己和世界的认识。而这种认识是人们在一定文化背景下获得的,人们通过接受教育知道自己需要什么,什么东西能够满足自己的需要。例如,一个农民要想收获小麦,就需要知道小麦的种植方法。首先,他必须知道什么样的种子是合格的。其次,知道使用什么样的生产工具和在什么样的气候与土壤中进行种植。最后,麦子成熟后,还需要知道如何从麦穗中剥离出麦粒。直观来看,种植小麦的人可以通过经验积累或向他人学习获得所需要的知识。但从宏观来看,这些知识都是人们在一定文化背景下获得的。另一方面,人的欲望受制于文化禁忌。在佛教文化圈中,杀生是一种禁忌。因此,一个虔诚的佛教徒一般不会产生杀生的念头。在印度,牛具有神圣的地位。因此,虔诚的印度教徒不会有杀牛的欲望。虽然欲望受到文化的影响,但相比于需求和需要,欲望还是比较贴近人的本能。当然,"贴近人的本能"不是"欲望"这个词本身具有的含义,而是人们在使用语言的过程中赋予"欲望"一词的。相比于欲望,需求是经过人们理性审视的较为合理的欲望。或者说,需求是再次打上文化印记的欲望。因此,需求就比欲望更符合人的自身利益和自然界的客观规律。正因为如此,在命题"认识自己和认识世界本身是为了满足人的需求"中,"需求"比"欲望"更合适言说的语境。人的价值取向是一个人言行举止的目标引领,是进行价值判断的重要衡量标准,是潜在于思想观念中的人的愿望。不同于小孩子想要玩具就要玩具的纯粹欲望,价值取向是人们在自我反思、人际交往和生产实践中审慎选择的产物。正因为如此,价值取向就是人的合理的需求。当然,在不同文化中,"合理"的含义是不相同的。即使在同一种文化中,不同历史时期,"合理"的标准也不一样。例如,马克思·韦伯在《新教伦理与资本主义精神》一书中指出,在中世纪,经商牟利并不被基督教所提倡,但在近代,经商牟利成为荣耀的一种手段。那么,文化是如何塑造人的价值取向的?文化既不是存在于外在世界的独立客体,也不是思想当中的独立实在,而是人类智力活动的现实体现。[1] 文化蕴含于或承载于物质实体中,文化对个体价值

---

[1] 郑震. 孙本文的文化社会学与中国社会 [J]. 南京大学学报,2012 (6):138-143.

取向的影响必须通过接受教育、人际交往和生产实践活动来实现。而且，文化施加影响的过程是潜移默化的过程。用一句唐诗来表达就是"随风潜入夜，润物细无声"。

三是规范行为举止。一个人不仅要认识自己和世界，还要遵守规则和客观规律。世界是客观存在的，其存在状态不以人的喜恶为转移。同样，作为客观世界的组成部分，人的身体也是独立存在的。独立存在的事物有其产生和发展的规律，人们必须遵守这些规律；否则，会遭遇一系列挫折。例如，身体有了疾病就要看医生诊治，不仅要找到疾病产生的原因，还要采取适当的医治措施。无视疾病的存在和罔顾医生的建议，最终遭受痛苦的是患者自己。人们在改造大自然的时候需要尊重自然规律，否则就会遭到大自然的报复。恩格斯早就警示人们："不要过分陶醉于我们人类对自然界的胜利。对于每一次这样的胜利，自然界都对我们进行报复。"❶ 他指出："我们决不像征服者统治异族人那样支配自然界，决不像站在自然界之外的人似的去支配自然界——相反，我们连同我们的肉、血和头脑都是属于自然界和存在于自然界之中的；我们对自然界的整个支配作用，就在于我们比其他一切生物强，能够认识和正确运用自然规律。"❷ 与自然界一样，人与人组成的社会也有客观规律。但是，与自然规律不同，社会规律隐藏在纷繁复杂的社会现象当中，表现为人们具体的行为举止。从哲学维度来说，社会规律就是人类社会在社会基本矛盾的推动下从低级向高级的发展。从现实层面来看，社会规律表现为维护社会正常运转的各种具体制度、体制、法律、规则等。就后者而言，社会规律既具有客观性，也具有约定性。就客观性而言，不管你赞成与否，社会规律是不以个别人的意志为转移的。就约定性而言，社会规律是由人们提出来的符合理性精神且被大多数人乐于接受的共同约定。需要强调的是，社会规律具有的约定性不是主观性，更不是随意性。此外，社会规律还具有约束性和相对性。就约束性而言，社会规律能够规范人们的行为举止，维护社会秩序的稳定。例如，人们非常熟悉的交通规则就是如此。如果站在人员

---

❶ 中共中央马克思恩格斯列宁斯大林著作编译局. 马克思恩格斯全集（第26卷）[M]. 北京：人民出版社，2014：971.

❷ 中共中央马克思恩格斯列宁斯大林著作编译局. 马克思恩格斯全集（第26卷）[M]. 北京：人民出版社，2014：769.

稠密的十字路口，你会发现每个人的行走状态都不同，但这不影响大家顺利通过十字路口。原因在于大家都遵守相同的交通规则。与交通规则一样，各种制度、体制、法律、规则都是规范和约束人们行为举止的手段。就相对性而言，社会规律的具体表现具有多样性。具言之，在不同地区、不同文化和不同民族中，社会规律的表现形式具有明显的差异性。这种差异性促成了社会规律表现形式的多样性。不同的文化包含着对自然规律和社会规律的不同认识。一个人在社会组织中成长的过程也就是他接受文化熏陶和影响的过程。在这一过程中，个体不仅获得关于自己和自然的知识，而且学习遵守自然规律和社会规律。当他的言行举止符合大众的要求时，他就成为独立的社会成员。

　　四是形成归属认同。文化的熏陶不仅可以帮助个体获得关于自己和世界的知识、塑造个体的价值取向、规范个体的行为举止，还可以帮助个体产生文化认同和社会归属。社会学意义上的个体不仅具有成熟的理性思维能力、明确的规则意识和健全的行为能力，还归属于一定的社会组织。从微观来看，一个人既是家庭成员，又是企事业单位或基层组织的一员。有些人在多个单位兼职，其社会身份就更为复杂。从中观来看，个体属于某一省市，有些信仰宗教者属于某一教派，有些人还属于一定的行业协会。从宏观来看，个体属于某一民族和国家。总之，在社会联系日益密切的今天，一个社会人具有多重社会身份，扮演多种社会角色。在一个社会组织当中，具有相同身份的人之间更容易产生亲近感，从而对该社会组织产生归属感和认同感。在诸多认同和归属当中，对文化的认同是最基本的认同，对国家和民族的归属是非常重要的归属。实际上，对国家和民族的归属也建立在文化认同的基础之上。因此，个体的归属感和认同感首先是对文化而言的。对文化的归属感和认同感产生于个体接受文化熏陶的过程当中，当个体主动接受并自觉遵守文化习俗时，对该文化的归属感和认同感就建立起来了。具体来说，文化的归属感和认同感表现为以下四个方面：一是肯定一种文化的基本思想、主流价值和根本规范。对许多人来说，接受一种文化的熏陶和影响并不是自觉的选择，而是被动的过程。但是，当一个人深受一种文化的影响之后，就会自觉接受该文化蕴含的基本思想、主流价值和根本规范。在交流交往日益密切的今天，人们的穿着和饮食将逐渐趋同，但深层次的思想观念和价值理念依然是维护文化归属和认同的有力保障。二是自觉选择一种文化所蕴含的生活方式。如前所述，文化在现实层面是人们的生活方式或生活样态。认同一种文化就意味着接受和选择该文化蕴含的生活方式。在全球化深入发展的今天，同一种文化内的人们的生活方式发生了巨大变化，有些人的生活方式甚至与其他文化当中的生活方式没有明显区别。在这种情况下，隐藏在显性生活方式背后的思想观念和价值取向就成为区分不同文化归属的根本标志。三是萌生对所认同文化的自豪感。文化归属和认同不仅仅是接受和选择一种文化，还包含对该文化产生的自豪感。这种自豪感平常并不显现出来，只有遭遇不同文化的冲击时才会凸显出来。四是捍卫自己认同的文化。当前，多元文化之间的相互影响不断深入，文化融合和文化冲突同时并存。当一个人接受的文化遭遇其他文化冲击时，他就会为自己所坚持的思想观念和价值取向进行辩护。对于许多普通老百姓而言，理论辩护通常被简单的情绪宣泄所取代。虽然情绪宣泄不是维护文化归属和认同的有效手段，但它是文化归属和认同的一种现实表现。

二、文化对社会的功能

党的十八大提出了建设中国特色社会主义"五位一体"的总体布局，这一总体布局包括五个方面，即经济建设、政治建设、文化建设、社会建设和生态文明建设。在总体布局当中，五个方面的建设处于同一层次。其中，文化特指文化事业和文化产业，文化的功能是提高公民的道德素质、丰富人民的精神文化生活。[1] 从广义角度来看，文化与政治、经济、社会、生态文明密切相关，但又区别于后者。就本质而言，广义的文化是蕴含于政治、经济、社会和生态文明当中的人类的智力因素。与文化相类似，社会也有广义和狭义之分。狭义的社会就是"五位一体"总体布局中的社会，专指教育、就业、收入分配、社会保障、医疗卫生和社会管理等。广义的社会就是指由人构成的社会组织，在该组织中，最基本的活动是人类的生产实践活动。为了组织和保障生产实践活动的顺利开展，协调人与人之间的物质利益和社会关系，社会管理就被单独提出来构成社会的政治生活。随着人类生产能力的不断提

---

[1] 中共中央文献研究室. 十八大以来重要文献选编（上）[M]. 北京：中央文献出版社，2014：25.

高，人与自然的关系变得尖锐起来。在这种情况下，生态文明建设成为社会组织的一项重要活动。经过概念的重新界定，文化和社会被置于同一层次，且文化属于精神层面，社会属于物质层面。需要强调的是，物质层面的社会不是静止不变的物质堆积，而是紧密联系的有机整体。打个比方来说，广义层面的社会就是电脑的硬件，文化就是软件。没有软件，电脑也会启动，但无法处理任务。没有社会硬件，文化就是无用的废物。文化对社会的功能就是电脑软件对硬件的作用。这里的电脑硬件是由显示器、处理器、存储设备等构成的作为整体的硬件。但是，社会可以细分为政治、经济、生态、军事、外交等。由于军事和外交是政治的延伸，因此，可以把它们纳入广义的政治当中。这样一来，文化对社会的功能就主要表现为文化对政治、经济和生态文明建设的功能。

（一）文化对政治的功能

对于国家、政府、法律、军队等政治要素的产生过程，早期希腊智者和亚里士多德做了初步研究。后来，霍布斯、洛克、卢梭等哲学家进行了深入分析。对此，笔者不再赘述。笔者关心的是当前人类社会政治活动的运行和发展趋势。在社会分工极其细化和人的需求不断提高的今天，孤立的个人或家庭是无法生存的。这就需要政府向全体人民提供个人或家庭无法提供的服务，其中，教育、卫生、安全、就业是最为基本的服务。马克思主义认为，万事万物都处于矛盾当中。人与人、人与社会组织、社会组织与社会组织之间不可避免会发生矛盾和纠纷，为了裁决谁是谁非、化解矛盾纠纷，就需要独立的司法机关秉公执法。为了保证立法科学、执法严肃、司法公正，就要求立法机关、执法机关和司法机关相互独立、相互监督。为了维护社会秩序和人们的生命安全，就需要组建警察机关和军队。为了提供普惠性的公共服务，就需要向民众征税。为了确保政府代表人民的意愿和更好地为人民服务，就需要进行政治选举。相比于拥有强大力量的政府，个人处于弱势地位。为了保护个人的安全和合理诉求，就必须通过立法限制政府的权力和保护个人的权利。

从理论上来说，国家、政府、法律是人们为了过上幸福生活而设置的。因此，组成什么样的国家和政府，制定什么样的法律，最终是由人民说了算的。但是，国家、政治、法律、军队等政治要素是先于人民自觉的政治生活而存在的。因此，就有人民群众应该过什么样的政治生活和国家、政府、法律应该如何变革以适应人民政治需要的问题。回答这一问题的过程就是文化对政治施加影响的过程。具体来说，绝大多数人对应该过什么样的政治生活并不清楚，对在信息技术飞速发展的今天如何保护自己的利益和行使自己的权利并不是非常明白，这就需要专家学者进行深入研究。为了确保提出的政治理论和政治方案符合时代发展的需要、满足人民的意愿，就要求专家学者既要深入基层倾听人民的呼声，又要进行严密有效的逻辑推理。与之类似，国家、政府、法律和军队的变革也需要先进文化的指引。习近平总书记早在浙江工作时就指出，文化的力量融入政治力量、经济力量、社会力量之中，成为政治文明的"导航灯"、经济发展的"助推器"、社会和谐的"黏合剂"。❶ 文化对政治文明的"导航"突出表现为文化力量对政治制度和体制的导向引领。习近平在诠释新发展理念时指出："发展理念是发展行动的先导，是管全局、管根本、管方向、管长远的东西，是发展思路、发展方向、发展着力点的集中体现。发展理念搞对了，目标任务就好定了，政策措施也就跟着好定了。"❷ 与新发展理念对经济社会科学发展的引领类似，先进政治理念对政治制度和体制改革也发挥着导向作用。

如果说立法、执法、司法、选举、征税、治安是宏观层面的政治的话，那么，乡村和社区层面的治理就是微政治。宏观层面的政治活动有比较成熟的运作模式和有效手段，相比之下，乡村和社区治理只能依靠契约、道德和爱心。因此，营造良好的文化对乡村和社区治理非常重要。积极健康的文化可以教化和引导社区成员遵守契约、培育良好的道德、树立友爱互助的意识。当人与人、人与社会之间产生矛盾之后，文化能引导人们采取合理的手段和渠道解决矛盾。在社区治理中，文化扮演着柔性规章制度的作用。这些柔性规章制度不是写在纸上，而是铭刻在心中。在日常生活中，人们通常按照柔性规章制度来行事，只有当柔性规章制度不起作用的时候，人们才会诉诸法律。

---

❶ 习近平. 之江新语 [M]. 杭州：浙江人民出版社，2007：149.
❷ 中国共产党第十八届中央委员会第五次全体会议文献汇编 [M]. 北京：人民出版社，2015：95.

(二) 文化对经济的功能

人的经济活动主要指物质财富和精神财富的创造活动。与生产实践活动一样，经济活动包含三个基本要素：经济活动主体、从事经济活动的手段或工具、经济活动的对象。从历史的角度来看，影响人类经济活动发展的关键因素是人们采取的手段或工具。正如马克思所说："手推磨产生的是封建主的社会，蒸汽磨产生的是工业资本家的社会。"❶ 生产工具的改进能够极大地推进经济发展。例如，使用机器就能比使用人力或畜力有效地推动生产，而使用人工智能就会比使用简单机器有效提高生产水平。但是，新的生产工具和生产手段是由人创造出来的。因此，决定经济发展水平的最终因素是人。可以说有什么样的人，就会有什么样的经济发展状况。在当今时代，人与人之间生理差别的影响越来越低，相反，智力差别的影响越来越大。假如一名熟练技工一天可能生产合格零件 100 件，那么，一名人工智能设备的操控者可以指挥 N 个高级机器人生产完全符合标准和要求的大量零件。其中，N 取决于市场的需要和企业家的投入。人与人之间的生理差别可以通过体育锻炼和营养摄入来缩小，但是，智力差别只能通过接受先进文化来缩小。

按照马克思主义的相关主张，狭义的文化属于上层建筑中的思想观念，而经济活动类似于经济基础。文化与经济活动之间的关系类似于上层建筑与经济基础之间的关系。经济决定文化，但文化可以反作用于经济。文化对经济的反作用主要有两种表现：一是先进文化促进经济发展，二是落后文化制约经济发展。虽然两种表现的结果不同，但文化影响经济的机制是一样的。以先进文化为例，文化对经济的促进作用表现在三个层面：❷ 一是先进文化能够提高劳动力的素质。而劳动力是生产力中最活跃的因素，劳动力素质特别是智力素质的提高能有效扩展经济对象的广度和深度，能够创造先进的生产工具和手段，从而有力推动经济发展。二是先进文化能够提高经济活动的组织效能。经济发展一方面取决于物质财富和精神财富的创造，另一方面取决

---

❶ 中共中央马克思恩格斯列宁斯大林著作编译局. 马克思恩格斯选集（第1卷）[M]. 北京：人民出版社，2012：222.

❷ 习近平. 干在实处 走在前列：推进浙江新发展的思考与实践[M]. 北京：中共中央党校出版社，2006：293.

于资源能源节约使用。如果说前者是人类的收入的话,后者就是人类经济活动的成本。先进文化在提高生产能力的同时,能够协调生产单位内部之间的关系,降低资源能源的使用,减少资本消耗。三是先进文化能够提高经济发展的质量和效益。在人类生产水平大为提高的今天,经济发展不能再靠规模速度的粗放型增长来实现,而是要赋予经济发展以深厚的人文价值。人文价值不仅体现为较高的技术含量,而且表现为高尚的价值追求和深厚的人文关怀。

(三) 文化对生态文明建设的功能

人要生活就必须融入社会,而社会要存在就必须保护自然环境。在生产能力比较低的农业社会或狩猎社会,人与自然之间的矛盾主要表现为人的改造能力太低,无法有效利用自然资源以满足人的物质需要。与此同时,各种自然灾害加剧了人类对自然的畏惧。但是,随着科学技术的发展和生产能力的提高,人与自然之间的矛盾转变为人对自然的破坏,而受到破坏和污染的自然界反过来影响人的生活质量。在这种情况下,建设生态文明就成为今天人类面对的重要工作。要建设生态文明,首先要分析生态问题产生的原因。直观来看,导致生态破坏的直接原因是各种废液废渣废气的任意排放以及人类对自然资源的过度开发和利用。从政治经济学的角度来看,使人与自然关系紧张化的真正根源是追求成本最小化、利润最大化的资本逻辑横行的结果。❶ 从经济全球化的角度来看,生态危机产生的重要原因是资本主义生产方式和消费方式的蔓延、发达国家逃避环境责任以及人与人之间的不平等。❷ 从文化的角度来看,生态问题产生的根本原因是人类对自然环境重要性的认识不足,对幸福和快乐的理解过度依赖于物质财富的获得,对保护共同生活环境的责任承担不够。在这些原因当中,文化是影响和制约生态文明建设的深层次因素。因此,建设生态文明,就应该发挥先进文化的推动作用。

具体来说,文化对生态文明建设的推动作用主要表现在以下三个方面:一是有助于生态文明思想内化于心外化为行。生态文明建设事关人类的生存

---

❶ 周志山. 马克思生态哲学的社会视阈与科学发展观 [J]. 马克思主义研究, 2011 (5): 85-92.
❷ 胡孝权. 走出西方生态伦理学的困境 [J]. 北京航空航天大学学报, 2004 (2): 8-12.

和发展，因此，所有人都要参与进来。"要我干"不同于"我要干"。要引导人民群众把生态文明建设从"要我干"转变为"我要干"，就需要文化的熏陶和引导。先进文化能帮助人们把生态文明的理念内化于心外化为行，把外在的要求转化为内在的自觉。二是有助于培育绿色发展理念。生态环境保护和经济社会发展既相互矛盾，又辩证统一，要想在保护生态环境的前提下发展经济，就必须培育绿色发展理念，转变发展思路，创新发展模式，增强发展动力。先进文化内在要求经济社会绿色发展。因此，学习和接受先进文化必将有助于培育践行绿色发展理念。三是有助于推动形成绿色发展方式和生活方式。先进文化要对生态文明建设产生现实影响力，就必须改变人们的生产方式和生活方式。当人们自觉选择绿色生活方式之后，绿色生产方式也就成为必然选择。因为在生产力水平大为提高的今天，需求总是引领生产的。改变生产方式比较简单，但改变生活方式则艰难得多，这就需要接受先进文化的长期滋润和熏陶。❶

需要说明的是，我们诠释文化对生态文明建设的重要作用，并不意味着文化是解决生态危机的唯一手段。相反，建设生态文明需要多措并举和全社会共同参与。但是，从根本上讲，如果不转变发展理念、不树立人与自然是生命共同体的观念、不增强人类保护自然的意识，任何保护措施都不可能长久，更不可能取得实质性成效。正如习近平在谈到文化自信时指出："我们说要坚定中国特色社会主义道路自信、理论自信、制度自信，说到底是要坚定文化自信。文化自信是更基本、更深沉、更持久的力量。"❷ 建设生态文明，最根本的措施就是树立生态文明理念，培育绿色生活方式。

三、文化对民族和国家的功能

当今世界，民族和国家相互交织在一起，有些国家是由单一民族构成的，如法国、英国等。有些国家则是由多民族构成的，如俄罗斯、中国、印度等。在我国，有些民族是跨国民族，例如朝鲜族、蒙古族、俄罗斯族、哈萨克族等。可以说，民族和国家是当今世界的两大社会存在。不同于民族，国家是

---

❶ 郑震. 孙本文的文化社会学与中国社会 [J]. 南京大学学报，2012（6）：138-143.
❷ 习近平关于社会主义社会建设论述摘编 [M]. 北京：中央文献出版社，2017：12.

国际政治的重要主体,是保护本国公民合法利益的责任主体。对一个人来说,他既有民族身份,又有国籍身份。但在国际交往中,国籍身份比民族身份更重要。马克思主义认为,阶级、民族和国家都是历史发展的产物,也必将随着历史的发展而消亡。在物质财富极大丰富和人的精神境界极大提高的共产主义社会,民族和国家将蜕变成为"这样一个联合体,在那里,每个人的自由发展是一切人的自由发展的条件"。❶ 当然,共产主义社会的实现还需要人类社会经历很长的发展阶段,需要全人类付出艰辛努力。

　　在可预见的将来,民族和国家可能会发生如下变化:一是民族的政治意义将大为降低,文化意义则会凸显出来。在人员、物资、信息交往极为封闭的古代,不同地区的人生活在具有各自特点的地理环境当中,形成对自己和世界的独特认识,创造了语言文字,发展了与地理环境和认识水平相适应的生产方式,塑造了具有鲜明特色的风俗习惯,从而形成了不同的民族。在现代政治制度建立之前,民族更多的是一种身份象征,借助于民族身份,人们相互区别开来,形成不同的利益共同体和价值共同体。随着民族国家的出现,民族被赋予政治意义,成为维护和发展成员利益的主体。对单一民族国家而言,民族成员和国家公民是相同的,民族与国家之间没有明显的矛盾。但是,在多民族国家,单个民族的利益不完全等同于民族联合体的利益。因此,就存在民族利益和国家利益不一致的问题。当民族意识不断高涨时,这种不一致就有可能演化为民族矛盾甚至民族冲突。在国际社会的干预下,民族冲突往往导致国家分裂并形成越来越小的民族国家。现代政治制度不仅催生了民族国家,而且促进了国与国之间的交往。经济全球化是国际交往深化的产物,它一方面把不同民族和国家的利益捆绑在一起,另一方面促进不同文化之间的交流与融合。未来,虽然文化多元化是一种常态,但文化之间的融合将不断加强。民族所承载的政治意义将不断减弱,相反,民族身份将成为独特文化的一种标识。二是所有人的政治权利和诉求将会趋同。民族之所以会承载政治意义,是因为不同民族成员享受的政治权利和拥有的政治诉求不同,民族成员借助民族共同体来汇聚力量、表达诉求、争取利益。随着人们政治素

---

❶ 中共中央马克思恩格斯列宁斯大林著作编译局. 马克思恩格斯文集(第8卷)[M]. 北京:人民出版社,2009:52.

质的提升和国家保护公民政治权利能力的增强，民族成员之间的矛盾将会转化为公民之间的矛盾，民族之间的矛盾将会转化为公民群众之间的矛盾。在民族政治意义减弱的同时，国家的政治意义将会得到凸显。在国家政治当中，民族身份将会淡化，公民身份将会强化。需要说明的是，民族政治意义的淡化并不表明民族差异的消失。但是，民族差异的存在不能成为获取政治特权和特殊利益的理由。政府应该尊重民族差异，保护各民族平等的政治权利，但不能纵容借助民族身份和民族差异以获得特殊利益的行为。可以预见，自由、平等、公平、公正等价值理念将会成为越来越多的人的共识。基于以上对民族和国家概念以及发展趋势的分析，就可以进一步探究文化对它们的作用。

（一）文化对民族的作用

文化是民族的灵魂。对不同民族的区分可以借助于民族赖以生存的地理环境、人的体质特征、经济发展水平等，但最根本的区别标准是文化。在经济全球化深入推进的今天，许多民族从外表来看差别不大，区别在于思想观念、宗教信仰和生活习惯的不同。因此可以说，文化是一个民族之所以是该民族的灵魂。文化的"灵魂"地位体现在以下两个方面：一是文化是影响人的行为举止的根本因素。接受儒家文化的人会把修身齐家治国平天下作为自己的人生抱负，把仁智勇和仁义礼智信作为自己的行为准则，把立德立功立言作为毕生追求的事业。与之不同，接受佛教文化的人会把追求自身的解脱和拯救他人作为修行的目的，把消除贪嗔痴作为修行的根本，把戒定慧作为行为的准则。由此可见，接受的文化不同，所坚持的价值追求就不一样，行为处事的方式也就差别很大了。二是在社会构成的诸因素当中，文化是最难以改变的因素。文化是人们在生产实践活动中积淀而形成的，相对于生产实践活动，文化具有滞后性。生产方式比较容易改变，文化的改变则困难得多。就此而言，近代中国就是一个明证。面对列强的入侵，中国人可以比较轻松地更换手中的武器，制造较为先进的火枪火炮，甚至照搬日本和西洋的政治制度，但要让老百姓改变思想观念就困难多了。文化之所以难以改变，就是因为它渗透于人们的言行举止和思想观念当中。

文化是维系民族团结的精神纽带。民族是由诸多成员构成的，成员之间除具有共同的利益之外,还有相同的文化认同。在传统社会,由于地理环境的限制,物质利益的联系是维系民族认同的重要手段。但是,在人员、物资、信息交流极为便捷的今天,物质利益的联系大为减弱,取而代之的是精神联系,这也就是浓浓乡愁得以产生的根本原因。我们经常会遇到这样的场景,两个互不相识的陌生人在谈到共同的思想观念、宗教信仰和生活习惯时,亲切感会油然而生。在同一个民族当中,共同的文化塑造了人们相同或相似的生活习惯,增强了族员之间的情感联系。当遭遇其他民族或文化时,一个人已经接受的文化就会强化他对自己民族身份的认同。当然,文化不同于民族。不同的民族可以有共同的文化,而一个民族也可能有不同的文化。同样,一个民族内部也可能有明显的区别。例如,藏族是一个独立的民族,但由于生存环境和历史发展过程的不同,我国出现了安多、康巴和卫藏三个具有明显差别的藏区。不同藏区的人们不仅操着不同的藏语,而且生活习惯也有明显差别。既然如此,同一个民族内部可能因为种种问题产生矛盾,矛盾尖锐化就会导致民族分裂。当矛盾发生时,共同的文化就能发挥协调利益关系、增强精神联系和促进情感沟通的作用,成为维护民族团结统一的最后也是最重要的屏障。

文化是民族发展的重要推手。发展不仅体现为数量的增加,还表现为质量的提高。对民族而言,发展不仅表现为成员的物质生活水平得到提高,还表现为精神需求得到较好满足,人们的文化素质不断提升。相对而言,物质生活水平的提高要容易得多。只要有和平稳定的发展环境、宽松积极的发展政策,再加上人们的勤劳节俭,一个民族就可以在经济全球化的今天获得不菲的财富。世界经济发展的历史显示,一个民族或国家从低收入阶段进入中等收入阶段比较容易,但是,要从人均国内生产总值3000美元左右的中等收入阶段进入人均国民收入超过1万美元的高收入阶段则困难得多。很多国家由于无法迈进高收入阶段而陷入中等收入陷阱。中等收入陷阱揭示了一个很重要的道理,这就是仅凭工人的低工资和传统的发展模式是不可能实现经济长期稳定发展的,要想经济长期稳定发展就必须依靠智力投入和科技创新,这也就意味着文化是推动民族和国家长期平稳发展的重要动力。当今的发达国家无一例外都是凭借先进文化支撑经济发展的。就拿我们的近邻日本来说,自20世纪90年代以来,虽然经济长期陷入滞胀,经济增长速度非常低,但是经济总量依然很大，科技创新能力仍然很强，生产能力和水平位居世界一流。支撑日本经济的不是低工资，也不是丰富的资源。相反，在高工资和资源贫瘠的不利条件下，日本主要依靠对教育的重视、对科技研发的投入和经久不衰的敬业精神。显然，后者是日本文化促进经济发展的具体表现。由此可见，民族的发展可以依靠其占有的优势自然资源，也可以依靠廉价的人力资本，但最终要依靠先进的文化。

(二) 文化对国家的作用

从历史逻辑和理论逻辑的角度来看，国家是由民族发展而来的。因此，文化对民族的功能同样适用于国家。随着国际政治和经济的发展以及人类社会的进步，民族的政治意义将逐渐减弱，文化意义将不断凸显。对于单一民族国家来说，民族文化基本等同于国家文化。但多民族国家就不同了，不仅存在各个民族的文化，还有各民族共同的文化，即国家文化。就中国而言，56个民族有各自的文化，同时，56个民族共同构成中华民族，56个民族的文化共同构成中华文化。而中华文化也就是国家文化。前面讲到，民族的文化意义将会凸显，这并不意味着共同的文化将遭到削弱。在多民族国家，各个民族的文化在具有特殊性的同时也具有一般共性。因此，在强调民族文化特殊性和差异性的同时，一定要突出各民族文化的共同特质。而且，随着人类社会的发展，民族文化的独特性会越来越少，独特性存在的范围会越来越窄。但可以肯定的是，民族文化的独特性不会完全消失，世界多元文化不会演变为单一文化。此外，需要说明的是，民族文化虽然与国家文化密切相关，但不完全一样。这是因为民族是社会实体，国家是政治实体；民族是由族员构成的，国家是由公民构成的；民族是由精神纽带联系的群体，国家是有完整组织架构的社会组织。对国家来说，文化具有以下三重意义。

文化是国家政治治理的重要工具。政府管理社会的手段有法律、道德、暴力机构等。在非常时期，动用暴力机构或许能维护社会稳定，但要维护社会的长久稳定，必须依靠法治。而要营造积极向善的社会风尚、开拓创新的进取精神与和善友好的人际关系，必须依靠先进文化。早在2000多年前，孔子就讲："道之以政，齐之以刑，民免而无耻；道之以德，齐之以礼，有耻且格。"(《论语·为政》) 严刑峻法和道德规范都能实现社会治理，但对民众的影响是不一样的。依靠严苛的政令和刑法虽然能够使人民不敢犯罪，但人民并不以犯罪为耻。与之不同，运用道德和礼法不仅能使人民免于犯罪，而且使人民以遵纪守法为荣。当然，这是相对而言的。对屡教不改的顽固分子不可能用道德和礼法使其改过自新，在陌生人社会运用法治治理社会不失为一种有效手段。当然，仅仅有法律、道德还不够，因为社会要发展，就需要人们敢于打破常规，进行制度、文化、理论、科技等方面的创新。因此，还需要先进文化的熏陶和引导。需要说明的是，这里的先进文化是狭义的，是指比道德更加虚无缥缈的思想观念和价值理念。从广义来说，法律、道德、思想观念甚至政治制度等都是文化的组成部分。但不管是狭义还是广义，国家的政治治理需要文化参与其中。

文化是国家生命力、创造力和凝聚力的集中体现。国家是一个有机体，它不仅有生命力，还具有创造力和凝聚力。生命力主要表现为国家政治秩序稳定，经济发展充满活力，文化事业和文化产业欣欣向荣，人民群众展现出积极进取的精神状态。创造力表现为人们具有理性批判精神和开拓创新能力，社会对新事物、新思想、新观念比较包容，政府鼓励各领域的改革和创新，新产品、新技术、新作品、新思想不断被创造出来。凝聚力表现为政府具有较强的号召力，民众具有理性的爱国情怀，分布在各个领域的社会组织能有效汇聚民众力量。当国家和民众遭遇重大困难时，国家和社会能够团结起来攻克难关。国家生命力、创造力和凝聚力并不是截然分开的，而是相互联系、相互影响的。生命力本身就蕴含着创造力和凝聚力，而创造力和凝聚力本身就展示了生命力。国家的生命力、创造力和凝聚力借助于物质载体表现为财富的增加、军力的增强、地位的提高等。但从根本上讲，它们都是国家文化的现实表现。没有先进的国家文化，何谈国家的生命力、创造力和凝聚力。

文化是国家竞争力的重要组成部分。当今世界，国与国之间的竞争日益激烈。在冷兵器时代，国与国之间的竞争主要靠军事实力。谁的军事力量强，谁就能称霸一方。在热兵器时代，国与国之间的竞争靠的是由军事力量、经济力量、人口数量和国民素质构成的综合国力。谁的综合国力强，谁就能成为世界强者。但是，在核武器时代，国与国之间的竞争主要靠科技创新能力。而科技创新依赖于高素质人才的集聚、先进技术的研发和高科技产品的制造。这一切都离不开先进文化创造的软环境。试想，在一片文化荒漠，如何能培养和吸引一大批高精尖人才？没有鼓励质疑和批判的软环境，新思想新观念新想法如何能被提出来？没有精益求精的工匠精神和高度负责的敬业精神，高品质的产品如何被制造出来？正因为文化如此重要，美国著名政治学家小约瑟夫·奈提出了"软实力"概念，指出综合国力既包括军事、经济、科技等表现出来的"硬实力"，也包括以文化和意识形态吸引力为主的"软实力"。早在浙江工作时，习近平就高度重视文化建设，将文化的力量称作文化软实力，把文化上升到生产力的高度并作为社会生产力的重要组成部分。他指出，经济全球化迅速发展，人员、资本、服务、信息流动日益频繁，人们的思想观念、价值观念和行为方式激烈碰撞。"如果不能迅速建立自己的文化优势，就难以在激烈的国际竞争中捍卫自己的战略利益。"❶ 在十八届中央政治局第十二次集体学习时，他进一步诠释了文化软实力，指出文化软实力"集中体现了一个国家基于文化而具有的凝聚力和生命力，以及由此而产生的吸引力和影响力"。❷ 一个国家要发展壮大，不仅需要增强经济实力、军事实力等硬实力，还要提高文化软实力。中国是如此，其他国家亦是如此。只有不断增强文化软实力，硬实力才能有持续增强的动力，国家在日益激烈的竞争中才能立于不败之地。

四、文化对人类的功能

文化是人类在生产实践活动中创造出来的智力成果，表现为不同时代人们的生活方式，集中表现为人类的思想观念、价值取向、宗教信仰和行动模式。可以说，文化是人类社会发展的产物，反过来又影响着人类社会的发展。如果说人与动物的根本区别在于人有理性思维能力，那么，人类社会与动物群体的根本区别在于人类社会是由文化纽带联系起来的庞大组织。文化使人类的政治活动区别于动物的本能活动，使人类的经济活动区别于动物的谋生行为，使人类对自然界的改造区别于动物对自然界的依赖。简单来说，人有精神生活，而其他动物只有物质生活。或许有人会搬用庄子和惠子之间的著

---

❶ 习近平. 干在实处 走在前列：推进浙江新发展的思考与实践 [M]. 北京：中共中央党校出版社，2006：294.
❷ 习近平关于社会主义文化建设论述摘编 [M]. 北京：中央文献出版社，2017：198.

名辩论,指出"子非鱼,安知鱼之乐"(《庄子·秋水》)。的确,人跟其他动物无法沟通,不可能知道它们有没有思想。但至少有一点可以肯定,那就是其他动物没有跟人一样的思维能力。文化不仅使人类区别于其他动物,而且从以下三个方面促进人类社会不断发展。

(一)文化引导人类认识自己和认识世界

人类要生存就必须知道自己需要什么,哪些东西能够满足人们的需要以及如何获得这些东西。而要回答这些问题就必须认识自己和认识世界。人类社会发展到今天已经积累了非常丰富的知识,表明人类对自己和世界的认识达到了比较高的水平。当然,这与人类对认识活动的期待还有很大的距离。认识自己和认识世界并不是截然分开的,人本身就是自然界的组成部分。因此,认识自己也可以归入认识世界之中。但人们为什么又要把自己和世界区分开来,这是因为人类认识活动和实践活动的基本要素是意向性活动,而意向性活动必然有意识指向的对象,从而把意识活动与意识对象、主体与客体区别开来。此外,认识自己和认识世界的难度不同。包括人的肉体在内的客观世界有其内在规律,这种规律表现为在相同或相似条件下,客观事物会呈现出相同或相似的关系。例如,太阳照射的地面温度会升高,扁桃体发炎通常会导致发烧,耳膜受损会导致听觉障碍,等等。但是,人的思想、情感、欲望、情绪很难准确把握,当人的主观因素和客观因素混杂在一起并处于历史发展过程中时,要准确认识自己就变得非常困难。虽然人们把认识自己和认识世界区分开来,但认识世界的最终目的是为了人类的生存和发展。

人类的认识活动对自身的生存和发展起着非常重要的作用。可以说,有什么样的认识,就有什么样的生活状态。当人类把自己看作诸神的子民,把山川草木视为诸神的显现,把取悦神灵作为人生的重要工作时,人类只能匍匐在大地上过着苟且的生活。当理性的光芒照射自己和客观世界的时候,人们逐渐意识到自己存在的价值,也能够利用大自然以满足自己的生存需要。但是,理性认识有层次的高低之分和过程的长短之别。如果人们对自己和外在世界的认识处于笼统的经验常识层面,那么,人的活动范围必然局限于人力所能及的领域,人的生存质量将更多依赖于自己的生理条件和环境状况。当人的认识活动深入精细的科学层面并经过一定时期的积累,那么,人对自己和外在世界的认识必然更为深入和系统。深入而科学的认识不仅帮助人们有效利用自然资源，而且引导人们创造新事物来满足自己的需要。从人类发展的历程来看，不同历史时期人的认识能力和水平存在明显差别。如果把历史比作一条长河的话，人类的认识活动就是一条由低到高的上升曲线。从人类历史的某一片段来审视全人类，就会发现处于不同文化当中的人的认识能力和水平是很不一样的。就拿当前来说，有些人把高山大湖作为神山圣湖来膜拜，有些人则把高山大湖作为旅游景点，有些人把高山大湖作为重要资源来开采。显然，人们的不同做法源于不同的认识，而不同的认识又导致不同的生活状况。

那么，不同时代的人们为什么对同一对象会有不同的认识？直观来看，这是因为人们的认识能力和水平不同。但从根本上来说，是不同时期、不同地域的文化不同。或许有人认为，认识能力和水平的高低取决于认识主体自身，而不是外在的文化。的确，力学三大定律的提出取决于牛顿本人，相对论的提出也依赖于爱因斯坦自己。但是，提出力学三大定律的牛顿为什么不出现在人类早期社会，提出相对论的爱因斯坦为什么没有出生在同一时期的非洲部落？中国人很早知道利用"一硫二硝三木炭"就可以制造炸药，但遗憾的是搞不清硝石、硫黄和木炭的化学成分，更不知道三者混合在一起发生了什么化学反应。如果这种经验层面的粗浅认识不能深化为科学层面的理论认识，那么，科技革命就不可能产生，更遑论工业革命。由此可见，认识能力的提高表面上看依赖于认识主体，从根本上说依赖于文化的熏陶和滋养。新理论新思想新观点的提出，新技术新产品的研发无一不是发生在先进文化营造的良好环境当中。随着科学技术的快速发展和人类知识的不断积累，要想在前人成就的基础上再进一步就必须接受高质量的系统教育和先进文化的熏陶。这也揭示了人类认识自己和认识世界的活动越发依赖于先进文化的引导。

(二) 文化促进人类改造自己和改造世界

认识与实践紧密相连，认识指导实践，实践深化认识。但是，认识不同于实践，认识主要解决是什么的问题，实践主要解决物质需求和精神需求的满足问题。认识服务于实践，实践服务于人的需求。实践活动包括人类改造自己和改造世界两大部分。这里的"改造"不是改过自新的意思，而是按照人的意图改变原有状况以满足人的需要。改造世界就是化自在的自然为人化的自然。改造自己包括两个方面：一是改造自己的主观世界，二是改造自己的身体。改造自己的身体就是人为干预身体的成长和新陈代谢。例如，合理搭配膳食以满足身体成长的需要，使用药品治疗身体的疾病，移植器官以延续生命，等等。改造主观世界就是改变人的思想观念、理想信念、价值取向等。人类社会的发展不仅需要改造客观世界和改造人类自己，还需要保持两方面改造活动的协调性。在物质生活极为艰难的条件下，人们也可能拥有很高的幸福感。但是，这种幸福感是有欠缺的，因为它忽视了身体的正常需求和高质量精神生活对物质生产的依赖。同样，在物质生活比较富裕的情况下，人们也可能拥有很低的幸福感。这就说明人们改造自然以满足生理需求的能力很强，但改造自己特别是主观世界的能力相对较低，人们的精神需求得不到有效满足。因此，只有把改造自己和改造世界协调好，人们才能过上健康的生活。

从人类发展的历史过程来看，人类改造世界和改造自己的能力与水平总体处于不断提高的过程。但相对而言，人类改造世界的能力始终处于提高状态，特别是科技革命和工业革命之后，改造世界的能力得到了飞速提高。马克思早在《共产党宣言》中就指出："资产阶级在它不到一百年的阶级统治中所创造的生产力，比过去一切时代创造的全部生产力还要多，还要大。"❶ 20世纪以来，在科学技术的推动下，人类改造自然的能力有了进一步的提高，实现了"可上九天揽月，可下五洋捉鳖"。❷ 然而，人类改造自己特别是主观世界的能力提高不大，而且参差不齐，差别很大。有些人通过长期学习和立德修身，成为学识涵养深厚、道德品行高尚、服务他人和造福人类的人；有的人浑浑噩噩，沉沦于追逐物质享受的快乐当中；有的人利用各种手段违法乱纪，扰乱社会秩序，损害他人利益。可以说，在21世纪的今天，有些人在物质上已经极其富裕，但在精神上仍然是留着"大辫子"的古人。科技的发展不会必然带来精神境界的提高，相反，可能会使一些人产生精神空虚。这

---

❶ 李云峰. 马克思学说中人的概念 [M]. 北京：人民出版社，2007：175.
❷ 萧永义. 毛泽东诗词史话 [M]. 北京：东方出版社，2004：357.

也就是西方哲学在19世纪末20世纪初出现人本主义和科学主义分化的原因。但笔者认为，科学技术不是导致精神空虚和迷茫的根本原因，人们对主观世界改造的忽视和不断增加的社会生活压力才是导致精神空虚的根本原因。因此，解决主观世界存在的问题仅仅靠人本主义思想还不行，还需要社会层面的压力纾解和科学层面的深入研究。

人类改造自己和改造世界能力的提高是多种原因综合作用的结果。其中，文化发挥了很重要的作用。先进的文化给人们提供了关于人类和世界的基本知识，引导人们理性思考和解决面临的问题，指引人们在前人的基础上不断开拓创新。或许有人会说，近代以来人类改造自然能力的提高源于科学技术的快速发展。但科学技术的发展又源于文艺复兴运动和启蒙运动，正是文艺复兴运动和启蒙运动释放了人们创新创造的活力，高扬了理性思维的作用，推动人们对新事物、新技术产生了持续不断的渴求。纵观人类发展的历程和当今世界，生产能力比较强的国家都是拥有先进文化的国家。当然，文化的先进与否是相对而言的。在古代中国，华夏文化优于周边文化。但近代以来，面对西方先进文化，中华文化的劣势就显现出来了。随着西方进入后工业时代，一度先进的西方文化也面临种种问题。因此，文化在推动人类改造自然能力提升的同时，也有一个自身发展的问题。只有不断与时俱进，开拓创新，切实回应人类生存和发展遇到的挑战，文化才能不断发展，也才能提高人类改造自然的能力。需要说明的是，人类改造自己和改造世界的能力需要提高，但是，提高到什么程度为止？在人类改造自然能力极为强大的今天，如何提高人类改造主观世界的能力？这些都是需要人类深入思考的问题，也是文化对生产活动进行自觉反思的现实需要。

(三) 文化推动人类社会不断向前发展

马克思主义指出，人类社会在社会基本矛盾的推动下不断向前发展，虽然在发展过程中会遇到曲折甚至倒退，但向前发展的总体趋势是不变的。那么，人类社会在进入共产主义社会之后会不会再向前发展？如果会，共产主义社会之后的社会形态是什么？如果不会，就意味着人类社会停止向前发展。笔者认为，人类社会是不断进步的，这是生产能力不断提高和人类理性反思不断深入的必然结果。马克思主义运用生产力和生产关系的对立统一关系来分析人类社会的发展,当社会化大生产与生产资料公有制相统一时,阶级分析法就不起作用了。但这并不意味着共产主义社会就是静止不动的,相反,共产主义社会有低级和高级之分。如何分析共产主义社会从低级发展到高级,还需要新的范式作为分析工具。需要说明的是,人类社会是一个复杂的综合体,人类社会的进步既可以表现为整体的发展,也可以表现为局部甚至微小环节的发展。因此,在可以预见的将来,人类社会将不断发展进步。当然,总体的进步并不能排除局部的倒退。在热核时代和互联网时代,这种倒退的可能性大大增加了。这就需要在文化层面认真思考人类面临的各种挑战,在现实层面提出化解挑战的方案。维护人类的生存和发展,所有人都有责任。

在20世纪之前,人类面临的突出问题是生存问题。吃饱、穿暖、健康、有房住是广大老百姓的真切愿望。但是,限于人类认识自然和改造自然能力的低下,这些愿望无法彻底实现。再加上战争消耗、重大传染疾病和自然灾害以及人为浪费等原因,有限的物质产品根本无法保障所有人的需求。或许有人会说,现在物质财富已经非常丰富,许多产品已经严重过剩,但还是无法满足所有人的基本需求。的确,这是一个残酷且令人类蒙羞的事实。解决这个难题的根本办法不是推动生产,而是完善分配方案。当然,这涉及各方利益的协调、人类摒弃狭隘思想以及落后国家的自力更生。但是,就人类整体发展而言,今天是历史上最好的时期。继续回到之前的分析,20世纪之后特别是"二战"之后,世界进入相对和平和稳定的发展时期,人类的生产能力快速提高,随着物质产品的不断丰富,人类面临的突出问题转变为发展问题,这就是在追求更好的物质生活的同时,期盼有更好的生活软环境。其中包括良好的治安、高质量的教育和医疗、优美的生态环境、廉洁的政府以及更好地实现自己的人生价值等。总的发展趋势是人们的需求会由外向内、由物质向精神转变,人的智力提升和价值实现将成为发展的重要内容。

在人类社会发展的过程当中,文化始终发挥着重要作用。前面提到的对人类认识能力和生产能力的提高就是具体表现。当人类由解决生存问题转向解决发展问题之后,文化对人类社会发展的推动作用就更加明显。具体表现在以下三个方面:一是当前世界发展不充分不平衡问题的解决和地区冲突的化解都需要借助于先进文化。发达国家和贫穷国家处于发展水平的两极,从世界整体来看,人类的生产能力很强,但是,贫穷国家的生产水平很低,甚至沦落为发达国家的资源来源地和商品倾销地。发达国家创造了丰富的产品，但落后国家依然很难解决人民的温饱问题。还有地区冲突问题，在传统社会，战争或许是解决矛盾的重要手段，但在今天，战争只能制造仇恨和灾难。解决这些问题需要人类开动脑筋，打破陈规，大胆创新，提出新方案。二是良序社会环境的营造、优质教育和医疗的供给、高品质生活的创造需要借助先进文化。在社会发展中，人是决定性的因素。这是因为发展的最终动力是人，发展的根本目的也是人，发展的过程由人控制。因此，人的素质决定了发展的质量。要实现高质量的发展，满足人们更高水平的生活需要，就必须用先进文化教育人、塑造人。三是人的精神需求的满足和自我价值的实现需要借助于先进文化。一个人有什么样的精神需求，他的自我价值是什么，回答这些问题离不开具体的文化。深受农业文化影响的人通常不会希望自己成为大企业家或银行家，深受商业文化影响的人通常不会欣赏康德的道德义务论。文化就像无形的"磁场"潜移默化地引导着人们的思维活动和言行举止，虽然人不是磁针，但无人不受文化的影响，正如磁针必受磁场的吸引。而且，随着人类发展水平的不断提高，人们更加需要接受先进文化的熏陶来提高自己的素质，运用先进文化满足自己的精神需要和实现自己的人生价值。

第二章 ▶ 多元文化及其发展趋势

从哲学维度来看，文化是人的类本质的对象化和历史积累，是自然的人化和人的自然化，是人类在历史发展过程中智力活动的成就。这是就文化的本质而言的，在现实层面，文化表现为具体的形态。从历史维度来说，有古代文化、近代文化、现代文化、当代文化之分；从国别或地区角度来说，有中国文化、美国文化、英国文化、印度文化、俄罗斯文化、法国文化、德国文化等；从涵盖领域来说，有物质文化和精神文化之别。其中，物质文化可以细分为生产文化、制造文化、消费文化等。精神文化可以分为宗教文化、哲学思想、政治文化、法律文化、经济文化等。随着市场经济的快速发展，诸多行业形成各具特色的行业文化，进一步丰富了文化的内涵和外延，如饮食文化、娱乐文化、旅游文化、网络文化、服饰文化等。那么，文化之间为什么会出现差异？不同文化之间有什么样的相互关联？多元文化之间的相互作用是无序的还是有序的？如何引导文化之间的相互作用？对这些问题的回答不仅有助于对文化理论的研究，而且有助于应对当前文化多元化的挑战。

第一节 多元文化

抽象的文化概念与具体的文化形态之间的关系不是柏拉图所谓的理念与现实之间的关系。在现实当中，存在的只是具体的文化，抽象的文化概念是对具体文化的概括。如果细究起来，就会发现抽象的文化和具体的文化都是人类创造出来概括和指代具体现象的概念。文化是对渗透在人们实践活动和行为举止中的思想观念、价值取向、规范准则、理想信念、宗教信仰等因素的总括。因此，具体文化是相对于抽象文化而言的，严格来说，文化都是抽象的，用一个词来形象地表述就是"虚的"。抽象的概念尽管是"虚的"，但有助于人们把握纷繁复杂的社会现象。具体的文化指代的不是个别的社会现象，而是一类社会现象蕴含的人的智力活动及其成就。人类社会发展历史悠久，人类生产实践活动复杂多样，人的思想观念丰富多变，人的社会活动丰富多彩，从不同维度刻画人类的智力活动，就会得到不同的文化形态。那么，不同的文化形态是不是多元文化？多元文化是否等同于多样文化？回答这些问题是进一步研究多元文化的前提。

一、多元文化概念的使用

在界定多元文化概念的具体含义之前，应该先分析人们对多元文化概念的使用。随着全球贸易的扩张和国际交往的日益频繁，多元文化成为人们普遍关注和广泛使用的一个词。人们在学术研究、工作报告、日常交流等不同层面使用多元文化，为了便于理解和说明，笔者引用习近平同志的一段话，来分析多元文化概念的具体使用。习近平在浙江工作时讲："浙江文化的另一个特点是：融会了多元文化的精神特质，兼具内陆文化与海洋文化之长处，融合了吴越文化与中原文化之精髓，反映了中国文化与西方文化之激荡。"❶在此，多元文化有三个层面的所指：一是内陆文化与海洋文化，二是吴越文化与中原文化，三是中国文化与西方文化。内陆文化与海洋文化是从地理环境来区分的，吴越文化与中原文化是从历史和地域的角度来区分的，中国文化与西方文化是从国别来区分的。多元文化中的"多"一般指两个以上，在上面所举的例子中并列的文化只有两种，但有三个层面的两两并列，从而突出了文化的多元。需要强调的是，多元文化中的"多元"指的是同一个层面的文化有多种，不同层次的文化堆在一起构不成多元文化。例如，内陆文化、中国文化、吴越文化放在一起构不成多元文化。因为这些文化不在同一个层次，各自的文化特征不同，两两之间并没有形成相对互补的关系。有些文化虽然在同一个层面，但也不能称为多元文化。例如，儒家文化包括先秦儒家文化、两汉儒家文化、隋唐儒家文化、宋明儒家文化等。但是，这些文化不是不同的文化，而是同一种文化在不同历史时期的具体表现。

---

❶ 习近平. 干在实处　走在前列：推进浙江新发展的思考与实践 [M]. 北京：中共中央党校出版社，2006：315.

继续回到对多元文化概念用法的分析上来,如果深入分析习近平关于浙江文化特点的论述,可以挖掘出以下三层理论预设:一是肯定了多种文化的同时并存。顾名思义,内陆文化存在于内陆地区,由于远离海洋,关于远洋贸易和海洋捕捞方面的文化内容比较缺乏,相反,关于利用土地资源从事生产的文化内容比较丰富。海洋文化诞生于沿海地区和海岛,是人们在利用海洋资源的过程中形成的富有海洋色彩的文化。内陆文化和海洋文化并不是截然独立的文化,随着人口迁移和贸易往来,内陆文化和海洋文化会向其他地区蔓延。中原文化与吴越文化、中国文化与西方文化亦是如此。二是认为文化具有传承性。习近平所举的六种文化都是历史积淀的产物,都具有鲜明的历史继承性。借助于现代技术,一群人可能在一个荒无人烟的地方很快建立一座工厂从事生产,但不可能在同一过程中很快创造出文化来。一般意义上的文化是人类智力活动的产物,具体的文化是一个地区的人或一个族群在漫长历史发展过程中创造出来的。文化具有传承性并不意味着文化是一成不变的,在文化传承的过程中,文化发生着变化甚至新旧更替。三是同一层面的文化之间能够相互影响。"兼具""融合""反映"三个词表明了不同文化之间的相互影响和相互融合。浙江地处江南,西部与江西、安徽等内陆省份相连,东部临海。早在春秋战国时期,浙江、江苏等地就创造了独具特色的吴越文化。后来,随着北方游牧民族的南侵,中原士人不断南迁,特别是南宋迁都杭州之后,带来了浓厚的中原文化。近代以来,舟山、宁波、温州等浙江沿海城市成为西方文化进入中国的重要跳板,新中国成立以来特别是改革开放之后,西方文化不断由沿海城市蔓延至内陆地区。历史与现实造就了多元文化融合发展的浙江,而多元文化的融合发展表明了不同文化之间相互作用、相互影响的关系。

文化具有传承性和多样性以及不同文化之间能够发生相互作用并不能保证事实层面多元文化的相互影响,继续分析习近平的上述论断,可以分析出以下三层意义:一是不同文化相互影响的主体是在浙江生活的人。文化体现在人们的思想活动和行为举止当中,不同文化的相互作用必须通过人这一主体才能实现。习近平在论述中虽然没有提到人,但没有忽视人的作用。需要说明的是,真正推动不同文化产生相互作用的人不只是浙江人,只要在浙江生活和工作过的人都应该包括在内。此外,多元文化的相互作用是一个历史的过程,因此,作为推动文化相互作用的人不仅是现在生活在浙江的人,还包括历史上生活在浙江的人。二是不同文化在浙江发生了碰撞。不同文化要产生相互影响的关系,必须是同时在场的不同文化。例如,已经消失的印加文化就不可能与当前的中国文化发生相互作用。或许有人会问,研究印加文化的学者可能会扮演历史文化与现实文化之间相互作用的桥梁。笔者认为,印加文化可能会影响现代的一些学者,甚至在小范围内对现代文化产生影响。但这种影响绝不是不同文化之间的相互作用,因为已经消失的印加文化不可能再受到现代文化的影响。如果说一定有什么影响的话,那就是现代文化对学者心中的印加文化有影响。但学者心中的印加文化与事实上的印加文化不完全等同。此外,不同文化之间的相互作用必须发生在同一个人接受不同文化的过程中,对有些人来说,这个过程是自觉的,但对大部分人来说是在不知不觉中发生的。当然,在一个人身上不可能发生不同文化之间全方位的相互作用,只能是某些部分或因素之间的相互作用。当审视所有或大部分主体时,就能看到不同文化相互作用的全貌。三是不同文化之间积极的相互作用塑造了浙江兼容并蓄的文化特点。不同文化之间的相互作用是一个历史过程且发生在数量庞大的人群当中,具体情况非常复杂。人们不可能从细节上去把握相互作用的每一个环节和过程,但可以整体把握文化相互作用的方向和主要内容,也可以从某一个视角深入分析文化相互作用的细节。笔者认为,文化发展和文化相互作用的过程虽然没有类似自然界的客观规律,但有一个整体的趋势。这就是文化会由低水平向高水平、由不先进向先进发展,文化交流会由最初的排斥走向相互借鉴和共存互补。当然,文化发展和文化交流是由诸多因素综合作用的,其过程不是线性的,而是在曲折中实现进步。这种进步不是客观规律在人类活动中的显现,也不是黑格尔所谓的"绝对精神"在文化领域的现实表现,而是人类在发展过程中理性反思和审慎决策的结果。习近平在分析浙江文化的特点时,揭示了浙江多元文化相互作用的积极特性,具体表现为兼具了内陆文化和海洋文化的长处,融合了本地文化和中原文化的精髓,反映了中西文化的激荡。

二、多元文化的定义与实质

"多元文化"从字面来看就是指多种文化或多样文化。但人们为什么不用

"多种文化"或"多样文化"代替"多元文化"呢？这里除使用便利和使用习惯等因素之外，应该还有更深层次的区别。直观来看，"多种文化"与"多样文化"比较接近，都表达不同种类或样态的文化。从历史发展的维度来看，不同地区的人们创造了不同的文化，可以说，有多少族群，就有多少种文化。但是，在国际交流和交往变得频繁之前，人们平静地生活在自己的文化当中，对其他文化的存在状况既不知情也不关心。尽管有少数商人、传教士、远征士兵了解异质文化，但不同文化的碰撞和融合只发生在少数人身上，并没有形成普遍现象。然而，自近代以来，随着国际交往的日益频繁和信息技术的飞速发展，不同国家和民族的人们可以轻松地走出国门领略异域文化，也可以通过互联网、电影、音乐、书籍等途径了解不同文化。在这种情况下，如何看待和处理异质文化就成了普通大众面对的问题，不同文化之间的相互影响成为许多国家关注的国际问题。正因为如此，多元文化不仅成为人们审慎思考和处理的重要话题，而且成为广泛使用的一个词。在梳理清楚了这些基本前提之后，笔者试图对多元文化给出一个定义：多元文化是人们在日常生活中遇到的多种相互作用的文化。其中，多种相互作用的文化既可以是两种文化，也可以是两种以上的文化。相互作用既可以是相互借鉴、相互融合，也可以是相互排斥、相互敌视。对于这一定义，还需要强调以下三点。

一是多元文化与多元族群相对应。文化不能凭空存在，必须借助于一群人的思想活动和行为活动体现出来。而且，一个族群原则上只能有一种文化。这是因为文化表达了人们对自己和世界的认识，反映了人们的思想观念、价值取向、伦理道德和宗教信仰。同一个人不可能对同一个对象形成两种不同的认识和评价。同样，一个族群也不可能对自己和世界形成两种不同的思想认识与价值评判。或许有人会讲，处于交通枢纽和繁华都市的人们接受不同文化的影响，因此，他们的文化不是单一而纯粹的文化，而是多元的文化。例如，新加坡人的文化和中国香港人的文化应该是多元的，既包含中华文化，也包含西方文化，甚至还包含东南亚文化。笔者认为，新加坡人和中国香港人接受了多种文化的影响，但这不能说明新加坡人的文化和中国香港人的文化是多元的。长期深受多元文化的影响造就了新加坡文化和中国香港文化的开放性和复杂性，但新加坡文化只有一种，只不过其中包含着中华文化、西方文化、印度文化、马来文化的因素，这些不同文化长期相互作用的结果就形成了体现在新加坡人思想观念和行为举止当中的新加坡文化。这一点也可以从新加坡人的基本价值观中得到窥视。新加坡政府在1991年提出了"国家至上、社会为先；家庭为根、社会为本；社会关怀、尊重个人；协商共识、避免冲突；种族和谐、宗教宽容"的共同价值观。❶ 其中，国家至上、家庭为根、协商共识是中华文化的重要价值理念，尊重个人、宗教宽容是西方文化的基本价值主张，种族和谐、宗教宽容是新加坡多元宗教并存和不同种族共处的现实需要。

　　既然一种文化对应一个族群，那么，多元文化就对应多种族群。多元文化之间的相互作用只能体现在与多元文化相对应的多元族群中的一些人身上。不同于物理学中作用力和反作用力始终相等，多元文化之间的相互作用是不对等的。其中，强势文化对弱势文化的影响比较大，而强势文化受弱势文化的影响要小得多。一般来说，强势文化对应着强势族群或国家，弱势文化对应弱势族群或国家。强势文化与弱势文化之间的相互作用最终要体现在强势族群（国家）与弱势族群（国家）身上。作为政治实体，国家之间的相互关系虽然受各自文化相互作用的影响，但并不取决于文化因素，其他诸如经济利益、政治制度、国际形势等都会产生重要影响。相对来说，族群是感受多元文化影响最为明显的主体。以美国为例，美国的主流族群是盎格鲁撒克逊移民，在200多年的发展过程中通过移民又形成了拉美裔、非洲裔、亚裔。作为典型的族群大熔炉，少数族群在很短时间内就被主流群体所同化。虽然少数族群接受并认同美国主流文化，但这并不意味着它们放弃了自己的特有文化。为了描述和分析多元文化的存在及其相互作用，美国学者哈里斯·卡伦在1924年提出了"多元文化主义"一词。此后，多元文化主义成为研究民族关系的重要理论之一。多元文化主义通过承认文化的多样性来肯定处于同一政治体系当中的不同群体的正当权利，主张保护少数群体的自我认同。❷ 多元文化主义揭示了文化与族群之间的密切关系，对我们深入把握多元文化的丰富内涵具有一定的启示。

---

❶ 黄骏. 文化社会学视野中的多元文化互动与社会变迁 [J]. 甘肃社会科学, 2009 (3): 66-69.
❷ 高永久, 高永辉. 民族社会学视角下的西方多元文化主义研究 [J]. 中南民族大学学报, 2010 (3): 1-6.

二是多元文化必须是共时性的异质文化。多元文化之所以成为人们关注的对象，是由于人们在现实生活中真切感受到异质文化的影响。为了说明这一点，我们做一个思想实验。假设有一个孤立海外的岛屿"瀛洲"，岛上的人民生活在一个纯粹单一的文化氛围当中。大家对自己和他人的绝大多数行为感到合乎情理，即使有些言行举止违背了传统，人们也很容易运用本岛传统进行解释和评判。当岛上出现一些新事物新情况新现象时，人们就会在传统思想的基础上提出一些新观点进行解释，从而对岛上的传统做出完善和发展。假如岛上的一个人突然捡到一个漂流瓶，里面装有用谁也看不懂的文字写成的心愿卡。岛民可能会把漂流瓶当作圣物供奉在他们的圣坛上，也可能当作魔咒狠狠地毁坏。同时，他们的文化当中就会有一个关于漂流瓶和"天书"或"魔咒"的小插曲。假如有一天因为海难，一名来自陌生地方的船员泅渡到岛上，人们首先就会对这名船员的"奇异"长相评头论足。如果时机恰当和人们的心情比较好，船员可能会得到礼遇。如果岛民把海员和其他灾难挂起钩来，那么，他可能下场悲惨。在之后的日子中，当岛民看到他奇异的生活习惯时，船员就可能成为人们排斥甚至宣泄愤怒的对象。如果船员无力反抗，那么，他就会像黑夜中的烛火很快被狂风吹灭，他在岛民中引起的"风波"很快也就会像他的生命一样被岛民遗忘。"瀛洲"岛又恢复了往日的宁静，人们过着平和而单纯的生活。假如面对岛民的欺辱，船员掏出岛民从来没有见过的火枪，当众打死一头身强力壮的牛以儆效尤。岛民们最初可能会被火枪的威力吓懵，但清醒之后在"岛长"的带领下或趁着船员熟睡之际放火烧死他，或赠送一只独木舟礼送船员出境。火枪造成的恐慌很快也就烟消云散了。再假如，该船员的大批队友为了搜救他，纷纷赶到"瀛洲"岛上，并且发现这个岛屿地理位置很好，可以开辟为远洋贸易的中转港口。这批船员决定定居该岛，那么，接下来的情景就是大家非常熟悉的近代西方殖民者的惯用伎俩。他们先用火枪、火炮征服岛民，然后征用岛民建造港口、公路、商店、住宅和市政办公大楼，开办船只修理和制造厂。在这一过程中，岛民实现了身份的彻底转变，即由农民、渔民、贩夫变成了现代意义上的工人、商人、士兵，由原来不自觉的岛的"主人"变成了被殖民者。在开始的时候，殖民者和岛民分别住在不同区域，从而避免在日常生活中发生接触，殖民者的文化与岛民的文化之间的冲突并不明显。后来，因为一些岛民通过自己的努力进入上层社会,一些殖民者因为堕落进入社会底层以及两个族群之间不可避免的通婚,船员和岛民有了更广泛而深入的接触,两种文化也就发生了激烈冲突。文化冲突的结果有两种,一种是岛民集聚在民族主义的大旗下,合力推翻殖民政府,取得政治独立,捍卫自己的文化尊严。但是,独立之后的文化已经不同于最初的文化,而是打上异质文化烙印的"瀛洲"文化。另一种是岛民力量太弱,无法推翻殖民者。随着时间的流逝,殖民者成为"瀛洲"岛真正的主人,原来的岛民则成为少数族裔存在下来。岛民虽然有自己独特的传统,但在基本价值观和生活方式上已经融入由船员带来并演变为主流的"瀛洲"文化当中。

在上述思想实验中,真正意义上的文化相互作用发生在殖民者和岛民相互融合的过程中。在融合过程中,殖民者居于优势地位,岛民处于弱势地位,融合主要指的是岛民文化向外来文化的融合。但是,殖民者本身也在发生变化,即由外来的船员和殖民统治者变成"瀛洲"岛的主体族群。外来文化与岛民文化的相互作用渗透在船员后代与岛民后代的相互交往中。对船员后代来说,他们要面对异于自己文化的岛民文化。对岛民后代来说,他们则要面对异于自己文化的外来文化。当然,随着历史的发展和族群交往的深化,外来文化和岛民文化始终处在发展过程之中,外来文化与岛民文化的相互作用也处在不断发展的过程之中。

三是多元文化内在包含着文化之间的相互作用。当人们在讨论多元文化的时候,不是在述说不同文化的存在,而是关注不同文化之间的相互作用,特别是不同文化之间的冲突。例如,对一个生活在单纯儒家文化圈里的人来说,他可能通过互联网、电影、书籍等获知基督教文化、伊斯兰文化,但如果他没有深入接触过信仰这些宗教的人,那么,他只是知道有基督教文化和伊斯兰文化,而不可能感受到这些文化与儒家文化的相互作用,因为基督教文化、伊斯兰文化与儒家文化在他那里没有发生相互作用。对这一个人来说,有多种文化共存的问题,但没有多元文化的问题。此外,人们更关注多元文化之间的冲突。不同文化之间的相互作用非常复杂,对此,后文会专门分析。但是,在相互作用之中,有一种是不同文化之间的冲突。人们愿意接受自己喜欢或对自己有明显好处的新事物,反感与自己的习惯和爱好不同的新事物。对于异质文化当中自己喜欢或对自己明显有利的内容,人们会主动接受。相反，当人们遭遇到自己不喜欢或对自己不利的异质文化内容时，就会产生疑虑、关注、憎恶、愤怒等情绪。当产生这些情绪的人越来越多，不同文化之间的相互作用就成为社会问题并进一步上升为政治问题，多种文化或多样文化也就由表述事实态的概念转变为多元文化这一表述社会问题和政治问题的概念。

第二节 多样文化的形成与多元文化问题

多样文化不同于多元文化，但多元文化依赖于多样文化。按照笔者对多元文化的理解，多样文化是多元文化的前提，多元文化是多样文化在经济全球化和信息社会化大背景下的产物。因此，在深入分析多元文化之前，应该探讨多样文化形成的原因以及不同文化的区别体现在哪里，不同文化的共性有哪些。一般而言，文化是人类体现在生产实践活动和社会生活当中的智力活动的产物。但是，族群不同，其所处的地理环境不同，生产要素的多寡不一样，在改造自然的过程中形成的生产关系和社会形态存在差异，并最终体现为对人与自然不同的认识和态度，从而造就了不同的文化。[1] 不同的文化如果交织在一起，就会产生相互作用，这种相互作用通过人们的行为举止表现为一系列社会文化现象。其中，消极的相互作用会造成严重的社会问题。正因为如此，合理引导多元文化的相互作用，使其有利于社会稳定和人的发展，是多民族国家和国际社会需要认真对待的工作。

一、多样文化的形成

康德在《实践理性批判》中讲道："有两样东西，人们越是经常持久地对之凝神思索，它们就越是使内心充满常新而日增的惊奇和敬畏：我头上的星空和我心中的道德律。"[2] 虽然不一定是头顶的星空和心中的道德律使人们像康德一样对这个世界感到惊奇和敬畏，但总会有许多事物令人们感到惊奇。

---

[1] 黄骏. 文化社会学视野中的文化与多元文化互动 [J]. 中南民族大学学报, 2008 (1): 168-172.
[2] 康德. 实践理性批判 [M]. 邓晓芒, 译. 杨祖陶, 校. 北京: 人民出版社, 2003: 220.

例如，人类如何从类人猿演变而来？大自然精彩纷呈的众多物种到底是如何出现的？古代遗址发掘出土的大型铜器是如何被人们制造出来的？等等。当我们走进植物园、动物园、海洋馆和博物馆时，这种惊叹之情会油然而生。就文化而言，人类在漫长的历史发展过程中创造了丰富多彩、各具特色的文化。这些文化像一条条河流从古代流向了现在，有些则成为内陆河消失在茫茫沙漠之中。在惊叹人类文化辉煌灿烂的同时，我们不得不思考不同文化缘何产生，或者说，同样的人为什么创造了不一样的文化。众所周知，文化的形成和发展过程极为复杂，而且，历史已经成为过去，人们只能凭借自己的知识去分析不同文化形成的原因。这些原因在多大程度上影响了文化的形成和发展，只能留给考古学家和历史学家去评判。在笔者看来，以下三个因素是导致不同文化产生的重要因素。

(一) 地理环境

"一花独放不是春，百花齐放春满园。"正如多样文化成就了人类今日的辉煌，自然界的独特景致和物产资源成就了不同民族的灿烂历史。不同地区有不同的地理环境，而不同的地理环境影响着人们的生产方式和人们对自己与世界的认识。这一点在生产力水平落后的古代尤为明显，在早期人类从非洲迁移到欧亚大陆的过程中，一个个族群选择了一块块区域作为自己的生存空间。俗话说，靠山吃山，靠海吃海。如果一个族群选择了靠近大海的地区生存，那么，该族群的人们就必须通过经验积累和理性思考了解大海的物产、台风、洋流的特点，发展与海洋有关的生产，制作许多以鱼类为原料的食物，创作与海洋、鱼类、海鸟有关的艺术作品，形成具有海洋气息的族群文化。如果一个族群选择了一个资源比较匮乏且四季气候变化比较大的内陆地区作为生存空间，那么，该族群的人们必须更多地依靠自己的辛勤劳动从土地中找寻食物。对土地和农作物的依赖很容易使人们形成安土重迁、家族本位的文化心理，春耕夏耘秋收冬藏的生产活动有助于人们培养吃苦耐劳、勤俭节约的优良品质，从而创造出具有泥土气息的文化。在一些人口稠密、族群众多的地区，为了争夺生存空间，族群之间的战争不可避免，不同族群的文化在此碰撞，不同族群的人在此汇聚。开阔的胸怀、激烈的争斗和思想的碰撞有助于形成具有开放性和包容性的文化。这样的文化可能在历史的长河中湮灭,但它必然会留下华丽的身姿。

不可否认,地理环境对区域文化的形成有着重要的影响。[1] 但仅仅是影响而已,地理环境不可能决定文化的形成和文化的主要内容,决定文化产生及其特征的始终是处于一定社会关系中的人们。地理环境是通过影响人们的生产活动、思想观念、生活方式影响文化的。因此,地理环境对文化的影响是间接和复杂的。这种影响到底是什么以及如何产生,不是人们通过观察和思考就能回答的。而且,地理环境对不同文化的影响是不一样的。相似的地理环境可能产生不同的文化,而不同的地理环境也可能产生相似的文化。但一般来说,沿海地区和岛屿上的文化具有较鲜明的海洋特色,内陆农耕地区的文化则具有较鲜明的农业色彩,交通枢纽和城镇中的文化具有较强的商业气氛。

(二) 生产方式

地理环境可以通过影响生产方式来影响区域文化,也可以通过直接影响人们的思想观念、生活习惯和情感来影响区域文化。在影响文化的诸多因素中,生产方式居于重要地位。在这里,生产方式具有两种表现形态:一种是马克思主义政治经济学中的生产关系,另一种是社会学意义上的生产关系。前者是生产力和生产关系的有机结合,其中,生产力是社会生产的物质内容,生产关系是社会生产的社会形式。马克思主义认为,经济基础决定上层建筑。其中,经济基础是由一定发展阶段的生产力所决定的社会关系的总和,而文化就是上层建筑的重要组成部分。因此,可以简单地说,社会关系决定文化的形态和性质。而社会生产关系是社会生产方式的社会形式,因此,可以推出社会生产方式决定文化的形态和性质。经济基础在决定上层建筑的同时也受上层建筑的反作用,由此可以推出文化对社会生产方式产生反作用。马克思主义所讲的经济基础决定上层建筑不是说经济基础决定上层建筑的所有内容、特征和性质,而是说社会生产当中生产资料的占有关系决定着产品的分配关系,生产资料占有关系和产品的分配关系必然要体现在包含文化在内的上层建筑当中。这种上层建筑又要反过来维护占统治地位的生产关系。

---

[1] 黄骏. 文化社会学视野中的多元文化互动与社会变迁 [J]. 甘肃社会科学, 2009 (3): 66-69.

社会学层面的生产方式是指人们使用生产工具改造客观对象以从事生产的方式。人们使用的生产工具和改造的对象不同，形成的生产方式也不同。社会学层面的生产方式不是指具体的某个人使用某种工具从事生产的方式，而是对人们生产活动的概括。纵观人类发展历史，基本形成了原始生产方式、农业生产方式、工业生产方式、高科技生产方式。原始生产方式是人们用经过粗略加工的器具采摘和捕获猎物的生产方式。由于生产工具落后和生产对象的制约性很强，原始生产方式是人类初期使用的生产方式。农业生产方式是以生产对象为标准进行划分的生产方式，在不同时代，人们从事农业生产的工具差别很大。在早期人类社会，人们使用简单的农具和人力。随着技术的发展，人们采用铁制农具和畜力。当机器出现之后，人们就采用农业机械。由于生产工具不断改进，农业生产能力不断提高。特别是使用机器之后，规模化和产业化生产变成现实。但不管工具如何先进，农业生产方式始终受制于土地资源。农业生产方式不仅包括农作物种植，还包括养殖业和渔业。工业生产方式是人们使用机器加工自然资源以获得产品的生产方式。工业生产方式极大地提高了人们的生产能力、满足了人们的生活需求。在信息技术和人工智能的大力推动下，农业生产方式和工业生产方式正在发生深刻变革并逐步演变为高科技生产方式。与这四种生产方式相对应，人类创造了原始文明、农业文明、工业文明和高科技文明。文明不同于文化，但两者密切相关。文明的外延比文化广，因此，文化包含在文明当中。不同的生产方式决定着不同的文化内容和特点。在经济全球化的今天，原始生产方式已经被其他的方式所取代。而同时存在的农业生产方式、工业生产方式、高科技生产方式推动不同地区的人们创造了相应的文化。当然，说某一社会的生产方式是农业生产方式只是概括而言，并没有否定其他生产方式的并存，只不过农业生产方式占主流。同样，与农业生产方式对应的文化不仅包含农业文化，还包括其他文化，只不过农业文化占主流而已。其他两种生产方式和对应的文化亦是如此。

(三) 宗教信仰

在文化当中，宗教信仰居于重要地位。之所以如此，原因有三：一是宗教包含丰富的知识和信念。宗教通常产生于早期人类社会，不同的宗教其理论体系不尽相同，甚至差别很大。但它们都对早期人们所关注的问题给出了回答，例如，世界是怎么形成的？什么是人？人从哪里来到哪里去？人应该干什么，不应该干什么？等等。用今天的科学理论来看，宗教对许多问题的回答和对世界的描述是不科学的。但宗教包含许多符合人们日常生活的常识，这些常识是宗教获得人们信奉的知识基础。宗教不是科学理论，宗教追求的是信仰，科学理论追求的是真。因此，宗教理论中不符合科学理论的内容并不影响人们对宗教的接受。二是宗教包含严格的仪式。严格的仪式可以把人数众多的信徒有效地组织起来，使信徒组成一个独立的社会群体。当然，并不是所有的宗教都有同样严格的教阶制度和活动仪式。例如，道教就是一种比较松散的宗教。三是宗教包含丰富的道德规范。从本质上讲，宗教都是教人们为善的。宗教理论包含的道德规范不仅可以约束个人的行为举止，而且约束着人与神、人与人、人与社会之间的关系。总的来说，宗教包含的丰富知识和信念可以回答人们关于自己和世界的认识问题，严格的教阶制度和活动仪式把教徒组成一个严密的社会组织，丰富的道德规范能够约束和指导人们的言行举止。因此，宗教是一个由理论、信徒、戒律、固定的宗教场所构成的完整体系。抛开物质因素，宗教就是一种微型文化。

由于文化与人们的日常生活密切相关，从而具有历史传承性。同样，宗教也具有历史传承性。相比较而言，宗教的历史传承性更为明显。人们的物质生活和生活环境可以发生很大变化，但宗教的变化很少，也很难。这是因为宗教渗透到信徒的心灵当中，弥漫在信徒日常生活的各个角落。而且，宗教当中的神职人员专门从事解经和宣教工作，维护宗教的权威和统一是他们的重要职责。宗教自身的顽强生命力是保持信仰纯粹的重要力量。不管是在历史时期还是在当今世界，信仰宗教的人数非常庞大，这些信徒在传承宗教文化的同时，也在丰富和发展着世俗文化。对信徒而言，宗教文化始终位于世俗文化之上，世俗文化只是宗教文化的有益补充。正因为如此，在多样文化的形成过程中，宗教信仰发挥了重要作用。而且，宗教信仰也是影响多元文化相互作用的重要因素。

二、多样文化之间的相互作用

如果不同族群的人们生活在各自的地理环境当中，不与其他族群的人发生交流和交往，那么，同时存在的多样文化之间并不发生相互作用。只有当不同族群的人们发生交往时，多样文化才会出现相互作用。这是因为"文化具有超个人性，不同文化的交流与融合只有通过群体的社会互动才能实现"[1]。对普通群众来说，多样文化的相互作用表现为人们对异质文化内容的接受与排斥，而接受或排斥的标准是自己所属的文化内容。而且，这种相互作用主要发生在人们的经济交往当中，成为人们物质交往实践活动的副产品。与普通群众不同，文化学者对多样文化之间的相互作用有着自觉的意识和关注。站在哲学角度，可以提出这样一些问题：不同文化何以不同？多样文化为何能相互作用？一般来说，这种相互作用有哪些表现形式？在详细回答第三个问题之前，笔者试图先回答前两个问题。不同文化存在区别的前提是它们都是文化，有着文化的一般属性，区别在于具体的表现形式和内容不同，而且多样文化的不同局限于一定的范围之内。除了极个别情况，人们在衣食住行等基本生活领域是完全相同或相似的。例如，绝大多数不同族群的人们对吃什么、怎么吃有着包容的态度，除非对特定食物有明确的禁忌。在穿衣、居住和交通方面，人们之间的差异就更少了。正因为不同族群的人们有着诸多相同之处，人们的交往才能有效开展。同样，正因为多样文化之间有很多相同或相似之处，不同文化之间的相互作用才成为可能。试想，完全相同的文化就是该文化自身，它不能与自己发生相互作用。而完全不同的文化之间没有交流的基础，更谈不上相互作用。当然，完全不同的文化是不存在的。就多样文化为何能相互作用而言，不同文化之间的差异为文化之间的相互作用提供了逻辑可能性，族群之间的交流为文化之间的相互作用提供了现实可能性，而不同族群的人们之间的经济交往、文化交流、通婚以及不同族群之间的战争使文化之间的相互作用成为现实。通过学习人类发展史可以看到，人们在生存、谋利、好奇等因素的驱使下，不断从一个地方向另一个地方迁徙。在迁徙的过程中，人们不断闯入新的文化环境，并与该文化环境中的人们进行交往，在交往的过程中实现不同文化的相互作用。文化是一个复杂的系统，不同文化之间的相互作用存在于数量众多的人们的言谈举止当中。而且，这种相互作用受时代背景、地理环境、社会制度、经济发展和科技发展等因素

---

[1] 黄骏. 文化社会学视野中的文化与多元文化互动［J］. 中南民族大学学报，2008（1）：168-172.

的影响。要想从内容或形式的角度分析不同文化的相互作用,其难度是可想而知的。为了简便起见,我们可以从相互作用的效果来分析相互作用的具体形式。❶

(一) 良性互动

顾名思义,良性互动就是效果比较好或人们愿意接受的互动。良性互动具有比较好的文化互动效果,而好的效果主要表现在以下三个方面。

一是不同文化在平等的立场上进行互动。现在,平等已经成为人们的重要价值理念,但是,要在现实层面实现尽可能的平等还是一项需要人们共同努力的工作。人与人之间的平等尚且如此,文化与文化之间的平等互动就更难了。尽管困难,文化的平等交流仍然是人们特别是在经济发展中处于弱势地位的族群的愿望。这种愿望要变成现实就必须坚持人们文化需要的平等地位。多元文化主义给出的解决方案是将文化群体作为具有类似个人权利的基本单位,通过维护不同文化群体的平等权利来实现多元文化的共存发展。❷ 笔者认为,文化群体能否作为具有各项权利的主体还是一个需要深入研究的问题,而且,把文化群体作为独立主体也没有必要。我们完全可以将文化群体还原为一定数量的拥有相同文化的人。不同文化之间的平等交往就体现在拥有不同文化的人们的平等交往之中。此外,文化的平等交往是人们理性自觉的产物。在自发状态下,不同文化之间的相互作用势必会形成强势文化的霸权和弱势文化的消解。只有在公平公正的制度约束下,强势文化才会节制自己咄咄逼人的攻势,而弱势文化才能捍卫自己的生存权利。当然,良好的制度并不是为了保护已经完全落后的文化,而是在保护中促进落后文化发展。

二是不同文化相互尊重。文化的平等可以由制度来保障,但不同文化要获得真正的平等对待就必须通过相互尊重来实现。尊重是一种待人处事的态度,也是营造良好关系的重要原则。就获得途径而言,人们既可以通过敬畏产生尊重,也可以通过认同和敬仰产生尊重。就前者而言,尊重依赖于对象

---

❶ 黄骏. 文化社会学视野中的文化与多元文化互动 [J]. 中南民族大学学报,2008 (1):168-172.
❷ 高永久,高永辉. 民族社会学视角下的西方多元文化主义研究 [J]. 中南民族大学学报,2010 (3).

具有的权威或神秘感。如传统社会当中人们对当权者的尊重和对僧道巫师的尊重。后一种尊重建立在认知认同的基础之上，是发自内心的真诚态度。与对人和事的尊重一样，对文化的尊重也有两种情况：第一，将尊重建立在权威之上。这种权威既可以是依靠制度产生的，也可以是依靠暴力产生的。制度权威是现代社会良性运作的根本保障。暴力产生的权威在侵略战争中表现得最为明显。例如，在宗教战争中，被征服者就必须尊重征服者的宗教信仰，这种尊重依赖于征服者的利剑。第二，通过理解和认同产生对文化的尊重。这种尊重是文化良性互动的理想前提。但是，在现实当中，这种高层次的尊重只存在于极少数文化学者当中，普通大众只能通过制度权威产生对其他文化的尊重。

三是不同文化的相互借鉴和相互吸收。不同文化的平等相待与相互尊重既是文化良性互动的重要体现，也是多样文化相互借鉴、相互吸收的前提条件。任何文化都有自己的优点和不足，只不过有些文化的优点比较突出，有些文化的不足之处比较多，一些文化的优点可能是另一些文化所欠缺的。正因为如此，不同文化之间的相互借鉴和相互吸收才有了可能。那么，不同文化之间相互借鉴和相互吸收什么，怎么借鉴和吸收？这是一个关于具体文化相互作用的问题，很难从一般意义上给出解答。通常，不同文化相互之间借鉴和吸收的内容不同，分量也不一样。例如，一对文化中甲文化可能对乙文化借鉴吸收得多，而乙文化可能对甲文化借鉴吸收得少。这并不意味着甲文化就是弱势文化，相反，这反映了甲文化具有较强的包容性和开放性。需要说明的是，文化之间的良性互动是人们的美好愿望，现实当中没有完全摆脱文化冲突的良性互动，或者说，良性互动只是文化冲突比较少而相互借鉴和吸收比较多的文化互动方式。

(二) 中性互动

所谓中性互动就是不同文化之间既有相互借鉴和吸收，也有冲突和对抗，而且两方面处于基本平衡。之所以说"基本平衡"，就是因为绝对平衡是几乎不可能发生的，而且无法准确测量。因此，"基本平衡"包含三种情形：一是积极的互动比消极的互动多一些，二是积极的互动和消极的互动基本持平，三是消极的互动比积极的互动多一些。当积极的互动明显多于消极的互动时，中性互动就会转变为良性互动。同样,当消极互动远远超过积极互动时,中性互动就蜕变为文化冲突或对抗。与良性互动一样,文化冲突和对抗也不是文化相互作用的常态。虽然塞缪尔·亨廷顿鼓吹西方文化与儒家文化、西方文化与伊斯兰文化的冲突,但当今世界上的文化冲突和对抗并没有普遍发生,而是局限在很小的范围之内。因此,可以粗略地说,当今世界不同文化之间的中性互动占绝对多数。中性互动不仅表现在积极互动和消极互动之间的数量关系上,还表现在互动的质量和程度方面。前者主要表现为数量关系上的均衡,后者主要表现为中性互动处于消极互动向积极互动转变的中间阶段。如前所述,文化是一个复杂的系统。对于该系统的基本结构和内容,第三章将专门做出分析。每一个文化都有处于核心地位的思想观念和价值理念,也有处于文化体系外围的具体观念和行为方式。从互动的程度来说,中性互动就是指文化之间的相互作用开始透过外在的思想观念和行为方式向处于内核的价值理念渗透,但离核心价值理念层面的相互作用还很远。当然,文化外围层面的相互作用比较容易发生。正是因为在长期文化外围互动的基础上,当今世界已经进入多样文化中性互动的阶段。随着相互交往的日益密切,不同文化之间更深层次的相互作用就会不断出现。与此同时,文化之间的对抗和冲突也会剧烈凸显出来,除非人们能够在和平与理性原则的指导下开展自觉的文化交流和互动。

(三) 相互冲突

在分析了不同文化之间的良性互动和中性互动之后,文化之间的相互冲突就比较好理解了。文化之间的相互冲突就是文化之间的相互排斥、敌对、对抗和冲突。与经济冲突和军事冲突一样,文化冲突也是矛盾激化的产物。但经济冲突是由利益分配矛盾导致的,经济冲突不可调和的最终产物就是军事冲突。军事冲突是你死我活的斗争,经济冲突是你多我少或我多你少的对抗,而文化冲突是人们行为方式和价值观的较量。当然,这三者并不是截然分开的,经济冲突和军事冲突可以导致文化冲突。同样,文化冲突也可以导致经济冲突和军事冲突。相比于军事冲突和经济冲突的"实在",文化冲突具有"虚"的特征。文化冲突既可以发生在物质生活非常贫困的人们之间,也可以发生在生活富裕的人们之间。在许多情况下,文化冲突与物质关联不大,虽然文化冲突要通过物质表现出来。文化冲突既可以存在于个体当中，也可以发生在群体之间。或许有人会问，前面说文化相互作用只能发生在不同族群的人们之间，现在又说文化冲突可以发生在个体当中，而文化冲突是文化相互作用的一种形式，因此，前后说法是相矛盾的。笔者认为，这是一种误解。众所周知，不同文化群体中的个别人之间的交往不能代表文化之间的相互作用。只有当不同文化群体中的人们自觉和主动开展相互交往时，才能说不同文化发生了相互作用。这里的"个别人"和"人们"存在数量上的差别。当然，人的数量达到多少的时候才能够被称为"人们"并代表整个族群，这是一个需要具体情况具体分析的问题。但是，"人们"是一个抽象的集合名词，"人们"的行为只能体现为许许多多具体个人的行为。因此，文化之间的相互作用最终还是要通过个体的行为体现出来。文化冲突在个体身上的典型体现就是这个人先后生活在两种以上文化差异很大的社会氛围当中，他的行为方式、思想观念、价值取向需要发生很大改变才能适应新的生活。但是，文化冲突不是不同文化族群中个别人思想观念和价值取向方面的冲突。只有当不同文化族群中的人们普遍出现思想观念、价值追求、理想信念等方面的冲突时，才说明出现了文化冲突。

　　不同文化之间为什么会发生排斥、敌对、对抗和冲突呢？文化之间的差异和不同固然是一个重要原因，但文化冲突最终要通过不同族群的人们体现出来。与个体的人一样，族群也有集体的思想观念、价值理念、精神气质和利益诉求，而且，这些思想观念、价值理念、精神气质和利益诉求集中体现在族群文化当中并影响甚至在一定程度上决定人们的言行举止。因此，不同族群的人们在同一类言行举止上的排斥、敌对、冲突在本质上就是人们的思想观念、价值理念之间的冲突。文化冲突往往与族群之间的利益冲突相联系，有时候族群利益冲突绑架文化，使文化冲突为利益诉求服务。有时候文化冲突借助于利益诉求，使利益冲突服务于文化冲突。仅仅就文化冲突而言，人们对各自思想观念和价值理念的维护是根本原因。文化冲突表现为不同族群的人们之间的仇恨、敌对和斗争。对文化冲突的参与者来说，思想层面的狭隘会限制人们对人类文明成果的学习和接受；价值理念的单一会制约人们的行为和发展前途；行动层面的偏执会伤害他人的情感和自己的切身利益。对参与文化冲突的族群来说，冲突可以暂时捍卫各自的核心价值诉求和思想观念,但并不能消除文化之间的根本差异和冲突的可能性。而且,严重的文化冲突会通过经济制裁甚至战争表现出来,那将会伤害许多人的物质利益乃至生命。对人类社会来说,文化冲突是人类智力欠缺的产物,是影响人类生存和发展的突出问题。热核武器的发明可以有效抑制世界性战争的爆发,但无法消除文化之间的冲突。人类智力欠缺引发的问题只能通过智力水平的提高才能彻底解决,但是,影响和制约人们提高智力水平的主客观因素非常多。有时候,人们为了满足自己的私欲人为设置一些障碍来阻止他人认识水平的提高。因此,在可以预见的将来,文化冲突不可能完全消除。当然,不能完全消除并不意味着不需要去消除。

第三节 多元文化的共生互补

在传统社会,多样文化的并存并不会产生全球范围内的文化互动。因此,多元文化不会成为人们关注的重要对象。但是,随着经济全球化的不断深入,世界范围内的人员、物资、资本、信息流通变得越来越频繁,由此造成的不同文化之间的相互作用越来越广泛和深入。与此同时,多样文化逐渐转变为相互作用和相互影响的多元文化。前面分析了多元文化相互作用的三种表现形式,其中,在没有人为干预的情况下,良性互动在实际中发生的概率非常低。比较常见的是中性互动,激烈的文化对抗和冲突也不常见。整体来看,在信息技术的推动下,多元文化互动越来越频繁和深入。但是,文化互动的过程极为复杂且受多种因素的影响,随着文化互动逐渐由外围深入文化的内核,中性文化互动很有可能向文化对抗转变。虽然在国际社会的压力之下和热核武器的约束下,文化冲突导致大范围军事斗争的可能性很小,但文化之间的冲突将会转变为文化之间的冷对抗,而且有可能长期存在。如前所述,任何形式的文化冲突既有损于冲突的参与者,也不利于世界的和平与发展。因此,国际社会应该团结起来,共同制订行动方案,引导多元文化向中性或良性互动转变。同样,多民族国家也应该认真对待少数民族文化,积极引导各民族文化向维护国家统一和构建新时代国家文化转变。

一、多元文化互动日趋频繁

多元文化互动不仅发生在国与国之间,也发生在多民族国家内部。虽然世界上有很多单一民族国家,但随着移民人数的增加和国际交往的深化,主要的世界大国都存在少数族群。国际层面的多元文化互动和一国之内的多元文化互动有相同之处,也有明显的区别。相同之处表现为都是不同文化之间的相互作用。区别在于国际层面的多元文化分属不同国家,文化之间的良性互动有助于增进国家间的联系,恶性互动会破坏国家间的关系;一国之内的多元文化分属不同的民族或族群,这些民族或族群是由同一个国家的公民构成,不同的民族或族群不仅有自己的文化,还有全体国民共同的文化。因此,一国之内的多元文化互动既影响民族或族群之间的关系,也影响国家的稳定和统一。

不管是国际层面的多元文化互动还是国内的多元文化互动,都有更加频繁和深入的趋势。形成这种趋势的原因主要有以下三个方面:一是人与人之间的交往更加频繁和深入。在传统社会,虽然可以借助于信件、口信、传话等方式,但人与人之间的交往主要依靠面对面的交流。限于交通不便,人与人之间的交往很难广泛而深入地开展。相比之下,现代化的沟通工具极为丰富多样且快速便捷,借助于信息技术,人与人之间的直接交流和间接交流变得越来越广泛、越来越深入。在这种情况下,没有见过面的人们可能借助于网络开展多元文化的互动。不管是网上的点赞还是对骂,都包含着多元文化互动的成分。人们在频繁交流的同时,交流的内容也在不断深化。在粗浅的交流中,人们更关心彼此在衣食住行上的异同。随着交流的深入,人们会更在乎彼此思想观念和价值观的相同与差异。二是民族或族群之间的文化交流更加频繁和深入。随着人与人之间交流的日益密切,不同民族或族群之间的联系更加密切。在很长一段时期,民族或族群之间的联系主要表现为经济往来和小范围内的文化交流。没有接受多少教育的普通老百姓就连自己民族或族群的历史与文化都搞不清楚,更遑论与其他民族或族群的人开展文化交流。因此,经济水平的提高和受教育程度的增加为各民族加强文化认同和开展文化交流提供了现实条件。伴随着公民政治意识的增强,维护和提高少数民族的政治地位成为民族成员的自觉行动。但是,过高的政治诉求将会导致民族之间的紧张关系，不利于国家的统一。在法治比较健全的国家，民族认同和民族意识主要体现在文化方面，不断增强的民族文化认同将会促使人们争取不同文化的平等生存空间。而民族文化生存空间的扩大和人们民族文化意识的增强必将推动多元文化之间的互动。三是国与国之间的文化交流更加频繁和深入。如果国与国之间的交流仅仅局限于经济交流，那么，国家之间将只有利益联系，而且，这种利益关系是极为脆弱的。跟人与人的交流一样，国家间的交流也需要在各领域展开。只有开展广泛而深入的文化交流，国与国才能深化理解、增加共识、增进友谊。而经济全球化为国与国之间的文化交流提供了便利条件，国际政治和经济利益格局的调整为国与国之间的文化交流提出了现实需要，国家间牢固关系的建立需要更加频繁和深入的文化交流。未来，借助发达的交通和先进的信息技术，地球将越来越像一个内部联系紧密的村落，国与国之间的文化交流将更加频繁和深入。

二、共生互补是多元文化互动的价值追求

多元文化之间如果只有相互借鉴和吸收，没有对各自文化核心内容的坚持，多元文化终将成为一元文化。世界文化要发展成为一元文化不仅在现实层面缺乏可能性，而且在功效层面不利于人们多样化精神需求的满足。同样，多元文化之间的彻底对抗和冲突，也不利于人类的生存和发展。[1] 多元文化互动的合理方向是实现不同文化的共生互补。中国古人早在西周末年就指出："夫和实生物，同则不继。以他平他谓之和，故能丰长而物归之。若以同裨同，尽乃弃矣。故先王以土与金、木、水、火杂以成百物。"（《国语·郑语》）只有不同食材搭配起来才能做出美味的食物，只有不同的音调符合一定的韵律才能形成美妙的声音。同样，只有坚持平等相待的原则处理不同文化之间的关系，在相互尊重的基础上相互借鉴，才能创造出多样文化和而不同、多元文化有序互动的良好局面。多元文化之间的这种互动关系可以称为共生互补。[2] 其中，"共生"是指应该允许不同文化的合理存在，一方面反对

---

[1] 黄骏. 文化社会学视野中的文化与多元文化互动[J]. 中南民族大学学报, 2008（1）: 168-172.
[2] 许宪隆, 张成中. 文化生态学语境下的共生互补观: 关于散杂居民族关系研究的新视野[J]. 中南民族大学学报, 2011（5）: 37-44.

强势文化排挤和同化弱势文化的霸权主义做法，另一方面反对一味捍卫落后文化合法性的极端保守主义做法。"互补"是指多元文化要有相互借鉴的价值和吸纳异质文化的雅量。"共生"并不意味着所有的文化都具有相同的生命力，文化之间的平等相待也不意味着不同文化的地位是一样的。同样，强势文化对弱势文化的"互补"空间大，而弱势文化很难对强势文化产生"互补"作用。

尽管如此，共生互补是多元文化互动的最佳方案，原因有三：一是共生互补维护了不同文化存在的合法性。许多先进文化和具有悠久历史传统的文化拥有很强的生命力，不需要人们刻意去维护它们的存在合法性。但是，对许多弱小且被边缘化的民族或族群文化来说，在强势文化的巨大冲击之下不被同化或瓦解掉已经是很难的事情。然而，弱势文化并不代表落后文化。因此，需要给弱势文化一定的生存空间。共生互补旨在维护不同文化的合理生存空间，有利于保存文化多样性。二是共生互补强调不同文化之间的积极相互作用。共生是互补的根本前提，互补是共生的必要条件。共生互补主张不能为了共生而共生，共生的目的是形成多元文化相互补充的局面，而且，相互之间的补充应该是积极的、向善的。例如，有一些人有低级或落后的文化需求，多元文化的互补就不能以满足这样的文化需求为目的。三是共生互补是符合绝大多数人根本利益的方案。如果多样文化通过彻底同化形成一元文化，人们将会有单一的思想观念、价值取向和行为模式，多样化的文化需求将得不到满足，没有竞争压力的一元文化将故步自封，人类社会将停止不前。相反，如果不同民族或族群固守自己的文化，反对任何程度的改变，那么，文化之间的对抗、冲突将不可避免，仇恨和偏执将随之增加，经济交往将会减少甚至停止，更为严重的是有可能引发大规模冲突。显然，这会破坏世界的和平与发展，从而制约人类的生存与进步。相比之下，共生互补是既符合客观实际又符合人类发展需要的可行方案。

多元文化共生互补是多样性和统一性的有机结合。其中，多样性是共生互补的前提，没有多样文化，就没有共生和互补的问题。统一性不是同一性，共生和互补是历史的发展过程，体现了多样文化的相融和相长。联合国教科文组织国际专家在《多种文化的星球：联合国教科文组织国际专家小组的报告》一书中指出，文化整合的路径应该既坚持多样性又坚持统一性。其中，

"统一性完全不同于一致性,它不是基于消除各种差别,而是基于使这种差别在一个和谐的整体中整合。自然界证明了这种整合的可能性和必要性。没有整合就不可能有最深远意义上的生长、进化和发展。"[1] 共生互补不是在一个遥远的时刻才能实现的目标,而是在不同发展阶段就能够实现的目标。只不过不同阶段共生互补的程度不一样。多元文化之间的相互作用始终处在动态变化过程之中,共生互补不仅是文化相互作用要实现的理想状态,而且是随着时代发展要求不断调整的人类价值理念。需要强调的是,共生互补不是保护落后文化或反对文化革新的借口,而是以文化的共生与互补为目标引导多样文化自我革新和发展。

三、多元文化共生互补的实现路径

多元文化的共生互补不仅是人们的良好愿望,而且是现实发展的必然趋势。或许,有些人认为自己是上帝的选民,拥有比其他文化更加优秀的文化,不需要其他文化做补充。因此,多元文化的共生互补是没有必要的。但是,"优秀"是一个价值词语,何谓优秀以及如何衡量优秀是一个仁者见仁、智者见智的问题。如果不同民族或族群的人都认为自己的文化优于其他文化,那么,文化交流将会停止,文化敌视和对抗将会盛行。历史和现实证明,民族或族群的自我封闭是不明智的举动,文化的自我独立只能导致落后。信息技术的快速发展、经济交往的日益密切、人类猎奇心理的旺盛和追求和平与发展的执着,将有力推动多元文化向共生互补的方向发展。

但是,不得不承认的是,现实世界当中不同文化的生命力与影响力差别很大,弱势文化要捍卫自己的生存权并对强势文化产生积极影响,不仅需要强势文化遵守平等相待的原则,还需要弱势文化不断自力更生、追赶先进。强势文化要尊重弱势文化的生存地位和独特价值,不仅需要兼容并蓄、有容乃大的精神气度,而且要有遵守契约的诚信品质和维护法律的规则意识。一个拥有美德和成熟理性思维能力的人不需要外在的规劝就能够自觉遵守法律,做出符合自身利益的事情。但是,全世界七十多亿人的言行举止能否促进多

---

[1] 欧文·拉兹洛. 多种文化的星球:联合国教科文组织国际专家小组的报告 [M]. 戴侃,辛未,译. 北京:社会科学文献出版社,2004:230-231.

元文化的共生互补，这是一个很难得到肯定回答的问题。虽然不同的思想观念、价值取向、行为模式、法律规范、社会制度、经济发展水平以及宗教信仰是多元文化共生互补的基础，但是在一定条件下，这些因素也可能成为干扰多元文化共生互补的重要原因。实现多元文化的共生互补不仅需要不同民族或族群的大力支持，还需要宗教领袖、公众人物、专家学者的大力倡导。此外，社会组织、各国政府以及联合国应该发挥重要作用。文化是人的类本质的对象化，文化之间的互动只能通过作为群体的人们的行为举止体现出来。因此，对文化之间相互作用的引导需要借助社会组织、政府机构以及国际组织的力量。只有国际社会和诸多国家坚持多元文化相互尊重、相互促进的原则，包括宗教领袖、公众人物、专家学者在内的社会知名人士带头尊重多样文化，广大群众认识到不同文化共存的积极意义，多元文化共生互补的美好愿景才能变成现实，文化的共生互补才能长久滋润不同民族或族群，并使他们和谐相处。

第三章 价值、评价以及价值观与文化的关系

要深入研究社会主义核心价值观与中国特色社会主义文化、中华优秀传统文化的关系，首先要搞清楚价值和文化的内在关联。文化是人的类本质的历史积淀和对象化。直观来看，价值观和文化不在同一个层面，价值观属于理念层面，而文化包含价值观，但又不限于价值观。那么，如何处理好两者之间的关系？为了回答这一问题，就需要明确什么是文化，在此基础上还要分析文化的本质和功能。接着，要分析价值与文化的关系，揭示文化的发展规律。因为只有掌握价值在何种意义上推动文化发展，才能有目的地运用先进价值引导文化的转型发展。关于文化的定义、本质和功能，第一章已经做了具体分析。本章将对价值、评价以及价值观与文化的关系进行深入分析。

第一节 价 值

与"文化"概念一样，"价值"也是一个被广泛使用且意义混乱的词。那么，价值为什么会被广泛使用，是什么原因导致价值含义的混乱？回答这些问题是进一步分析价值定义与性质的前提。在日常生活中，人们有时候直接用"价值"或包含"价值"的词语，例如，价值理念、价值取向、价值准则、价值规范、价值观、价值体系等。但更多的时候，人们用其他词表达价值主张，例如，好与坏、善与恶、美与丑、健康、幸福、罪恶、神圣、积极、消极等。从词语本身来说，好与坏、善与恶本身没有价值色彩，都是中性的符号。但是，在人们长期的使用过程，这些词被赋予了价值色彩，打上了人的价值烙印，以至于这些词都被归于价值这个大的范畴之下。除这些具有价值色彩的词语外，有些语句也具有价值色彩。例如，对一名在黑夜中行

走的人来说,"太阳升起来"表达了信心和希望。但对期盼下雨的农民来说,"太阳升起来"表达了一种浓浓的失望。对天文学家来说,"太阳升起来"只是描述了一个事实。从根本上说,词语和语句之所以具有价值色彩,是因为人们思想观念当中有一部分是价值内容。人们在用词语和语句表达价值思想的时候,把价值色彩赋予了词语和语句。因此,"价值"一词的广泛使用就与人们的价值思想联系起来。一般来说,人类的活动包括两个组成部分:一是认识活动,二是生产实践活动。前者解决"是什么"的问题,后者解决"做什么"的问题。从逻辑关系上来说,认识活动是生产实践活动的前提,生产实践是认识的目的。正因为如此,实践提出了认识的需要,并为认识提供了物质条件。但是,生产实践活动的目的是什么?毫无疑问,生产实践活动是为了满足人类自己的物质精神需要。而价值与人们的物质精神需要及其满足情况紧密相关,因此,认识活动、实践活动通过人们的物质精神需要及其满足情况与价值联系起来。可以说,认识活动是由价值引导的,并为一定的目的服务。或许有人会说,有些专家学者为了学问而学问,为了学术而学术,可见,认识与价值并不一定有必然联系。笔者认为,为了学问或为了学术本身就是一种价值需求,只不过这种价值需求比较纯粹高尚而已。认识是如此,实践活动亦是如此。马克思主义认为,实践是人类利用生产工具能动地改造客观世界以满足需要的活动。其中,满足需要是根本目的。实践活动开展得好不好,关键取决于人们物质精神需要的满足情况。正是因为人们的需要及其满足情况与认识活动、实践活动密切相关并渗透于后者及其整个过程,价值才成为人们思想观念的重要组成部分,具有价值色彩的词语和语句才被人们广泛使用。

价值概念的广泛使用必然会导致语义的混乱。在深入分析语义混乱产生的原因之前,需要明确语义混乱体现在什么地方。笔者认为,价值语义的混乱体现在以下四个方面:

一是同样一种现象,在不同的历史时期,其价值是不一样的。例如,隋唐时期的随便一本书,在当时肯定不会有太高的价值,但是,放到现在,其纸张价值、版本价值、思想价值、印刷价值就大不相同了。再比如,钟表在《红楼梦》的剧情中是珍贵的艺术品,但现在只是普通的时间指示器。由此可知,时间与价值似乎有某些联系,而且,这些联系随着价值关乎的具体现象的不同而不同。但是，可以清楚的是，当时间跨度比较大时，同一事物的价值差别就容易被人们所接受。相反，时间跨度越小，人们对明显的价值变化就会产生错愕感。例如，如果一个人早上肯定一件事情，中午突然否定它，人们会感到不知所措。二是对同一事物，不同文化背景的人会形成不同甚至截然相反的价值判断。例如，杀死牛羊吃肉，这在基督教文化、伊斯兰文化和儒家文化圈中是非常正常的事情。但在佛教徒看来，这是不可接受的，因为佛教反对杀生，除非为了挽救更多的生命。同样，在素食主义者看来，杀死牛羊吃肉是不应该的，因为人类没有杀害其他动物的权力。再比如，面对一块玉石，珠宝商人所谓的价值不同于材料科学家眼中的价值，食不果腹的穷人与腰缠万贯的富人肯定对其做出不同的价值判断。三是人们对价值的范围理解不同。有些人把价值与"好的"等同起来，有些人则把是非好坏善恶美丑都包含在价值的范围之内，在积极的价值与消极的价值之间还包括中性的价值。从狭义来说，价值的反面就是没有价值或恶。从广义来说，价值的反面是事实。[1] 通过观察、实验和理论分析，人们可以对世界是什么达成一定的共识。但是，对价值来说，完全相同的认识既不可能也不必要。这是因为影响价值评价和价值判断的因素极其复杂，人们的具体需求千差万别，人们无法对同一事物形成完全一样的价值理解。俗话说，萝卜青菜，各有所爱。实际上，正是因为价值理解和价值判断的多样化，纷繁复杂的世界才呈现出丰富多彩的一面。当然，价值的多样化也是一系列矛盾、冲突和战争得以出现的深层次原因。四是价值形成的机制不同。对于能够理性思维的人来说，对事物价值的理解既可以是文化影响和社会影响的产物，也可以是自己依据一定的世界观和价值观并按照自己的需求理性思维的结果。对同一评价对象而言，价值观和价值的形成机制不同，人们给出的价值评价可能就不一样。例如，对宗教徒来说，宗教思想对价值判断的影响是非常巨大的。而宗教思想不同，人们的价值判断就不同，对同一事物的价值理解就不一样。

在上述四种具体表现中，有些是因为人们对同一事物的价值判断不同而产生的混乱，有些是因为价值评价前后发生变化而形成的混乱，有些则是因

---

[1] LOUIS P. POJMAN. Ethics: Discovering Right and Wrong [M]. CA: Wadsworth/Thomson Learning, 2002: 62.

为对价值的理解不同而导致的混乱。严格来说,不同的价值判断只能造成价值评价的多样化,而产生价值混乱的根本原因是人们对价值概念的理解不同。价值和价值观是文化的核心内容。要对价值和价值观进行一番条分缕析的探究,就需要深入文化的内部。

一、价值的定义

在明确价值定义之前,先分析一下与价值相关的因素。价值不像长在树上的苹果,成熟之后可以被人们摘下来。我们在世界当中找不到独立存在的价值,当然,独立存在的苹果也是没有的,但有我们称之为"苹果"的东西。"苹果"一词是人们对那种圆圆的、吃起来甜甜的、嚼起来脆脆的东西的称谓。既然价值不是客观存在的东西,那它在哪里呢?对绝大多数人来说,苹果是有价值的。在"苹果是有价值的"这一命题当中,"苹果"是主词,"是有价值的"是谓词。一般来说,谓词表述或断定主词所指对象的性质、特征和关系。那么,"是有价值的"是对"苹果"所指对象的什么做出的表述或断定?运用排除法来分析,"是有价值的"不是对关系的表述,也不像"是红的""是圆的""是甜的"等谓词是对所指对象性质的表述。因为不管你喜不喜欢吃苹果,苹果一般都是圆圆的、红红的、甜甜的。但是,对喜欢吃苹果的人来说,苹果是有价值的。对不喜欢吃苹果的人来说,苹果与价值无关或者具有中性价值。对讨厌苹果的人来说,苹果没有价值或者具有负价值。同样,"是有价值的"表述的不是苹果的特征。因为与属性一样,事物的特征不会因人而异。尽管如此,在"苹果是有价值的"命题当中,"价值"与"苹果"是有关系的。没有苹果,也就没有苹果的价值。同样,没有人,也就没有人的价值。严格来说,"苹果是有价值的"不是一个完整的句子。完整的说法是"苹果对人是有价值的"或"苹果是对人有价值的"。价值是相对于人而言的,那么,是相对于人的什么而言的?人是有思维能力、情感欲望、理想信念的动物。显然,苹果的价值不是对理性思维能力而言,也不是对理想信念和情感而言。苹果可以是认识的对象,但理性认识活动的进行并不依赖于苹果。同样,苹果可以成为理想信念的内容,但理想信念的确立过程跟苹果没有任何关系。在现实生活当中,应该没有人仅仅因为看到苹果而喜悦或悲伤。但是,对人的欲望来说,苹果就具有一定的意义。

著名价值论学家袁贵仁认为:"价值是指事物的意义。"❶ 同样,著名哲学家冯契也指出:"从评价来说,意义即意蕴亦即评价的内容,价值是评价的对象,意义的客观化就是价值。"❷ 与文化和价值概念一样,意义也是一个多义词。一般来说,人们在两个层面使用"意义"一词:一是指词语的含义或语句、段落表达的思想,二是指事物的价值。在第一个层面,意义可以与含义替换。在第二个层面,意义等同于价值。例如,"辛亥革命的历史意义"可以等同于"辛亥革命的历史价值","楼房的意义"与"楼房的价值"基本一样。但是,"价值是指事物的意义"不同于"价值是指事物的价值"。后者指价值是关于事物的价值,前者指价值是事物的意义。这里的意义是事物相对于人的需求而言的,也就是事物对人的需求的满足情况。这里的满足既可以是已经发生的事实,也可以是满足人的需求的可能性。或许有人会问,苹果的价值取决于满足人吃苹果的需求,但是,花儿的价值和做一件好事的价值取决于什么?的确,花儿不能满足人们的物质需求,做一件好事通常也不能解决吃饭问题。但人不仅需要吃饭,还需要在优美的环境中听着音乐品尝美味佳肴。除物质需求之外,人还有精神需求。否则,人们花费大笔金钱去听明星演唱会和抽时间去文化馆、美术馆、博物馆欣赏艺术品的行为就无法得到合理解释。美之所以是一种价值,是因为欣赏美的事物或者会让人心情愉悦,或者会引人深思,或者会激发人的灵感。与美不同,善包含的内容非常广,有些善不仅与人的物质需求有关,也与精神需求有关。有些善则更多地与人的精神需要有关。但不管如何,善的事情总是让人心情舒适或能够满足人的愿望。严格来说,"价值是指事物的意义"不是价值的完整定义。完整的定义应该是:价值是事物对于人的需求的意义。冯契讲意义的客观化就是价值,但笔者认为,没有变为现实的意义也是价值。例如,一个人吃完苹果之后,会形成关于苹果价值的判断。他可能说这个苹果很好吃,也可能说这个苹果好看但不好吃。其中,"好吃""好看""不好吃"都是具有价值色彩的词。如果这个人没有吃苹果,而是把它拿在手里,那么,这个苹果对满足他的食欲有没有价值呢?显然,是有价值的,只不过这里的价值是潜在的。

---

❶ 袁贵仁. 关于价值与文化问题 [J]. 河北学刊,2005(1):5-10.
❷ 冯契. 人的自由与真善美 [M]. 上海:华东师范大学出版社,1996:59.

关于价值概念的含义，我国学术界从 20 世纪 80 年代开始就进行了长期而深入的研究，提出了价值的"属性说"和"关系说"。"属性说"认为，价值是价值拥有者具有的客观属性，这种属性不会因人而异、因人而变。"关系说"认为，价值存在于主客体关系之中，并随着这种关系的改变而改变。❶ 如上所论，笔者已经论证价值不是实体，也不是客观存在的事物具有的属性、关系和特征。因此，价值的"属性说"是不合理的。相比之下，"关系说"更易被人认可和接受。但是，价值是一种关系抑或是依附于主客体关系上的某种东西？为了回答这一问题，还需要回到我们给出的定义。在"价值是事物对于人的需求的意义"这一定义当中，有两个实体，一个是客观存在的事物，一个是人。价值离不开客观事物和人的需求，而客观事物与人的需求之间存在满足与否的关系。那么，在价值评价活动当中，价值存在于什么地方？在实体之内还是实体构成的关系当中？根据上文分析，价值不在实体之内，也不是主客体之间的关系，因为人们往往隐去实体谈论价值。例如，人们通常将真善美作为崇高价值，而不提及主体。当人们说"善"这个词的时候，即使抛开具体的语境，大家都知道善是一种崇高的价值。但是，如果孤零零说一个"上"，大家就不明白讲话者的具体想法，除非进入讲话者的具体语境当中。因此，价值依附于主客体之间的关系，但价值本身不是关系。在这种关系当中，人们从自己的需求出发，衡量客体对自己需求的满足情况。这种满足情况就是客体对主体的意义，并被人们称为价值。在这一层意义上，价值概念是人们创造出来概括客体满足主体需要情况的词语。人们不可能从主客体及其关系中找到价值，价值只能通过测量客体满足主体需要的情况来确定。

运用价值的关系说很容易分析类似"苹果的价值""桌子的价值"等客观事物的价值。但是，能不能解释类似幸福、快乐、健康、真、善、美等价值呢？笔者认为，答案是肯定的。与价值概念一样，幸福、快乐、健康、真、善、美等词是人们创造出来表示价值的。客观世界中没有独立存在的幸福、快乐、健康、真、善、美，幸福是对人们良好生活状态特别是对人们良好心理状态的统称，快乐是对人们处于愉悦、欢喜状态的指称，健康指人们的生

---

❶ 李德顺，龙旭. 关于价值和"人的价值"[J]. 中国社会科学，1994（5）：116-130.

理活动处于正常状态，真指人们获得的知识符合一定的标准，善指人们的行为活动符合道德规范，美指客观事物具有的能使人们产生美感的性质。除美之外，幸福、快乐、健康、真、善都不是符合定义的标准价值，但它们没有推翻价值的关系说。原因如下：首先，幸福、快乐、健康、真、善都是相对于人们的需求而言的，没有需求就没有所谓的幸福、快乐、健康、真、善。其次，幸福、快乐、健康、真、善依赖于特殊的事物。例如，幸福虽然是一种心理感觉，但是，这种感觉是在一定环境下受某些事物的刺激而产生的。人不会无缘无故产生幸福感。快乐亦是如此。健康离不开身体的存在和生理活动的有序。真是对人的认识来说的，善指向的对象是人的行为活动。可见，离开客观的事物或人的行为活动，就无所谓幸福、快乐、健康、真、善。最后，幸福、快乐、健康、真、善是客观事物或人的行为活动满足人类自身需求的产物。如果吃不饱、穿不暖、心理承受巨大压力，一个人无论如何都是不幸福的。直观来看，真是人们的认识符合一定的衡量标准，善是人们的行为符合一定的道德规范。实际上，这些衡量标准和道德规范也是符合人们的现实需要的。因此，真就是符合人们一般需求的关于自己和世界的真理性认识[1]，善就是人的行为活动符合人们的共同需求。

二、价值的主体性与客观性

明确了价值的定义之后，进一步来分析价值的客观性和主体性。通常，客观性与主观性相对应。那么，价值是主观的还是客观的？价值离不开客观事物，因此，价值具有客观性。但是，价值也离不开主体，按理来说，价值也具有主观性。主观性和客观性是相对而言的，一种东西具有客观性就不能具有主观性，反之亦然。那么，价值到底具有客观性还是主观性？路易斯·波伊曼在《伦理学：发现对与错》一书中对价值的客观性和主观性做了简要的分析。价值的客观性和主观性问题可以转化为另外一个问题，即人们追求价值是因为价值客观存在还是价值之所以是价值是因为人们追求它？主张价值客观性的人认为，价值在某种程度上独立于人们，不管人们在现实生活当中需不需要价值，它都是值得追求的。与之相反，拥护价值主观性的人主张

---

[1] 冯契. 人的自由与真善美 [M]. 上海：华东师范大学出版社，1996：167.

价值依赖于需求者。[1] 柏拉图、约翰·莱尔德（John Laird）和摩尔是价值客观主义的代表人物。在柏拉图那里，作为最高的价值，善是难以形容且具有崇高地位的理念，只有接受哲学训练的人才能认识独立存在的善。摩尔认为，跟颜色一样，善是不可分析的简单的质。对善的认识不能通过感觉和理性，只能依靠直觉。有美存在的世界比垃圾堆积的世界有价值多了，即使没有人类存在，美的世界要比丑恶的世界有价值。价值客观主义的反对者指出，如果没有人，美的世界还能称之为美的世界吗？美的世界谁来欣赏呢？显然，抛开人的存在谈论价值是行不通的。因此，温和的价值客观主义认为，价值是事物浮现出来的性质或特质。例如，潮湿不是水本身具有的性质，而是人体与水接触之后感觉到的性质。同样，桌面的光滑不是构成桌子的分子具有的属性，而是人的感觉器官和神经系统在与桌面接触过程中得到的感觉。因此，价值依赖于人和客观事物的关系，是融客观性与主体性为一体的东西。价值主观主义认为，价值仅仅是需求的产物，需求越大，价值就越高。由于需求没有合理与否的问题，都是平等的，因此，价值也就没有高下之分。的确，价值与人的需求有关，但不是需求的产物。试想，一个做白日梦的人，他有很多需求，但没有与这些需求对应的价值。需求的满足必须依靠客观事物，而价值就存在于主体与客观事物的相互关系当中。

那么，如何理解价值的客观主义和主观主义呢？实际上，两者既有正确的部分，也有不足之处。价值客观主义肯定了价值的客观性，但忽视了价值对人的需求的依赖。价值不是独立存在的实体，也不是存在于客观事物与主体需求关系当中的某种东西，而是客观事物对主体需求的满足情况。为了便于表达和交流，人们在语言行为当中，通常省略主体的需求而把价值归属于客观事物。如此一来，事物的价值及其大小取决于人的需求，人有需求，事物对人就有价值，人的需求越大，事物的价值就越大。但是，价值对人的需求的依赖并不是价值主观性的体现。正确的说法是，价值具有主体性。价值主观主义看到了价值对需求的依赖，但忽视了价值依存的主客体关系。价值不是人们基于需求的纯粹直觉。与没有"私人语言"一样，也没有完全属于

---

[1] LOUIS P. POJMAN. Ethics: Discovering Right and Wrong [M]. CA: Wadsworth/Thomson Learning, 2002: 69.

个人的价值。设想一个人生活在自己所认定的价值世界当中，没有与其他人达成一定的价值共识，那么，他将无法生存。而人与人之间形成的价值共识不是完全基于各自的需求，客观事物对人们需求的满足情况是重要基础。因此，价值既不是客观存在的实体，也不是人的主观意识。价值客观主义和主观主义之间的争论实际上就是关于价值客观性和价值主体性之间的争论。

价值的客观性体现在以下三个方面：一是主体的需求是客观的。人们的衣食住行等需求是实实在在的，不能因为主观思想的影响而消失。俗话说，人是铁饭是钢，一顿不吃饿得慌。精神层面的需求虽然具有易变性，但需求本身是客观的。二是满足主体需求的事物是客观的。人饿了不能画饼充饥，同样，主体需求的满足不能靠精神胜利法来解决。三是事物满足主体需求的过程是客观的。吃饭之后，人们才能解决饥饿问题。摄入有效营养才能满足身体新陈代谢的需求。价值存在于客观事物对主体需求的满足关系之中，主体需求、事物及其满足需求的过程具有的客观性保证了价值的客观性。但价值的客观性不是客体性，价值不是实体，不能脱离主客体之间的满足关系。同样，价值的主体性也表现为以下三个方面：一是价值的有无及其大小依赖于主体的需求。如前所述，如果没有人，这个世界就没有价值。即使有人存在，如果人与客观事物不发生联系，这些客观事物也不会有价值。价值的大小依赖于人的需求，这里的人既可以是个体，也可以是群体。一般来说，依赖于群体需求的价值相对稳定一些。尽管如此，拥有不同文化背景、教育背景、行业背景的人会对同一事物形成不同的价值判断。二是价值会随着主体的变化而变化。事物的价值不是固定不变的，而是随着主体需求的变化而变化。由于受主体自身思想观念、价值取向、生活条件以及所处社会环境的变化，主体的需求也会发生变化。例如，对一名积极上进的大学生来说，获得奖学金是重要的价值追求。但是，当他的人生观发生变化之后，或许出家当和尚就成为他的人生目标。三是价值关系是基于实践活动的创造性关系。主客体之间的价值关系不是自然的现成关系，而是在人的创造性活动中形成的。与其他动物一样，人有需求。但是，人不仅有需求，还可以通过认识活动和生产实践活动满足自己的需求。因此，价值是人类创造性活动的产物。"从价

值作为人的创作来说，它总是主客观的统一，理想和现实的统一。"❶

三、价值的相对性与绝对性

价值的相对性和绝对性与价值的客观性和主体性密切相关。价值客观主义内在包含价值的绝对主义，这是因为如果价值是客观存在的，那么，价值及其大小就不以人的意志为转移。但是，极端的价值客观主义与人们的日常经验并不相符。虽然人们不能主观决定价值的存在与否，但会影响价值的大小。就拿人们非常熟悉的例子来说，对一个喜欢吃水饺的人来说，吃第一个水饺和吃第二十个水饺的价值是不一样的。按照边际效用递减规律，当人们的需求逐渐得到满足时，事物的价值就会降低。温和的价值客观主义肯定价值对主体需求的依赖，但同时坚持价值的客观性。既然价值具有客观性，那么，价值在一定意义上就具有绝对性。然而，价值的绝对性体现在什么地方呢？笔者认为，价值的绝对性体现在以下三个方面：一是价值的客观存在具有绝对性。当然，这种绝对性是相对于人类而言的，没有人类就没有价值。但是，谈论价值的始终是人类，只要人们谈论价值，价值的存在就是绝对的。二是价值必须与人的需求相对应，这一点是绝对的。很难想象有一种东西不能满足人的需求，但还具有较高的价值。事物的价值具有多维性，或许不能满足人的某一方面的需求，但能满足其他方面的需求。例如，对一个饥饿的人来说，给他一颗钻石并不能满足他充饥的需求，但不能说钻石没有价值。显然，饥饿的人可以通过商品交换用钻石换取食物。把这个例子当中的钻石换成普通的石头，人们或许会认为它既不能充饥又不能换取食物，因此，石头没有价值。当然，石头之所以没有价值是因为很多人并不需要一颗普通的石头。但对水泥厂的工人和铺路工人来说，石头是有价值的。对研究岩浆形成过程的地质学家或勘探矿产资源的物探学家来说，别人眼里的普通石头或许就具有极高的价值。三是在价值体系中，有一些价值具有绝对的地位。价值是一个外延非常宽泛的概念，它不仅包含满足人们物质精神需求的事物具有的价值，例如，粮食的价值、衣服的价值、药品的价值以及音乐的价值等，还包括人的行为的价值，例如，认识活动追求的真、道德活动追求的善、宗

---

❶ 冯契. 人的自由与真善美 [M]. 上海：华东师范大学出版社，1996：89.

教信仰活动追求的圣等。在具体的语境当中，粮食的价值有大有小，但粮食具有价值是绝对的。同样，具体的行为有善恶之分，但善作为人们追求的崇高道德目标是绝对的。

价值的主体性决定了价值的相对性，但是，价值的相对性不是价值的主观性，更不是价值的虚无主义。如前所述，价值不是人们主观想象的产物，也不是主观需求的产物。价值的有无及其大小是相对于人的需求而言的，人们有需求，能够满足人们需求的事物就具有价值。需求旺盛，而满足需求的事物比较稀缺，那么，该事物就具有较高的价值；反之则否。价值主观主义认为，价值仅仅取决于人的需求，而人的需求包括生理需求和精神需求。其中，生理需求就是满足身体正常新陈代谢的需求，精神需求则取决于人们的世界观、价值观和人生观。如果价值仅仅由需求所决定，那么，人们的不同世界观、价值观和人生观就产生不同的价值理念。而不同的价值理念就会促成价值相对主义。价值相对主义认为，你有你的价值，我有我的价值，大家没有共同的价值。价值相对主义必然增添不同文化群体之间的交流障碍，加剧多元文化之间的敌视、对抗和冲突。与此同时，人们很容易站在自己的价值立场，攻击和诋毁异己的价值观。没有共同价值的引领，再加上多元价值形成的认识混乱，人们很容易走向价值虚无主义。价值本身就会因为没有价值而被人们所抛弃，剩下的就只是赤裸裸的需求和欲望。因此，强调价值的相对性并不是否定价值的绝对性，更不是赞同价值相对主义。

价值的相对性主要体现在以下三个方面：一是价值有无的相对性。价值的客观性是绝对的，但价值的有无是相对的。对于爱吃苹果的人来说，苹果具有价值。对普通人来说，河里的石头没有价值。对于遭遇久旱的农民来说，炎热的太阳具有负价值。可见，价值的有无是相对于人的需求而言的。二是价值的大小具有相对性。对于爱吃苹果的人来说，苹果具有较高的价值。对吃苹果没有特别强的欲望的人来说，苹果的价值就不会太高。对同一个爱吃苹果的人来说，吃的第一个苹果的价值要高于第二个苹果的价值。因此，即使是同一个事物或同一类事物，与之相对的人的需求不同，事物的价值就不同。三是价值的地位具有相对性。古往今来，真善美是人们一致的追求。但是，在宗教徒看来，善的地位要高于真和美。对科学家来说，真的地位要高于善和美。当然，这种"高于"也是相对而言的。在古代中国，"三从四德"

是女性的崇高价值追求。但是，近代以来，它的地位就不断降低，以至于它的绝大部分内容被人们所抛弃。再比如，在"三纲五常"中，君为臣纲位居三纲之首。这一点从西汉董仲舒开始一直被人们所尊崇，直到"辛亥"革命之后，逐渐被人们抛弃。到现在，君为臣纲已经没有任何现实指导价值。当然，说价值的地位具有相对性，并不意味我们一直追求的真善美有朝一日会被人们所唾弃。在笔者看来，没有完全不变的价值，但是，处于价值体系核心位置的价值变化要少一些、慢一些。

四、价值的多样性和统一性

价值不仅具有客观性和主体性、绝对性和相对性，还具有多样性和统一性。其中，多样性表现在以下三个方面：一是人的需求是丰富多样的，与之对应的事物的价值也是多样的。按照马斯洛的需求理论，人有生理、安全、情感和归属、尊重以及自我实现等五个层次的需求。就生理需求而言，首先是物质能量的摄入以保证生命的延续，其次是穿衣取暖，还有吃药医治疾病等。在不同的历史发展阶段和生活条件下，人们摄入物质能量的方式方法是不一样的。在原始社会，一些人通过茹毛饮血解决吃的问题。但在当下，人们吃什么、怎么吃、在什么环境下吃，答案非常多元。仅就吃而言，满足需求的事物非常多，其价值也就是多元的。人们的内在差别可能很大，但对衣食住行的需求是相同或相似的。相比之下，人的精神需求差别很大，而且极为多样，从而导致价值的多元、多样、多变。二是家庭、社会、国家以及人类层面的多维度价值。人始终处于社会关系当中，要与他人结合组成家庭、社会组织、民族、国家，所有的人一起构成人类社会。与人有需求一样，由人构成的家庭、社会组织、民族、国家以及人类社会也有一定的需求。当然，后者的需求是作为群体的人的共同需求，群体有大小之分，需求有种类之别。对家庭而言，夫妻恩爱、父慈子孝、长幼有序是中国重要的传统价值理念。随着社会的发展，长幼有序逐渐被长幼平等、父慈子孝被父子相亲所代替。同样，社会组织、民族、国家以及人类社会都有自己的价值追求。社会主义核心价值观就包含个人、社会、国家三个层面的价值追求。当然，这三个层面的价值追求是个人、社会、国家最基本和最重要的价值目标。除这些核心价值外，还有许多辅助价值。以社会层面的价值来说，除自由、平等、公正、法治之外，还有正义、宽容、博爱、有序等价值理念。社会包含许许多多的企事业单位和社会组织，不同种类的企事业单位和社会组织又有各自不一样的价值理念。三是多元文化包含多样价值体系。人是社会人，也是文化人。没有完全脱离文化而独立存在的人，不同文化背景下的人其价值观是不一样的。例如，佛教徒的价值观明显不同于基督徒的价值观，宗教信徒的价值观不同于无神论者的价值观。同样，不同文化背景下的社会组织、民族、国家有着不完全相同的价值主张。可以说，每一种文化都有自己的价值体系，多元文化就有多元价值体系。不同维度、不同主体的价值一起构成庞大的价值体系。在这个价值体系中，有些价值理念是相互冲突的，有些是相互补充的；有些是大同小异的，有些是完全矛盾的。与多元文化的共生互补一样，多元价值相互作用的目标不是对抗和冲突，而是共生互补。

但是，多元价值共生互补的前提是多元价值具有统一性。那么，多元价值的统一性何以可能？在笔者看来，这种统一性基于以下三个因素：一是人们共同的需求。虽然人们的物质精神需求差别很大，但并不意味着没有共同的需求。实际上，每个人需求的满足都离不开对共同生活的群体需求的满足。而包括家庭、社会组织、民族、国家在内的群体的需求就是构成该群体的人的共同需求。共同需求的存在和满足维护了群体的团结。在前现代社会，人们可以生活在一个个小群体中。但是，在人员物资信息交流不断密切的当下，不同国家、不同文化背景下的人们可以就共同的需求达成基本一致，尽管这一过程极其艰难和曲折。实际上，人们在很多方面已经形成共识。例如，什么样的饮食有助于身体健康，什么样的认识活动最有助于人们获得关于自己和世界的可靠知识，什么样的治疗有助于科学医治疾病，什么样的分工和贸易活动有助于增加人们总的财富，等等。尽管人们在需求层面和价值层面矛盾重重，但在追求生存和发展这一根本目的的驱使下，人们就最低程度的共同需求一定会达成共识。二是理性反思。人不同于其他动物，为了获得稀缺资源不会只凭借武力。在很多场合，人们会坐下来谈判，解决双方存在的分歧和矛盾。理性是人区别于其他动物的重要标志，理性反思是成年人必备的一种能力。理性反思既可以是自己对自己言行举止合理性的慎思，也可以是在交流中对自己和他人言行举止的再思考。因此，谈判就是人们开展理性反思的一种具体表现。相对来说，在前现代社会，武力和战争是人类解决矛盾的主要手段。但在核武器时代，谈判成为解决矛盾最重要的手段。然而，受制于各自的狭隘利益和文化偏见，理性反思要想取得理想的结果依然比较艰难。可以坚信，只要人们坐下来有效运用各自的理性思维能力，任何矛盾和冲突都能得到有效化解。三是共同的价值理念。人们有共同的价值需求决定了人们有共同的价值理念。如上所述，幸福和快乐是人们共同追求的最终价值。尽管不同文化背景下的人们对幸福及其获得途径的理解不一样，但人们可以在相互尊重的前提下求得关于幸福含义的最大公约数。类似于马斯洛五个层次的需求理论，幸福也有层次之分，最基本的幸福是物质生活需求的保障，其次是在物质需求保障的基础上有一定的文化生活，接着是物质精神需求得到有效满足并实现自我发展。幸福不仅有层次之分，还有程度之别。在历史发展过程中，人们对幸福的追求经历了一个由低层次和低程度到高层次和高程度的提升过程。除幸福、快乐之外，人们对真善美也有近乎一致的向往。与幸福一样，人们对真善美的理解和对实现途径的选择可以不同，但在相互尊重和相互交流的前提下，人们能够对真善美达成一定程度的共识。这种共识是多元价值共生的基础，共识之外的差异是多元价值互补的前提。人类共同的需求是多元价值共生互补的物质基础，理性反思和协商谈判是多元价值共生互补的实现途径。

五、内在价值与工具价值

在柏拉图的《理想国》中，苏格拉底把善区分为三类：一是纯粹的内在善。最简单的例子就是快乐。对很多人来说，快乐是目的，不是获取其他目的的工具。二是纯粹的工具善。药品和金钱就是典型例子。人们吃药的目的不是为了吃药，而是为了健康。同样，在绝大多数人看来，获得金钱并不是人生的最终目的。获取金钱是为了得到食品、衣服和住所。三是内在善和工具善的结合。例如，知识、见识和健康，在有些情境中，知识、见识和健康本身就是最终目的。在另一些场合，人们获得知识的目的是为了提升自己以便得到更好的职位。而健康是进行全身心工作的前提。在这三类中，最基本的是内在善和工具善。两者的区别在于内在善之所以是善原因在于其本身，而工具善值得追求的原因在于它是获得内在善的有效工具。❶ 波伊曼区分了好的工具与工具善,好的工具是人们达到目的的有效工具,其中的目的或者是好的或者是坏的;而工具善是获得内在善的工具。从对内在善和工具善的分析出发,波伊曼进一步分析了内在价值。所谓的内在价值就是因为自身而具有的固有价值。拥护内在价值的人所持的简单理由就是幸福是内在积极价值的例子,而痛苦是内在消极价值的例子。但是,有些时候快乐的感觉不一定是好的,因为它可能使身心处于不利状态。例如,快乐的饮酒可能导致宿醉。相反,痛苦的感觉可能产生积极的效果。例如,打针吃药是痛苦的,但它能够带来健康。持内在价值论的人主张,不管如何,幸福比痛苦好。但是,批评者指出,幸福或痛苦的感觉自身具有价值这一点是模糊的,不是感觉而是人们对幸福的选择才使价值具有意义。因此,没有价值是内在的,所有的价值都是人们选择的结果。存在主义哲学家萨特就是持这种观点的代表。他讲:"价值是人们选择的意义而不是别的什么。基于自由,人们可以选择任何东西。"❷ 波伊曼指出,选择价值跟选择专业不同,我们可以在不同专业之间犹豫徘徊,但是,我们往往倾向于选择幸福、快乐、健康和爱,而厌恶灾难和痛苦。这种选择不是基于萨特所说的自由,而是由上帝(对基督徒来说)或进化论驱使的。❸

波伊曼谈论价值是为了分析道德层面的善和恶,我们的目的是从道德层面的善出发分析一般意义上的价值。类似于苏格拉底对善的划分,我们可以将价值划分为内在价值、工具价值和混合价值。这种划分要站得住脚,就要回应价值外在论的挑战。在具体回应之前,先对内在价值的含义做一番区分。内在价值有两层含义:一是价值的存在不依赖于外在的事物,而依赖于价值自身。按照这种理解,内在价值就是绝对价值。因为独立存在的价值不会随着主体的变化而变化。二是价值本身就是人们追求的目的,不是获得其他目的的工具。萨特依据内在价值的第一层含义批判内在价值的存在。在笔者看

---

❶ LOUIS P. POJMAN. Ethics: Discovering Right and Wrong [M]. CA: Wadsworth/Thomson Learning, 2002: 63-4.
❷ JEAN. Existentialism and Human Emotions [M]. New York: Philosophy Library, 1957: 23.
❸ LOUIS P. POJMAN. Ethics: Discovering Right and Wrong [M]. CA: Wadsworth/Thomson Learning, 2002: 65.

来，价值的存在和大小离不开人的需求，但是，仅仅有需求还不能产生价值。站在人的需求的角度来看，价值的确是外在的。不管是作为积极价值的幸福、健康、快乐抑或是作为消极价值的痛苦和灾难，它们或者是人们追求的对象或者是人们逃避的对象。但是，没有人的需求和选择，这些价值都将不复存在。按照内在价值的第二层含义，我们似乎觉得幸福、快乐就是内在价值。那么，这种感觉正确与否，还需要进一步地分析。不管是白人还是黑人、男人还是女人、大人还是小孩，都希望过上幸福的生活。一般来说，人们不会再问过上幸福的生活为了什么。在这一层意义上，幸福就是内在价值。同样，快乐也是内在价值，因为人们不会问追求快乐是为了什么。为了过上幸福而快乐的生活，人们需要学习知识，提高使用器物的技能，运用道德规范约束自己的行为，加强体育锻炼等。按照工具价值的划分标准，一方面，知识、见识、健康、道德善都是实现幸福和快乐的工具，因此，都是工具价值。另一方面，知识是科学家追求的最终目的，健康是加强体育锻炼和治疗疾病的最终目的，善良、友爱、诚信、敬业是道德训练的最终目的。因此，它们又是内在价值。结合两方面的因素，知识、健康和道德善就是混合价值。另外，对人们的相应需求来说，金钱、药品、食物、衣服等具有工具价值，因为人们一般不会把吃药作为最终目的。或许有人会指出，对于葛朗台来说，赚取金钱就是他的最终目的。因此，金钱具有内在价值和工具价值。但笔者认为，葛朗台聚敛财富不是最终目的，其最终目的是获得由聚敛财富带来的幸福感。因此，金钱只有工具价值。

将价值区分为内在价值、工具价值和混合价值并不能消除人们对具体价值的不同理解，只是从另外一个角度区分了价值的层次。就拿作为内在价值的幸福来说，不同文化背景中的人对幸福的理解是不一样的。虔诚的宗教徒把过上真正严格的宗教生活视为幸福，科学家把解决历史难题和理论困惑作为幸福，处于饥饿状态的人把吃上一顿丰盛大餐视为幸福。但是，不管人们如何理解幸福，追求幸福始终是不变的信念。正因为如此，幸福具有不屈从于其他价值的价值。需要说明的是，所谓的内在价值不是存在于主客体之间满足关系当中的具体价值，而是对人们最高或最终价值诉求的归纳。人们可以用内在价值去诠释事物的具体价值，但不能把事物的具体价值等同于内在价值。例如，饥饿的人可以把吃一顿大餐视为幸福，但大餐的价值不是幸福，而是对饥饿者生理需求的满足，进一步来说就是大餐提供了物质能量供给，保障了身体新陈代谢的正常进行。而饥饿者所谓的幸福就是对这种难得的美食享受的价值评价。同样，其他层面的幸福都是人们对生理状态和心理状态的一种价值评价，只不过有些人倚重于生理状态，有些人偏重于心理状态。

第二节 评 价

价值是评价活动的对象和结果。作为评价对象，价值不是客观事物的属性、特征和关系，而是客观事物对人的需求的满足情况。作为评价结果，价值有赖于评价主体运用评价尺度对客观事物进行科学评价。与此同时，价值也是引导人们认识世界和改造世界的重要依据。大千世界、芸芸众生，认识什么、如何认识，改造什么、如何改造取决于人们的价值观。而价值对认识活动和改造活动的影响必须通过评价活动来实现。因此，在介绍价值和价值观的作用之前，应该先分析评价活动及其评价标准、评价与认识和实践的关系以及评价的功能。

一、评价活动与评价标准

人们走在步行街上或超市中，就会看见熙熙攘攘的人。他们当中，有的在观看，有的进行语言交流，有的享受美味，有的快步行走。当商铺打烊或超市关门之后，大街上就会恢复宁静。除时间的变化和商铺的提示之外，没有人专门指挥大家的行动，但人们的活动非常有序。那么，这种秩序是由什么因素导致的？面对这一问题，大家就会想到人是理性思维的动物，而理性是人区别于其他动物的根本标志。因此，有些人就会认为是人们的理性思维能力确保了人类活动的有序性。但是，我们可以设想这样一种情景：在这一情境中的人们都有正常的理性思维能力，但是缺乏活动的目标，这些人还会有正常活动吗？显然，答案是否定的。我们经常会遇到对人生感到迷茫的人，他们是具有正常理性思维的人，但由于没有明确的价值追求，他们的社会生活就无法正常进行。由此可见，除理性思维能力外，价值是影响活动的重要因素。而价值对人类活动的影响就是通过评价活动来实现的，因此，有必要细致分析价值评价活动。

（一）评价活动

冯契认为："确定事物与人的需要之间的联系就是一种评价。"❶ 其中，事物与人的需要之间的联系就是事物对人的意义或价值。因此，评价活动就是评价主体对客观事物相对于人的需要的意义及其大小的评判。评价活动与人们的日常生活密切相关，可以说，脱离评价活动，人们的生活就无法正常进行。但是，除特殊场合我们要认真开展评价活动之外，大家似乎没有感觉到日常生活中评价活动的存在。实际上，绝大多数评价活动并没有与认识和实践活动明显区分开来，人们对其的感受也就不太清晰。例如，在超市中选购商品时，人们拿起商品看看价格的过程就是进行评价的过程，当商品的功效和价格与自己的需求相一致时，该商品就会被选择。否则，人们就会选择其他商品。此外，人们在观察同类商品的时候，也是在进行评价活动。除日常评价之外，人们还就重大项目、决策、部署、工程和行动进行前期评价、过程评价和结果评价。可以说，评价活动深刻影响着人们的生活和工作。既然评价活动如此重要，就需要对评价活动进行专门分析。

从构成要素来看，评价活动包括评价主体、评价对象和评价结果三个主要部分。其中，评价主体是现实生活当中具体的人，作为一种具体活动，评价活动只能由个体的人来开展。对于同一个对象，不同主体可以同时进行评价，然后形成一类人或一群人共同的评价。共同的评价不是对个人评价结果的简单汇总，而是对众多评价结果的再评价。认识活动与评价活动的根本区别在于对象不同。认识活动的对象是客观存在的事物，而评价活动的对象是客观事物与人的需要之间的满足情况。这里的人既可以是评价主体，也可以是他人。在有些情况下，评价对象也可以是某一种或某些价值。例如，评价自由、平等、公正、正义等的意义。自由、平等本来就是人们的价值追求，当人们反思自由、平等时，对价值的评价就会形成二阶价值。需要说明的是，自由和平等不是独立存在的事物，而是对人的不受干预的合法的存在状态和人与人之间平等关系的简称。因此，自由和平等作为价值评价的对象并没有

---

❶ 冯契. 人的自由与真善美［M］. 上海：华东师范大学出版社，1996：64.

违背前面对评价对象的解释。评价结果表达了评价主体的价值取向和追求，例如，人们用不合格、合格、良好和优秀作为项目的鉴定结果，用善恶评判行为的效果，用美丑评价事物的形象，等等。前面讲过，价值是事物对人的需求的意义，这里又说善恶美丑、幸福、快乐等都是价值。那么，事物对人的需求的意义与善恶美丑等价值之间有什么关系？笔者认为，事物对人的需求的意义是价值的一般定义，而善恶美丑等价值是对不同种类事物对人的需求意义的简称。例如，善就是对符合大部分人利益的行为举止的统称，美就是能引起人们美感的事物的形象。丑与美相反，恶与善相反。

除了评价主体、评价对象和评价结果之外，评价活动还包含一定的评价标准。对日常生活中的评价活动来说，评价标准是比较随意的。一个人的喜好、感觉、直觉、简单的认识都有可能成为评价标准。俗话说，萝卜青菜，各有所爱。这里的评价标准就是人们的喜好，只要喜欢，被喜欢的事物就有价值。当人们对评价对象不熟悉时，心理感觉或直觉就成为评价标准。符合心理感觉的事物就具有一定的价值。例如，普通股民对一些股票的走势不清楚时，就会凭感觉判断并决定投资与否。相比之下，严肃认真的评价活动有完善的评价标准。好的评价标准不仅有知识层面的内容，还包括价值层面的追求。例如，一个好的科研项目不仅能够解决重大理论问题，而且能产生实际效益，解决人们面临的困难问题，满足经济社会发展需求。在评价某一客观事物时，主要看该事物能否满足以及在多大程度上满足人的需求，而衡量满足与否以及满足程度的标准就是评价标准。实际上，人的需求就体现在评价标准当中。如果人的需求非常明确且突出，那么，运用评价标准不仅能衡量客观事物能否满足人的需求，而且能衡量客观事物满足人的需求的程度和水平。相比之下，如果人的需求无法具体表述或比较模糊，那么，运用评价标准就只能粗略衡量客观事物对人的需求的满足情况。

前面分析了价值的主体性，而价值主体性的根源在于评价活动的主体性。评价活动的主体性表现在以下三个方面：一是评价活动尊重评价主体及其需求的差异性。不同于认识活动，评价活动尊重人与人之间的差异和需求的不同。评价活动不追求完全一致的结果，而在于准确评判客观事物对人的需求的意义。正因为评价主体及其需求不同，客观事物对不同主体的意义也就不一样，从而导致价值的差异化。二是评价结果依赖于评价主体。在日常生活当中，评价结果的多样化并不是一件坏事，反而有助于提高人们的物质生活和精神生活水平。严肃的评价活动，例如，重大项目或工程的评估、司法案件的审理、重大决策的审议等，需要站在大多数人的利益和长远的角度进行，以求达到科学的评价。尽管如此，严肃的评价仍然受评价主体及其需求的影响。在一定历史背景下做出的评价在另一历史背景下就有可能被否定。当然，对待历史人物和历史事件不能完全以当下的标准去衡量。三是评价活动的好坏与否取决于人的需求的满足情况。认识有真假之分，行为有善恶之别，那么，评价活动本身如何衡量呢？冯契认为，评价有好坏之分。❶ 好的评价能够准确评判客观事物对人的需求的意义；反之则否。或许有人会问，能不能用科学与否、正确与否代替好坏呢？笔者认为，答案是否定的，因为科学的评价和正确的评价意味着存在人们统一遵循的评价标准和评价程序，而且，评价主体要满足一定的要求。然而，现实当中的评价活动没有统一的评价标准和程序，因此，就没有所谓的科学的评价或正确的评价。退一步来讲，即使有这样的评价，人们也不会在所有场合模仿所谓科学或正确的评价去评判事物的价值。因为许多随时随地发生的评价活动并不需要遵循严格的标准和程序。相反，人们更愿意以需求的满足与否评判评价活动的好坏。人的需求不同，评价标准不一样，从而导致了评价活动好坏的相对性。这种相对性正是评价活动主体性的重要表现。

（二）评价过程

评价有简单和复杂之分，简单的评价就是人们按照评价标准评判客观事物对人的需求的满足情况。在日常生活当中，绝大多数评价活动属于简单评价。换句话说，人们进行评价并不需要认真掌握客观事物和人的需求的整体情况，也不需要拿一个完善的标准进行对照评判。但是，除简单的评价之外，还有一些复杂评价。不同于复杂命题是简单命题的逻辑涵项，复杂评价之所以复杂，原因是多方面的。首先，评价的主体是个体和群体的统一。在简单评价当中，评价主体通常是从自我的角度评判事物的价值。但是，在复杂评价当中，评价主体往往是个体自我和群体的结合。或者说，评价主体是站在

---

❶ 冯契. 人的自由与真善美 [M]. 上海：华东师范大学出版社，1996：65.

群体的立场进行评价。其中，群体的立场包括共同的文化背景、一致的利益诉求、相似的价值理念等。可见，只要群体的因素进入评价活动，评价就会变得复杂。其次，人的需求的复杂性会导致评价活动的复杂化。人的需求分为物质需求和精神需求。相对来说，物质需求的内涵比较明确，无外乎衣食住行等。因此，评价客观事物满足人的物质需求的情况就比较简单。相反，人的精神需求包含知、情、意等方面的需要，这些需要很难用数量准确表示，而且也无法准确衡量客观事物对精神需求的满足情况。如果再加上群体的因素和人与人的差异，评价活动就不可避免走向复杂化。举例来说，为了满足人们的住房需要，建筑商可以盖出适合人们居住需要的房子。但是，这些房子能不能满足人们的精神需求，是一个复杂难解的问题。有些人满意，有些人不满意；有的满意这个方面，有的满意那个方面。总之，很难达成一致意见。同样户型的房子，各家的装修和摆设绝不相同。这也反映了人们知、情、意需求的差异。再次，客观事物的复杂程度影响评价活动的复杂性。人们很容易评判鸡蛋、苹果的价值，但是，对运载火箭的发射、国际贸易争端、叙利亚内战的评价就复杂得多。要对这样的对象开展评价，就必须对其有一定的了解。要做出比较好的评价，一般的了解远远不够。此外，复杂对象涉及不同人或群体的利益，对这些对象进行评价不仅要掌握事实层面的信息，还要清楚这些对象与当事人或群体的利益关系。最后，客观事物与人的需求之间的复杂关系造成评价活动的复杂化。有些事物能够满足人的需求，这样的事物具有正价值；有些事物损害人的利益，这样的事物具有负价值；有些事物既有满足人们需求的一面，又有损害人们利益的一面，对于这样的事物进行评价就需要评价主体进行权衡和选择。冯契指出："利有大小，害有轻重，利害相反又互相渗透、转化，这很复杂。对于这个领域，我们必须用理性来权衡，并做出选择。"❶ 当然，站在不同立场，权衡和选择的结果不一样。一般来说，权衡和选择的基本原则是求为义而不为非义，求为是而不为非。

"评价活动"是一个抽象的集合概念，它包含许许多多具体的评价活动。从历史发展的角度来看，评价活动表现为一个不断发展的过程。就单独的评

---

❶ 冯契. 认识世界和认识自己 [M]. 上海：华东师范大学出版社，1996：238.

价主体而言，"评价的发展又可以归结为评价主体的发展"❶。人的一生是不断成长的过程，从婴幼儿到成年是理性思维能力不断提高并成熟的过程，从成年到老年是人不断增加生活阅历和增长见识的时期。成熟的理性思维能力是进行好的价值评价的根本保证，丰富的知识和人生阅历是进行好的评价的必要条件。相对来说，一个成年人要比一个小孩子更容易做出好的价值评价，而老人要比愣头青更倾向于做出好的评价活动。当然，这是相对而言的，好的评价活动与人的年龄没有必然联系。只要具有成熟的理性思维能力和必要的知识，就能做出好的评价。从人类社会发展的维度来看，人类的生产实践活动是一个由低级到高级的发展过程，人的需求是一个由低级的物质需求到基本的物质精神需要并最终导向自由全面发展的过程，人对世界和自己的认识处于由无知到知、由知到智慧的过程。与此相对应，人的评价也要经历一个由趋利避害的低层次评价向通过权衡利害和选择取舍做出理性评价发展的过程。❷ 通过评价活动的不断发展，人们不仅追求物质需求的满足，而且注重内在价值的实现，直至造就真善美相统一的自由人格。与此同时，人类社会由生产能力低下、社会关系紧张、压迫剥削并存向真善美相统一的自由社会转变。当然，自由人格和自由社会的实现是一个漫长的过程，而且与人们的认识活动、实践活动、评价活动的发展过程相一致。难以设想在未来的自由社会，人们的认识能力还十分低下，人们的评价活动还主要关注衣食住行等基本需求的满足。此外，评价活动的发展还体现为工具价值和内在价值的相互转化，特别是工具价值向内在价值的转变。在生产力水平比较低的阶段，绝大多数人追求知识的目的不是为了享受求知过程带来的乐趣，而是为了增强生产实践能力，以便更好地创造物质精神财富。同样，追求健康是为了更好地工作，满足家庭的各种需求。遵守道德规范是为了维护群体的共同利益。随着生产实践能力的不断增强、社会文明程度不断提高、个人基本需求不断满足，原来作为工具价值的追求知识、遵守道德规范、保持身体健康、掌握科学技术就会转变为内在价值。求知就会成为有些人的纯粹目的，做一个好人、善人就会成为许多人的内在价值追求，获得健康就成为高质量生活的重

---

❶ 冯契. 人的自由与真善美 [M]. 上海：华东师范大学出版社，1996：82.
❷ 崔治忠. 论冯契智慧说中自我的认识活动 [D]. 湘潭：湘潭大学，2006.

要组成部分，等等。

(三) 评价标准

在价值评价当中，评价主体要评判客观事物对人的需求的满足情况，必须有一个评价标准。当满足该标准时，客观事物就对人有正价值，满足的程度越高，价值越大；反之则否。或许有人会问，一些简单的评价活动当中并没有评价标准，例如，评判苹果的价值时人们并没有一个明确的价值标准，因此，评价标准不是评价活动的必备要素。显然，这种观点是不准确的，人们在评价苹果的价值时是有评价标准的。这个标准或许简单或许复杂，但基本包含脆、甜、有营养等内容。如果符合脆和甜的标准，人们就会说苹果是脆的和甜的。相比之下，是否有营养更是需要用严格的标准来衡量。既然人们评价苹果的价值依据一定的标准，那么，为什么人们感觉不到这个评价标准的存在呢？实际上，在日常生活中，评价标准非常多，可以说对不同事物价值的评价依据不同的价值标准，甚至对同一对象的评价在不同时间有不同的评价标准。正因为不同的评价标准混杂在一起且"隐藏"在评价活动背后，人们就不觉得其存在。但是，感觉不到存在并不意味着实际上不存在。相比之下，严肃而复杂的评价活动有明确的评价标准。

不同的评价标准有不同的内容，但一般来说，评价标准包含三个方面的基本内容：一是关于人的需求和对客观事物的认识。要评价客观事物的价值首先要明白客观事物是什么，人有什么样的需求。对一个没有见过苹果的人来说，他不知道摆在面前的东西是不是苹果，更不用说评判苹果的价值。同样，如果不知道人的具体需求，就无法对苹果的价值做出评判。例如，一个不知道自己需要购买什么东西的人去逛超市，面对形形色色的商品，他无法把这些商品与自己的需求联系起来，因而无法评判商品对自己的确切价值。二是关于如何把人的需求与适当的客观事物联系起来的认识。我们知道苹果是有价值的，但对一名不需要开胃水果而需要主食的人来说，苹果的价值几乎为零。再比如，一个人需要饮料解渴，你给他一本书，他无法建立书本与解渴之间的内在关联。当然，人的需求是多方面的，或许书本对他有重要的价值，但就解渴而言，书本是没有任何价值的。三是客观事物对人的需求的满足情况。满足情况包括满足与否和满足程度，当客观事物能够满足人们的需求时，客观事物就具有正价值；当满足的程度比较高时，客观事物的价值就比较大。除了上述三个基本部分之外，有些评价标准还设定了价值目标。例如，人们的政治评价标准中通常会包含自由、民主、公平、法治等价值主张。尽管在现实生活中，人们无法达到理想的自由状态，但争取自由始终是人们的价值追求。因此，在评价人的生存状态时，人们就会把自由作为衡量好坏的重要指标。同样，绝对的民主只能是理论上的设想，但在现实中，人们依然将其作为衡量政治制度好坏的关键指标。需要说明的是，在许多情况下，评价标准并不是类似法律条文和商品说明书一样的东西，而是在评价活动中逐渐形成和完善的。例如，在吃水饺的例子中，评价第一个水饺的价值标准不同于评价第十个水饺的价值标准。虽然两个水饺是相似的，但人吃水饺的需求前后不同，从而导致前后两个评价标准不同。

评价活动是发展的，评价标准亦是如此。如果从人类社会发展的角度来看，评价标准经历了以下三个方面的变化：一是由评价标准的自在到对评价标准的自觉。如前所述，只要有评价活动，就有评价标准。但是，在人们对评价活动进行自觉的研究之前，评价标准始终处于自在状态。当人们认识评价活动和评价标准之后，就会自觉地对评价活动进行人为干预，使其朝着更加符合人的生存和发展的方向转变。二是由简单的价值标准向复杂的价值标准转变。在前现代社会，人们的认识能力和生产实践活动处于比较低的水平，基本需求的满足是人们孜孜以求的奋斗目标。在这种情况下，人们的评价活动不会过于复杂。在社会生产力高度发展和人们需求不断提高的今天，人们的评价活动更加规范和科学，体现在评价标准上就是内容更加丰富和完善、评价效度不断提高。特别是对一些复杂的评价活动来说，完备而规范的评价标准是必要前提。三是将更加先进的价值理念纳入价值标准当中。随着社会不断进步和人的发展水平逐步提高，评价标准中的先进价值将会越来越多。先进价值是相对于当下的价值而言的，是人们对未来生活的期盼或理想。在某种意义上，理想就是价值。冯契指出："一个时代的合理的价值系统就是这个时代进步人类的最高理想，它是共同的社会理想，也是个人的人生理想。"❶先进理念的纳入一方面反映了人的需求层次的提高，另一方面标志着人对自

---

❶ 冯契．人的自由与真善美［M］．上海：华东师范大学出版社，1996：129．

身存在和发展的理解更加深入。不同的评价活动有不同的评价标准,甚至在同一场景下对同一类事物的价值评价,不同文化背景下的人会有不同的评价标准。那么,随着历史的发展,不同的评价标准会不会趋同甚至完全同一?应该说,与多元文化的共生互补相对应,不同的评价标准不可能趋向完全同一,这是由人的需求差异性和文化差异性所导致的。但在交流交往不断密切和人们受教育程度逐步提高的推动下,不同评价标准的统一性会凸显出来,共生互补将成为不同评价标准之间的理想关系。

二、评价与认识、实践

在理论层面,人们把评价、认识以及实践区分开来。但在现实当中,三者并没有完全清晰的界限。虽然有些人专门从事生产实践活动,有些人专门从事科学研究,但生产实践活动包含认识和评价活动,科学研究也包含评价和实践活动。可以说,认识、评价和实践三者始终相互交织在一起,只不过在有些领域认识和评价处于主导地位,在有些领域评价和实践处于主导地位。不管是认识活动抑或是实践活动,都离不开评价活动。此外,认识、评价与实践之间的辩证关系还表现为真理和价值的有机统一。

(一)评价活动与认识活动、生产实践活动的关系

人类活动可以划分为三个部分:认识活动、评价活动和实践活动。对于认识活动和实践活动,学术界进行了长期而深入的研究,形成了一大批有影响的成果。相比之下,人们对评价活动的研究要少得多。这并不是因为评价活动不重要,也不是因为人们对评价活动不重视,而是因为评价活动当中的人的需求和评价尺度具有主体性,评价结果具有多元性和可变性。人们没有办法提出一套标准的价值体系作为价值评价的尺度,也无法统一人们的物质文化需求,更不能按照人们的主观意愿来安排物质文化产品的分配。尽管如此,分析价值和价值观对人们言行举止的影响,推动社会主义核心价值观与多元文化的融合,必须要深入研究价值评价活动,梳理认识活动、评价活动和实践活动之间的关系。

在哲学认识论中,评价活动没有存在的空间。或者说,评价活动不是认识论学家研究的主要对象。伦理学家和道德哲学家因为要分析善恶的价值属

性，因此会涉及评价活动。例如，在著名哲学家金岳霖的《知识论》中，就没有关于价值评价的专门论述。但是，在他的学生冯契那里，评价活动成为认识活动的重要组成部分。冯契讲："从认识运动来看，评价是包含在认识之中的。"❶ 这里的认识是广义层面的认识，他把认识活动区分为认知和评价两部分。狭义的认知不涉及价值评价，例如，这是一棵松树，那是一栋大楼。通常情况下，这两个命题只是在回答"是什么"的问题，没有涉及人的需求及其满足问题。纯粹的认知活动以客观存在的事物为对象，认识主体借助认识工具准确把握对象的性质、关系和特征。在这一活动中，认识主体与认识对象处于外在关系当中，即认识对象外在于认识主体，而且，认识主体不会对认识对象产生明显的影响。虽然现代物理学中的"测不准定理"说明人们的测量行为不可避免地影响被测对象的存在状态，但是，这种影响只能在微观世界特别是量子世界才会有显著表现。与认知活动不同，评价活动中评价对象和评价主体处于内在关系当中，这是因为评价主体的需求会影响评价对象对人显现出来的意义。例如，面对同一瓶水，评价主体处于不同状态，评价结果就不一样。在饥渴状态下，一瓶水的价值就比较高。相反，在饱饮状态下，这瓶水可以说没有什么价值。需要说明的是，评价和认知的绝对区分是理论层面的事情。在现实维度，没有孤立的纯粹的认知活动，存在的只是与评价活动紧密联系在一起的认识活动。就认识活动和评价活动的关系而言，没有完全脱离评价活动的认识活动，也没有无认识活动参与的评价活动。人的时间、精力是有限的，认识什么和怎么认识都是在评价活动的指引下进行的。哪怕是纯粹的科学探究工作，也是在解决困难问题和追求真理的前提下进行的。同样，评价活动的正常开展需要明白人的需求是什么，什么东西能满足人的需求，这些东西在哪里。对一个处于饥饿状态的人，你说欣赏音乐能解决吃饭问题，显然，这不是一个科学的评价活动。之所以不科学，一个很重要的原因是没有认清什么东西能够满足人的吃饭需求。

与认识活动相比，评价活动与实践活动的关系更为密切，且具体表现在以下四个方面：一是实践活动本身包含评价活动。实践活动是人们改造自然的活动。那么，改造什么、怎么改造、谁来改造始终与人们的需求紧密相关。

---

❶ 冯契. 人的自由与真善美 [M]. 上海：华东师范大学出版社，1996：62.

实践活动特别是生产实践活动是讲求效率和效益的，而效率和效益高低的重要评价指标是实践活动对人们需求的满足情况。相反，脱离评价活动，生产实践活动就成为一般动物的本能活动。二是实践活动的顺利开展离不开科学的评价活动的指导。好的评价活动能引领实践活动有效开展；反之则否。以新中国成立以来的发展为例，不科学的评价活动影响和制约实践活动的典型例子就是"大跃进"和人民公社化运动。具体来说，当时我们党对国家快速强大和人民快速富裕的需求理解比较到位，但对满足这些需求的途径认识有误，对满足需求的速度要求过快，对自己满足需求的能力估计过高。在这一不科学的评价活动引导下，党试图带领人民快速解决温饱问题和实现现代化的努力最终失败。相反，在科学评价活动的指导下，我们党领导人民在改革开放之后取得了一个又一个伟大胜利，社会生产能力显著提升，人民生活水平不断提高，我国的国际地位不断得到巩固。对一个国家来说是如此，对一个民族、社会和个人来说亦是如此。三是实践活动是开展科学评价活动的基础。科学的评价活动离不开正确的认识，这种认识不仅是对客观事物属性、特征、关系和人自身需求的正确认识，而且是对现实生产实践能力和水平的真实反映。脱离现实的实践活动，人们就会提出不切实际的目标。当奋斗目标低于社会生产能力时，就会浪费社会生产资源，减缓发展速度。当奋斗目标高于社会生产能力时，就会干扰经济社会的正常发展，最后挫伤人民群众的感情。对国家、民族和社会来说，生产实践活动就是人们运用生产工具改造自然以满足人们需要的活动。对个人来说，生产实践活动就是自己从事科研、处理社会关系和开展生产的活动。四是实践活动是检验评价活动是否科学的根本标准。在开展评价活动时，评价主体运用一定的评价标准，遵循一定的评价程序。评价活动是否科学，既取决于评价活动依托的认识是否正确，也取决于评价活动是否符合自然规律和人类社会发展规律，但最终必须接受实践活动的检验。当评价活动促进人类实践活动时，评价活动就是科学的；反之则否。

总之，认识活动、评价活动和实践活动三者相互影响、相互渗透。其中，实践活动是认识活动和评价活动的目的，三者共同服务于人类需求的满足。科学的评价活动和有效的实践活动依赖于正确的认识。可以说，认识活动是评价活动和实践活动得以开展的前提。评价活动是连接认识活动和实践活动的纽带,是引导认识活动服务于实践活动和引导实践活动服务于人类需求的指向标。当然,评价活动并没有独立于认识活动和实践活动之外,相反,它渗透于认识活动和实践活动之中。

(二) 真理与价值

认识活动追求真理,评价活动确定客观事物的价值,实践活动是人们改造世界以满足自身需要的活动。单就认识活动而言,对真理的追求要求人们抛弃主观想法,准确把握客观事物的存在状态和内在联系。真理具有普遍性和客观性,普遍性表现为真理不因地域、文化、群体的不同而不同。即使价值观、人生观很不相同的人,在接受科学知识方面也很可能是一致的。真理的客观性表现为不管人们高兴不高兴、愿意不愿意,真理始终是真理。虽然真理是相对性和绝对性的统一,但就"真理是正确的认识"这一点而言是绝对的。正因为真理具有普遍性和客观性,人们对真理的追求就必须秉持冷静客观的态度。著名哲学家金岳霖在讲到研究知识论的态度时指出:"研究知识论我可以站在知识论底对象范围之外,我可以暂时忘记我是人,凡问题之直接牵扯到人者我可以用冷静的态度去研究它,片面地忘记我是人适所以冷静我底态度。"❶ "片面地忘记我"和"冷静我底态度"就是要避免主观情感、愿望对认识活动的干扰。与真理不同,价值是人或群体情感和愿望的集中体现。人与人之间的价值差异是客观存在的,也是合乎情理的。但完全不同或对立的价值不利于人与人关系的和谐,从而影响认识活动和实践活动的顺利进行。因此,在合理差异的基础上,人们应该有一部分共同的价值理想。而人们可能有共同的价值理想的基础的人们对客观世界有基本相同的认识和人们共同拥有基本的物质精神需求。真理与价值相互依存、相互影响,共同指引人类社会向前发展。

真理的获得离不开价值的引导。虽然认识活动需要尽可能排除认识主体的外在干预,但无论如何,人的干预是不能完全排除的。而且,人的干预并不是完全负面的,有些干预不仅是必要的,而且是必须的。例如,人们以什么作为认识对象,运用什么方法和手段认识对象以及以什么样的精神状态认

---

❶ 金岳霖. 论道 [M]. 北京:中国人民大学出版社,2010:17—18.

识对象,这些问题的答案并不取决于客观事物,也不取决于某一个认识主体,而取决于作为学术共同体的认识主体。认识活动分为简单的日常认识活动和严格的科学认识活动。在日常生活中,人们关注什么和认识什么并不是偶然随意的,而是受人的主观意愿的引导。例如,走进超市,面对琳琅满目的商品,人们只关注自己需要的商品。假设一群人观察同一处风景,回来后让大家画下自己看到的东西,就会发现每个人的观察都不一样。之所以不同,原因在于人们的观察受注意力、兴趣、愿望的影响。严肃的科学认识活动虽然要避免认识主体受个人情感和愿望的影响,但必须接受学术共同体的价值引导。众所周知,真理不是轻轻松松就能被发现的,随着认识活动的不断深入,获得真理的难度越来越大。没有明确的价值引导和研究规范,人们就会迷失在寻求真理的荒野当中。需要指出的是,人们的生产实践活动和物质精神需求对认识活动施加价值影响,这种影响通过学术共同体制定合理的研究纲领来引导认识活动向前发展。认识活动受评价活动的影响,但影响的效果有好有坏。好的评价活动引导人们追求真理,不好的评价活动引导人们追求单纯的信念甚至错误的认识。俗话说,真理掌握在少数人手里。而掌握真理的人必然对认识活动有好的评价,所谓好的评价就是在相关认识的基础上选择了好的认识对象,为认识活动制定有效的规则程序,要求认识活动必须建立在可靠感觉和有效推理之上。同时,肯定了认识活动是发展的过程。不好的评价则与之相反。

  价值的实现需要真理作为基础,真理的获得离不开价值的引导。同样,好的评价离不开真理的帮助。简言之,好的评价就是对客观事物与人的需要之间内在联系的有效评判。在这里,"有效"一词不能改为"准确"。因为价值和评价活动具有主体性,不同的评价主体在评价结果上很难达成完全一致。在评价活动中,"准确评判"无法衡量。要做出有效评判,就必须对客观事物和人的需求有可靠的认识。试想,一个不认识古董的人很难评价古董的市场价格及其走向。同样,一个不了解社会需求的企业不可能生产出人们真正需要的产品。在英语表达中,Truth 表示真的东西或真理。但当代知识论学家特别关注命题的真假,并主张知识蕴含真。在马克思主义看来,真理是人们对客观事物及其发展规律的正确反映,真理的本性在于主观和客观相符合。在日常生活中,人们能够获得真理,而且拥有关于不同对象的真理。通常人们不会把简单的正确认识视为真理，而是把关于复杂对象的正确认识作为真理。因此，人们一般不会轻易说自己掌握真理。但就为真而言，简单的认识和复杂的认识在性质上都是一样的。如果从广义角度看待真理，那么，人们的所有有效评价都离不开真理的支持。评价活动不仅要评判客观事物对人的需要的意义，还要考察这种意义的客观化情况，后者就是价值的实现。价值的实现就是人的需求被满足，而物质精神需求的满足不是仅凭人们的主观意愿就能实现的，最根本的条件是人们在正确认识自身需求和客观事物的基础上改造客观世界。其中，对人自身需求的认识要与对客观事物的认识相匹配。具体来说，人们要清楚客观事物的哪些部分、性质、特征、关系是能够满足人的需求的，同时，人的需求在所处的历史发展阶段是否是可以实现的。如果人的需求与客观事物不相匹配，那么，人们的评价活动就是无效的，由此得出的价值目标就是无法实现的。

真理与价值在实践中有机统一。在认识活动和评价活动中，都要求真理和价值实现有机统一。但相对而言，真理与价值联系最紧密的领域就是实践活动。成功的实践活动是真理尺度和价值尺度、合规律性和合目的性的有机统一。真理尺度要求实践活动必须遵循自然界和人类社会发展的客观规律，价值尺度要求实践活动必须满足人们的物质精神需求。那么，什么是真理与价值的有机统一？笔者认为，真理与价值的有机统一体现在以下三个方面：一是真理与价值在满足人的物质精神需求方面是一致的。价值指向人的需求，真理不仅是对满足需求的对象的正确认识，也是对人的需求以及客观事物满足人的需求情况的正确认识。要有效开展实践活动，成功改造客观世界，就必须保持真理与价值有共同涉及的领域和紧密的关联。真理要为价值服务，价值需要真理的支持。二是真理与价值相互促进。在实践活动中，人们对客观事物的认识不一定完全到位，随着实践活动的开展，认识还需要进一步深化。而引导认识活动不断深化的就是价值。同理，在实践活动中，人们的价值评价不断变化。过高的价值预期需要降低，过低的价值理想需要调高。而且，随着认识能力的提高和人的物质精神需求的变化，人们对客观事物的价值评价也要跟着发生变化。类似于价格围绕价值上下波动，实践活动中的价值也随着真理上下波动。具体来看，虽然价值或者高于或者低于人们对客观事物与人的需求关系的正确认识，但从人类发展的历史角度来看，人们的价值追求与认识活动始终处于相互匹配的状态。三是真理与价值在实践活动中处于动态的有机统一状态。真理与价值的有机统一是整体趋势，但现实当中两者处于从基本一致到不一致再到基本一致的无限动态发展过程。在这一过程中，人们的认识水平和能力不断提高，人们的需求层次不断提升。人类认识没有终点站，同样，人的需求也没有完全满足的时候。随着物质需求不断满足，人们的精神需求变得越来越重要。但基本文化需求满足之后，对真善美的追求就成为精神需求的重要组成部分。总而言之，只有坚持真理与价值的有机统一，才能有效地把人们的主观愿望与客观事物有机结合起来，才能在价值的有序引导下对客观事物进行改造，从而有效满足人们的物质精神需求。反之，生产实践活动就会受到不正确认识或不合理价值的制约，并影响人的物质精神需求的满足。

三、评价的功能

前文在分析价值与真理的关系时，已经涉及评价的功能。但是，鉴于评价对认识、实践、人的自身发展以及人类社会发展的巨大影响，需要专门对评价的功能进行分析。人与其他动物一样，都有生理需求，但不同之处在于除了生理需求，人还有精神需求。更为重要的是，人能够对满足自身需求的客观事物做出评价，并通过实践活动实现自己的价值追求。在经济学中，需求是推动生产活动发展的最根本力量。对人和社会而言，人们的价值评价是根本指引。试想，如果没有价值评价，人们就不知道通过什么途径满足自身需求，更不会指出人与社会发展的方向。可以说，没有价值评价，就没有社会学意义上的人的存在，也不会有认识世界和改造世界的问题。正因为如此，评价对认识、实践、人与社会发展具有极为重要的作用。

（一）评价对认识的作用

评价与认识是相互作用、相互影响的。具体表现为好的评价促进认识活动的顺利开展，不好的评价阻碍认识活动的正常进行。同样，正确的认识有助于人们做出好的评价，错误的认识会引导人们做出不好的评价。为了便于说明和突出好的评价的重要性，下面仅就好的评价对认识活动的重要作用做出分析。

评价引导认识活动。自人类诞生以来，形成的最重要的认识成果就是系统化的科学理论。科学理论的提出固然离不开众多科学家前赴后继的艰辛努力，但好的价值评价也发挥了重要作用。在早期社会，人类创造了包括中华文明、印度文明、埃及文明、古巴比伦文明在内的诸多文明。但是，只有古希腊文明培育出了理性思辨精神和追求真理的求知精神。这不得不让人感到惊奇，是什么原因使古希腊文明蕴含科学精神。笔者认为，东西方文化的交流和海洋贸易的开展是希腊科学精神产生的有利因素，但古希腊思想家试图搞清楚世界本原的强烈愿望才是重要原因。在这一愿望的指引下，不同学派的哲学家运用理性思维进行各自的探索，提出不同的思想观点。正是不同观点的相互碰撞和交锋促使人们的认识活动不断深入。其他文明由于没有好的价值评价作为引导，从而没有孕育出科学理论。那么，什么是好的价值评价？对认识活动来说，好的价值评价就是有利于人们追求真理的评价。所有的人都有认知需求，但有些认知需求仅仅希望对世界和自身有一个整体而笼统的认识，有些认知需求则希望获得对世界和自身具体而明白的认识。相比之下，后者有利于人们追求真理。当然，这是从科学理论产生的角度来说的。自从科学理论普及推广之后，不同民族和国家的科学家掌握了从事科学研究的理论和方法。但是，科学研究向何处去？如何规范人类的研究活动以利于人类自身的生存与发展？这些问题的解答都需要引入价值评价。人们应该通过理性反思和平衡，确立符合人类生存和发展的价值追求并引导科学家的研究活动，才能保证科学研究不偏离满足人类永续发展的轨道。科学研究是如此，其他的认识活动也需要好的价值评价作为指导。

评价深化认识。如前所述，评价本身也是一种认识。不同于一般的认识活动，评价不是以追求真理为目的的认识活动，而是以有效评判客观事物对人的效用为目的的认识活动。世界不仅以自在的状态存在，而且向人展现出意义。只要有人存在，世界就是有意义的。因此，认识世界不仅要尽可能掌握世界的真实存在状态，还要把握世界对人的意义。前者是认知，后者是评价。把握世界对人的意义需要掌握关于世界的知识，因此，评价以认知为前提。评价基于认知并对认知从两方面进行了深化：一是在内容方面，二是在范围方面。具体来说，内容方面的深化主要体现为要求把抽象的理论转化为具体的生产方式和技术。单纯的认识活动旨在建构理论体系以解释复杂的自然现象和社会现象，但理论体系无法满足人的物质精神需要特别是物质需要。理论体系要产生现实作用，就必须转化为可操作的技术和生产方式。这就是科学理论转化为生产技术的过程，在这一过程中，评价发挥着重要作用。可以说，评价活动从实践维度深化了认知结果。范围方面的深化表现为评价活动拓展了认知领域。单纯的认知只关心世界是"什么样的"，而评价将世界是"什么样的"与人的需要联系起来，分析世界对人的意义。从广义的角度来说，评价拓展了认识活动的领域，增加了认识活动的对象，丰富了人们对人与世界的认识。

评价将认识与实践连接起来。如果没有评价作为中介，认识就不会与实践联系起来。弗朗西斯·培根指出"知识就是力量"，但是，单纯的知识不可能成为力量。知识要转化为力量就必须通过价值评价影响实践活动。在日常生活中，人们很容易运用常识进行人与人之间的交往和简单的生产活动，以至于人们感觉不到价值评价如何把常识与实践活动联系起来。但对复杂的实践活动来说，评价引入知识的过程就非常明显。例如，要修一座跨江大桥，就需要掌握桥址所在地区的地质构造情况、掌握高峰时期的车流量和载重、熟悉桥墩和箱梁的筑造技术以及其他相关知识。当人们在造桥的过程中遇到技术难题时，人们就会通过评价活动引导技术人员深化认识，攻克难关，推动造桥工作向前发展。随着实践活动不断向更广领域和更深层次推进，价值连接认识与实践的作用越来越明显，引导认识推动实践发展的功能越来越突出。

(二) 评价对实践的作用

评价对实践的作用前文已经有所涉及，但还不全面。在分析评价功能的时候，有必要做进一步的说明。"实践作为有目的的活动要有观念作为指导，而指导行动的观念要求具有理想形态。"❶ 其中，"指导行动的观念"就是价值，而价值是评价活动的产物。"目的"有两层含义：一是指人们的物质精神需要的满足。因此，实践活动就是满足人们物质精神需要的活动。在现实当中，实践活动能否满足以及在什么程度上满足人们的物质精神需求，这是一

---

❶ 冯契. 人的自由与真善美 [M]. 上海：华东师范大学出版社，1996：69.

个需要具体情况具体分析的问题。但以满足人们的物质精神需要为根本目的，是实践活动之所以为实践活动的根本原因。那么，实验室中的猴子搬动箱子以获取悬挂在梁上香蕉的行为是不是实践活动？笔者认为，虽然搬动箱子的行为非常简单，但猴子的行为是有目的的，而且只要有足够的箱子，猴子是能够拿到香蕉的。按照实践的定义，猴子的行为应该是实践活动。但是，猴子获取香蕉的行为更多的是生理本能，而不是在理性思维指导下的自觉行为。此外，我们很少发现猴子还有类似搬动箱子获取香蕉的活动。因此，仅凭偶然的个别行为还难以断定猴子是实践活动的主体。二是指实践活动要实现的价值目标。价值目标不同于人们物质精神需求的满足，但两者之间存在内在关联。价值目标属于思想观念，而物质精神需求的满足是现实层面的活动。显然，两者属于不同的维度。但是，人是能够进行理性思维的动物，人们的物质需求会通过神经系统传递给大脑，大脑经过复杂的生理活动形成相应的思想观念。尽管精神需求比较复杂，但是，作为人的需求它是客观存在的。由此可知，价值目标是人们在思想观念层面对物质精神需求的回应，物质精神需要是价值目标的现实根据。没有现实层面的物质精神需要，就没有思想观念层面的价值目标。同样，没有价值目标作为指引，人们的物质精神需要不可能得到满足。正因为如此，实践因为评价而存在，评价因为实践而有意义。就评价对实践的作用而言，主要表现在以下两个方面。

一是评价引导实践主体、实践对象、实践工具和实践方法合理搭配。如前所述，实践的目的是满足人们的物质精神需要，实现人们的价值追求。但是，用什么来满足物质精神需要、谁来生产、怎么生产，等等，这些是人们在从事实践活动时必须要解决的根本问题。在物质文化产品极为匮乏的时代，用什么来满足人们的物质精神需要或许不是一个太难回答的问题，因为对该问题的解答更多的是认识活动的任务。但当多种产品都能满足人们的物质精神需求时，就需要人们进行权衡和选择，而权衡与选择就是评价的具体表现。同样，谁来生产产品以及怎么生产产品也存在一系列的权衡与选择问题。例如，用什么样的人，怎么把人们组织起来，采用哪种原料和工艺，使用什么样的设备，产品瞄准哪种层次的市场需求，等等。当然，这仅仅是从理论层面做出的分析，在现实生产活动当中，评价无处不在、无时不有。评价对实践的作用不仅表现为实践离不开评价，更表现为评价保障实践活动的顺利进行。这就需要合适的实践主体运用合适的工具和方法对合适的对象进行合适的改造。这里有四个"合适",充分说明评价的重要性。此外,怎么衡量实践要素和实践活动的合适与否,这又是一个需要评价给予解答的问题。随着人类认识能力和需求层次的不断提高,评价的标准也在不断改变,从而导致评价结果发生变化。例如,在改革开放初期,我国持续引进资本和技术,其中不乏已经落后的技术和产品。但是,随着我国经济实力不断增强,科技储备不断丰富,那些落后技术、落后产能、落后产品就必须被抛弃和淘汰。相反,绿色、环保、创新就成为产业发展的重要价值要求。

二是评价明确实践发展的方向。在现实生活当中,个体的人、企事业单位和社会组织都在按照自己的价值目标从事实践活动。所有这些实践活动构成人类的实践活动。从内容来说,人类实践活动就是改造客观世界以满足自身的物质精神需要;从哲学维度来说,人类实践活动就是自然的人化和人的自然化;从意义维度来说,人类实践活动就是人的类本质的客观化。需要说明的是,这里的"化"具有变化、变动、改变、形成的意思。人的认识活动处在不断发展当中,同样,人类实践活动也处于由低级到高级的发展过程当中。其中,"低级"和"高级"是一对反映人类实践能力和水平的价值词语。虽然低级实践活动与高级实践活动在客观现实层面有明显的差别,例如,实践主体的科学技术水平不同、实践对象的科技含量不一样、使用的工具有先进与落后之别等。但是,"低级"和"高级"包含着人们的价值态度。一般来说,"高级"比"低级"更符合人们的物质精神需要。实践活动由低级向高级发展的过程不是自发的,而是在人类价值评价的引导下实现的。虽然不同领域、不同行业、不同地域的实践活动遵循不同的价值要求,但更好地满足人们的物质精神需要是所有实践活动都应该追求的目标。评价对实践发展的导向作用就是通过千千万万的人的实践活动来实现的,而且,这种导向作用表现为实践活动在曲折中向前发展。当评价与实践活动相适应时,评价就促进实践发展;反之,则阻碍实践发展。评价与实践活动的相适应表现在两个方面:一是评价所依赖的认识准确反映了客观事物与人的需求之间的内在联系,二是人的物质精神需求与当下社会的实践水平和能力相适应。这两个表现也是评价与实践相适应的前提条件。只有这两个前提条件同时得到满足,评价才能与实践相适应,也才能引导实践向前发展。

(三) 评价对人与社会发展的作用

认识和实践的根本目的是促进人与社会的发展，因此，评价对认识和实践的作用最后体现为对人与社会发展的作用。人的发展与社会发展紧密连在一起，构成相互影响、相互作用的关系。人不同于一般动物，除满足基本的生理需求之外，还有社交需求、获得尊重和实现自我价值的需求，这些需求的满足无一例外都以价值评价作为引导。此外，人是社会当中的人，没有脱离社会关系独立存在的人。正因为如此，马克思指出："人的本质不是单个人所固有的抽象物，在其现实性上，它是一切社会关系的总和。"[1] 人的发展离不开社会的发展，而社会的发展最终体现为人的发展。但是，人的发展不同于社会的发展，社会是由许许多多的人构成的，具体的人有生老病死，而由人构成的社会具有持续性。从某种意义上说，社会是具有生命活力的有机体。只要有人存在，社会就不会终结。社会发展体现为两个方面：一是所有人发展的总体趋势，二是人类社会本身的发展。不同地区和国家的人处于不同的发展水平，即使在同一个地区和国家，人们的发展层次和水平也不一样，但从人类发展总体角度来看，同一时代的人具有大致相同的发展水平。同样，人类社会是由许许多多的小社会系统构成的。具体而言，不同的社会子系统发展情况各不相同。但整体来看，同一时代的人类社会子系统有基本相同的发展情况。简言之，从人类诞生以来，作为整体的人的发展经历了从满足基本生理需求到较好地满足物质文化需求的过程，并向更高水平的物质精神生活迈进。与此同时，人类社会依次经历了生产水平极低的原始社会和生产水平与文明程度不断提高的农业社会、工业社会，并向更加公平公正和谐幸福的后工业社会迈进。不管是作为整体的人的发展抑或是人类社会的发展，都是由人们的价值评价作为引导。人们的价值评价不仅包含广大群众的基本价值评判，还囊括先进人士对人类发展提出的崇高价值主张。

评价对人的发展的作用。人类社会处于不断发展的过程，同样，人的发展也处于发展过程之中。人的发展包括两个方面：一是具体个人的发展；二

---

[1] 中共中央马克思恩格斯列宁斯大林著作编译局. 马克思恩格斯选集（第1卷）[M]. 北京：人民出版社，2012：135.

是作为类的人的发展。个体的发展受所处社会环境和自然环境的影响非常明显，当个体处于比较艰苦的自然环境和动荡的社会环境中时，人的发展水平和层次就比较低。相应地，人们的价值评价就更关注基本生活需要的满足。反之，当人们处在比较优越的自然环境和社会环境当中时，人们更关注社会交往、获得尊重和自我价值实现等更高层次需求的满足。在人的一生当中，最基本的生理需求始终是存在的，当基本需求满足之后，人们就会在更高层次价值理念的引导下开展认识活动和实践活动。当然，这是就一般情况而言的，并不否认一些人在满足基本需求之后浑浑噩噩、虚度光阴。这里就有一个价值评价的层次问题，虽然每一个人都有自己的价值追求，哪怕是浑浑噩噩、虚度光阴的人，他也有自己的价值追求。但是，价值追求有层次高下之别，对不同层次价值追求的具体衡量标准有很多，其中一个就是运用利己与利人的五种组合来衡量。具体来说，既不利己又不利人是负价值，是需要所有人抛弃的价值；利己不利人也不值得提倡，因为这会引导人们突破道德甚至法律的底线；利己但既不利人也不损人，这是人们能够接受的基本价值准则，也是道德和法律允许的行为底线；利己利人是值得提倡的价值准则，是有利于社会和谐发展的价值追求；不利己但利人是崇高的价值追求，是品行高尚者的自觉追求。对普通大众来说，实现自我的发展就是坚守利己但不损人的道德底线，追求利己利人的高位价值理念。作为类的人的发展就是由低到高逐级实现物质精神需求，并最终指向"真、善、美统一的自由人格"❶。自由人格的实现是一个漫长的过程，在这一过程中，持续的道德修为是根本，崇高的价值导向是关键，良好的社会环境是基础。作为类的人的发展依赖个体的发展，而个体的发展有助于作为类的人的发展。但不管是作为类的人的发展抑或是个体的发展，必须接受价值评价的指引。这是因为此处的发展不是像黑格尔所说的是绝对精神的自我显现，也不是自然界中蕴含的客观规律，而是人们认识活动、评价活动和实践活动相互影响、相关促进的具体表现。

评价对社会发展的作用。人离不开社会，但社会不是人们简单的聚集，而是有秩序、可发展的有机体。有秩序表现为人们有比较明确的分工，人们的言行举止受一系列制度规范的约束，个体在社会中结成一定的关系并扮演

---

❶ 冯契. 人的自由与真善美 [M]. 上海：华东师范大学出版社，1996：82.

相应的角色。社会秩序的维护不仅依赖于社会成员的自觉,而且依靠包括政府、法院、立法机构等在内的诸多社会组织的努力。可发展表现为人类社会处于不断完善和提高的过程当中。从历史发展的角度来看,早期人类社会的组织架构比较简单,社会子系统之间的交往比较贫乏,社会提供的公共服务不仅数量少而且层次低。随着人类认识能力和实践能力的提高,人们对社会发展的要求也越来越高。社会要为人们提供更好更高质量的公共服务,创造适合人成长的生活环境,开辟广阔的就业空间等。当然,社会不是独立存在的主体,不可能直接提供各种服务。这就需要人们组建相应的社会组织来提供专门的服务,例如,组建政府提供基本的教育、卫生、交通和社会保障,组建司法机构维护社会的公平正义,组建警察和军队系统维护安全,等等。在人们自觉意识到自己的各种合理需求及其满足方式之前,人类社会发展更多的是处于自发状态。当人们明确社会发展的方向和目标之后,社会发展就步入自觉状态。在更为系统复杂的价值评价引领下,人类社会将朝着更有利于造就自由人格的方向发展。自由人格的塑造没有终点站,社会发展的进程也不会停止。需要强调的是,人是社会的人,但社会性只是人的诸多属性的一种。除了社会生活,人们还有自己的个人生活。社会的发展不仅要促进人与人之间的交往和相互尊重,而且要尊重人的私人生活。当然,如何协调社会生活和私人生活之间的关系是一个需要人们不断进行价值反思的问题。

第三节 价值观与文化

人们经常使用价值和价值观,那么,两者之间有什么样的联系和区别?例如,教育的一项重要任务就是引导学生塑造正确的世界观、人生观和价值观。其中的"价值观"能不能更换为"价值"?显然,答案是否定的,一是因为读起来不顺口,前面两个是"世界观"和"人生观",后面突然来一个"价值",语句显得突兀。二是因为三者不在同一个层次。世界观和人生观是关于世界和人生的观念体系,是比人们关于世界和人生认识更深刻更系统的东西。类似于关于世界和人生的认识,价值是客观事物对人的物质精神需求的意义。三是词语搭配不当。我们可以说塑造正确的价值观,但不能说塑造正确的价值。价值不能塑造，只能通过评价活动进行评判。前文已经分析了价值的定义和属性，因此，这里需要对价值观的定义以及与价值的关系做详细分析。此外，不同的文化蕴含的价值观也不一样。那么，价值观与文化之间存在什么样的关系？作为文化的重要组成部分，价值观处于什么地位，发挥什么样的作用？回答这些问题还需要分析文化的结构。人们经常从整体的角度使用"文化"概念，但文化本身不是独立的存在，而是体现在物质精神活动及其产物当中的人类智力成就。下面，笔者依次对价值观、文化的结构和价值观在文化中的地位与作用进行分析。

一、价值观

价值是客观事物对人的需求的意义，意义有正负和大小之别。正意义对应正价值，负意义对应负价值。所谓正意义就是对人的需求有正面或积极的意义；相反，所谓负意义就是对人的需求有反面或消极的意义。价值是评价活动的产物，价值观是关于价值的看法、观点与态度。❶ 因此，价值与价值观之间存在密切关系。但要深入分析这种关系，就必须对价值观的定义下一番解析的功夫。

（一）价值观的定义

价值观是关于价值本质和价值评价标准、原则与方法的认识的体系。在日常生活当中，人们无时无刻不在进行价值评价。但是，对于价值是什么，价值是如何形成的以及如何衡量价值的先进与否等问题，绝大多数人并没有进行自觉思考。因此，很多人对自己的价值观没有理性的认识。但这不是说大多数人没有价值观。实际上，每个能行使自身权利的人都有自己的价值观，只不过对其没有自觉的认识而已。如前所述，相比于认识，价值对人们日常生活的影响更为直接。认识服务于评价，评价引导实践活动。人们的物质精神需求涉及的领域非常广，而且，随着认识能力和生产能力的不断提高，人们的需求层次和水平也不断提升。围绕这些需求，人们进行价值评价活动并形成一系列价值理念。对大部分人来说，这一系列价值理念就构成他们的价

---

❶ 袁贵仁. 关于价值与文化问题 [J]. 河北学刊，2005 (1)：5-10.

值观。人的成长深受社会发展的影响和文化的熏陶，因此，大部分人价值观的形成是社会生活和文化习俗影响的结果。但这并不意味着人们只能机械地照搬照用价值理念，因为价值理念的使用必须与评价活动连在一起。前人的价值评价活动已经成为过去，现在的人必须在当下的评价活动中运用继承下来的价值理念。而评价活动包含评价标准、评价方法和原则，虽然大多数人对它们没有自觉的认识，但总会有各自的评价理由和方法。例如，文化程度不高的普通的老百姓不仅拥有关于真假善恶是非对错美丑的价值理念，还拥有评价人们行为处事和待人接物的标准与方法。尽管这些价值理念和评价标准、方法与原则不是理性论证的产物，但对人们生活方式的影响是深刻而广泛的。

当人们自觉反思价值与评价活动的时候，价值观对人们来说就不再是一种理所当然的评判标准和方法，而成为理性选择的产物。就价值观包含的主要内容来说，首先是价值的本质。笔者认为，不管是对哲学家还是对普通老百姓来说，价值作为客观事物对人的需要的意义始终是同一的，这也是价值客观性的具体表现。当然，价值的客观性并不能保证人们对价值理解的一致性。实际上，人们对价值的理解是不一样的，从而形成了关于价值的"关系说""属性说"等。其次是价值的好坏。人们基于不同的需求和评价标准，会对同一事物做出不同的价值评价。这些不同的价值评价有先进与落后、积极与消极之分，人们会按照自己的评价标准和评价原则选择自己认为先进和积极的价值，抵制或反对落后和消极的价值。这一点在多元文化交汇、交锋、交融的今天，表现得非常突出。再次是评价标准、原则和方法。评价标准和原则不同，评价结果就不一样。同样，评价方法对评价结果也有深刻的影响。例如，自我评价不同于第三方评价，过程评价不同于结果评价，简单评价不同于复杂评价，等等。相对于价值本质和价值好坏，人们对评价标准、原则和方法的认识深化了对价值观的自觉。最后是评价活动的开展。不管是对价值的认识抑或对评价标准、原则和方法的理解，最终要运用到评价活动当中。只有人们自觉开展评价活动，运用自己经过理性思考并接受的评价标准、原则和方法客观评判事物对人的需要的意义，对价值观的自觉才能转变为自觉的价值观。

价值评价的目的就是评判客观事物对人的需要的意义，而对意义的评判是为了指导人们的行动。当评价结果是正面的且价值较高时，人们就可以采取行动改造相应的客观事物以满足自身的需要。相反，当评价结果为负面且价值较高时，人们就要采取行动阻止相应的客观事物对人们产生危害。在这一层意义上，所谓的价值观就是区分人们可以干什么和不可以干什么、应该干什么和不应该干什么、要干什么和不要干什么的总观点。价值观既为人们的言行举止划定了不同层次的界限，又为人们提出了行动的目标。就前者而言，主要包括两个方面：一是法律层面的能做和不能做，二是道德层面的应该做和不应该做。不同的族群都有自己的成文法或习惯法，它们明确了人们行为活动的最低许可范围，突破这个范围就要受到社会的制裁。法律层面的价值要求是绝大多数人价值观的基础部分，表现在日常生活当中就是人们的法律意识和对法律的态度。"应该"是一个比法律宽松且柔和的表示道德规范的词语，也就是说，道德规范不像法律那样具有强制性，人们违反道德规范但不违反法律就不会受到强制性的制裁，但违反道德要求会受到社会舆论的谴责。相对于法律，道德为人们提出了比较高的价值要求，如人们应该乐于助人、应该做好事、应该遵守公共秩序等。其中，前两个要求比后一个更高。遵守公共秩序是每一个公民必须履行的道德准则，违反它就会受到相应的处罚。但是，前两个要求不是人们必须做到的，即使做不到也不会受到谴责。人们的言行举止除了受到法律和道德的约束之外，还有更为积极的价值追求，并具体表现为要干什么和不要干什么。如果一个人只满足于不违法和遵守道德，那么，他的价值追求就太低了。一个人要成为对他人和社会有用的人，就必须要有更高层次的价值追求。由于职业、年龄、身体以及知识基础不同，人们更高层次的价值追求不尽相同。但作为更高层次的价值追求，要干什么和不要干什么反映了人们对自身需求的自觉反思以及对崇高价值的追求。当然，或许有人会指出，要干什么和不要干什么反映的并不一定是比法律和道德更高层次的价值。的确，理论和现实层面都存着这种可能性。但笔者在这里将其与可以干什么和不可以干什么以及应该干什么和不应该干什么做了人为区别，也就是说，在本书当中，要干什么和不要干什么被赋予了更高的价值色彩。

每个人都有自己的价值观，人们的价值观并不相同，有些甚至很不相同。这反映在现实生活当中就是有些人的行为举止具有崇高的价值，有些人则不断触碰道德和法律的底线，更有极少数人持续突破做人的底线。价值观的不同不仅表现为人们的行为举止不同，还表现为人们对待事物的态度不一样。例如，儒家非常重视亲情和家庭，主张通过修身养性达到齐家治国平天下的目的；道家关注内心的洒脱自由，主张返璞归真和延年益寿；佛教认为人生痛苦的根源是贪嗔痴，摆脱痛苦的方法是戒定慧，要求人们诸恶莫为、众善奉行。不同的价值观营造不同的文化，反过来，不同的文化又会巩固不同的价值观。存在不同的价值观本身不是坏事，但是，价值观有先进与否、积极与否的问题。先进的价值观有助于规范人们的言行举止、和谐人际关系和营造良好的社会秩序；积极向上的价值观有助于激发人们砥砺前行的奋斗精神、增强干事创业的强大动力、汇聚实现梦想的磅礴力量。那么，如何判断一个价值观是不是先进或积极的呢？显然，要找到一个所有人都能接受的价值评价标准是很难的。尽管如此，我们认为，先进和积极的价值观应该有利于激发人们对未知世界的探求精神和提高人们的理性思维能力，有利于营造和善有序的人与人关系、人与社会关系和人与自然关系，有利于个体自身发展和其他绝大多数人根本利益的实现；反之则否。

(二) 价值观与价值

在进一步分析价值观和价值的内在关联之前，先分析以下两个关于价值的表述：一是"苹果是有价值的"；二是"幸福是内在价值"。这两个表述中的"价值"是一样的吗？"苹果是有价值的"可以替换为"苹果是能够满足人的需求的"或者"苹果对人的需求是有意义的"，这里的"价值"可以等同于"意义"。但"幸福是内在价值"中的"价值"不能替换为"意义"，也就是说"幸福是内在价值"不同于"幸福是内在意义"。而"幸福是内在价值"可以近似于"幸福是内在追求"或者"幸福是内在目的"。因此，后者当中的"价值"可以等同于"追求的目的或目标"。虽然前面的"意义"和此处的"追求的目的或目标"不同，但两者之间是有联系的，因为苹果对人的"意义"本身就是值得追求的。只不过由于人们使用语言的不规范导致"价值"一词在不同语句中的语义存在差异，但是，这些差异并不影响价值是"客观事物对人们需求的满足"这一根本定义。价值观不同于价值，但两者存在密切关联。就区别而言，价值是人们追求的直接对象，而价值观的树立是为了人们进行合理的价值评价。可见，价值观是为价值评价服务的，而价值是为实现人的需求服务的。相对而言，价值是人们使用比较频繁的一个词，对有些人来说，他们并不直接使用"价值"，而是用"有意义""目的""追求目标"等词代替"价值"。

价值观与价值的区别并不能掩饰两者之间的内在关联。价值观是决定价值评价的根本性因素，可以说，有什么样的价值观就有什么样的价值追求。例如，一个具有积极价值观的人一般不会追求负价值，一个视诚信为生命的人不会为了蝇头小利而编造谎言。当然，这是相对而言的。谁也无法保证具有先进价值观的人就不会做出坏事来。这是因为价值观对价值评价的影响不是线性的，而且，人的价值观不是一成不变的。那么，价值观是如何影响价值评价的？如前所述，价值观是关于价值本质和评价标准、原则与方法的总观点。而价值是人们运用评价标准，按照一定的评价方法对客观事物与人的需求之间的内在关系做出的评判。由此可知，价值观至少在评价标准和评价方法两个维度影响了价值评价。其中，评价标准对价值的影响巨大，评价标准不同，评价结果就不一样。相对来说，评价方法影响价值评价的准确程度。精细的评价方法有助于人们做出准确的价值评价，相反，粗糙的评价方法只能使人们给出粗略的评价结果。除此之外，评价原则也是影响价值评价的重要因素。只不过评价原则处于价值观的底层，对价值评价的影响更为隐秘。评价原则等同于价值原则，而"价值原则也就是评价的基本标准或评价的尺度"❶。如果说评价原则也是一种评价标准的话，那么，它就是最基本的评价标准，或者是评价标准的评价标准。冯契在梳理中国传统价值学说的基础上提出了传统价值原则，这就是强调人道原则和自然原则、身和心、群和己的统一以及理智的全面发展和情意的多样化发展等。❷ 这里的价值原则不是人们在日常生活中开展价值评价的标准，而是对诸多价值学说系统梳理的产物。虽然评价原则不会直接影响人们的价值评价，但会通过评价标准和评价方法影响人们的评价活动。

---

❶ 冯契. 人的自由与真善美 [M]. 上海：华东师范大学出版社，1996：108.
❷ 冯契. 人的自由与真善美 [M]. 上海：华东师范大学出版社，1996：120.

(三) 价值观与价值体系

除价值之外，价值观还与价值界、价值体系有一定的联系。价值界有广义和狭义之分，广义的价值界就是"经过人的劳作、活动（社会实践）而改变了面貌的自然界"[1]，即人化的自然。狭义的价值界就是人们的价值理念体系。如前所述，苹果好吃是一种价值判断，而幸福和快乐本身就是价值。在狭义的价值界中，不存在具体事物对于人的需求的意义，例如，苹果的价值、桌子的价值、汽车的价值等。狭义的价值界主要包括人们的抽象需求的满足，例如，生理需求的满足、安全、幸福、快乐、健康、真善美等。与笔者的观点不同，冯契用功利和真善美等价值范畴来整合价值界。其中，功利（狭义的功利）就是对人们物质需求的满足，而真善美属于精神追求。对普通老百姓来说，功利是基本需求，真善美属于高层次的追求，处于中间的是幸福、快乐和健康等。由此可见，冯契的观点更具理想色彩。从狭义的角度来说，价值界就等同于价值体系。在冯契那里，评价就是用理想规范现实，因此，价值体系就是理想体系。不同的社会在不同的时代有不同的理想体系，这就决定了价值体系的多样化。在诸多价值体系当中，主张大同团结和个性统一、社会主义和人道主义相统一的价值体系就是当代合理的价值体系。[2] 既然价值体系是理想体系，那么，狭义的价值界也就是理想体系。但笔者认为，价值是人们追求的对象，有些价值具有理想色彩，如真善美。有些价值并没有理想色彩，反而是必须接受的规定或要求，如法律法规等。在社会主义核心价值体系中，马克思主义指导思想、以爱国主义为核心的民族精神等并不是人们的理想。其中，马克思主义指导思想是我们需要坚持的根本思想，而以爱国主义为核心的民族精神是传统文化中的重要内容。由此可见，价值体系还不能完全等同于理想体系。此外，需要说明的是，价值体系和价值界是相对于某一社会群体或文化族群而言的，我们不能说关于某一个人的价值体系或价值界。

基于上述分析，就可以明确价值观与价值界的关系。价值观和价值界存

---

[1] 冯契. 认识世界和认识自己 [M]. 上海：华东师范大学出版社，1996：344-345.
[2] 冯契. 人的自由与真善美 [M]. 上海：华东师范大学出版社，1996：128.

在内在关联。两者都是关于价值的词语,而且都是以价值为对象进行反思的结果。与价值观相对的是世界观和人生观,其中,世界观是人们对客观世界存在状态及其发展规律的认识。世界观对人生观和价值观影响巨大,可以说,有什么样的世界观就有与之相对应的人生观和价值观。例如,一个虔诚的基督教徒相信世界是由上帝创造的,而这一点直接影响着他的人生观和价值观。相对来说,人生观和价值观在内容方面存在交叉。具体来说,关于人的发展和社会发展的价值追求是人生观的重要组成部分。与价值界相对应的是本然界、自然界和事实界,在大多数人看来,自然界就是客观存在的世界,既包括为被人改造过的自然,也包括人化的自然。而未被人改造过的自然界就是本然界。但是,在金岳霖那里,本然界就是客观存在的且没有进入人类认识活动的世界,本然界包括个体界和共相界。而"自然是相对于一官觉类的特别世界"❶,与此相对,自然界就是与官觉类相对的本然界。这里所谓的官觉类就是人类,与官觉类相对的世界就是被人们作为认识对象的世界。严格来说,人们所认识的世界与本来的世界是不完全相同的,因为人们是借助于语言和逻辑表述世界的,在认识过程中必然会打上人类的印记。人类"在官觉活动中化本然界为自然界,然后摹状正觉的内容得到意念;再以意念为接受方式规律所与把自然界化为事实界"❷。在这里,事实界是人们认识自然界的产物,也就是冯契所说的以得自现实之道还治现实的结果。价值界是在事实界的基础上更进一步,也就是被人们赋予价值色彩的事实界。虽然价值观和价值界都与人的需求的满足有关,但两者的区别也是非常明显的。价值观是人们关于价值本质及其评价标准、原则和方法的总观点。这一定义指出了价值观是一种思想观念,尽管它是整体的思想观点。因此,价值观属于上层观念系统。与之不同,价值界是人化的自然。人化的自然既可以是被人们用工具改造过的自然,也可以是被人们赋予情感色彩的自然。但就自然本身而言,它是客观存在的,是不以人的意志为转移的。人化的自然只不过是被人认识且附带了人的价值色彩的自然,因此,价值界具有客观性。此外,与自然界、事实界相对应的价值界是对人类认识活动和实践活动抽象概括的产物,这就

---

❶ 金岳霖. 知识论 [M]. 北京:中国人民大学出版社,2010:537.
❷ 崔治忠. 金岳霖知识论比较研究 [M]. 北京:知识产权出版社,2015:264.

决定了"价值界"概念的使用范围，通常只有哲学领域（包括伦理学在内）的人才会使用它。与之相对，价值观是人们使用较多的一个词。

与作为人化自然的价值界不同，价值体系是人们系统化的价值观念。类似于价值观与价值界，价值观与价值体系既存在密切联系又存在明显差别。就密切联系而言，价值观和价值体系都与价值相关，而且这种关联度要比价值观和价值界之间的关联度更高。这是因为价值体系是人们在价值观指导下形成的，反过来，一定社会的价值体系会影响人们价值观的形成。具体来说，价值体系是人们已经形成的价值目标、价值追求、价值理想等的集合。而价值观是人们用以形成价值目标、价值追求和价值理想的思想基础。价值体系不是价值观念的简单堆积，而是一个类似金字塔或原子核的价值系统。其中，位于"金字塔"底层或"原子核"中央的价值是最重要的价值，是其他价值的基础和支撑。相对而言，处于顶层或"原子核"外围的价值是相对次要的，也是比较容易改变的价值。当然，这里的重要和次要是对价值体系而言的，对处于具体环境中的具体的人来说就不一定了。价值体系中极为重要的温饱、小康、安全等价值对处于现代文明社会中的人来说就不会显得有多重要，这是因为这些价值目标很容易实现。但温饱、小康、安全等价值在价值体系中之所以处于基础地位，是因为它们是人类赖以生存和发展的重要前提。按照定义，价值观和价值体系是不同的概念。而且，人们也不会将价值体系归属于某一个人。但是，具体的人有比较复杂的价值观念，既然这些价值观念不能归属于个体的价值体系，那么它们被什么概念来统括呢？实际上，在日常生活当中，个体具有的价值观念就包含在他的价值观当中。这也反映了价值观与价值体系的内在关联。如前所述，价值具有客观性和主体性，但是，价值体系不是具有客观性的价值的简单集合，而是诸多价值在思维活动中的整体反映。因此，价值体系也是人们的思想观念，只不过这种思想观念以具有客观性和主体性的价值为组成成分。尽管如此，两者的区别依旧鲜明。一是价值观和价值体系不能直接互换。例如，尽管社会主义核心价值体系与社会主义核心价值观有着紧密关联，但两者是不能等同的。二是两者的具体含义不同。这一点前面已经分析过，此处不再赘述。三是使用情况不同。在日常生活中，许多人可能不知道价值体系及其具体含义，但都能或多或少举出许多价值观念。例如，幸福、快乐、健康、善良、诚实以及反面的苦难、罪恶、欺骗、丑陋等。这些价值观念就是价值体系的组成部分，因此，在一定程度上可以说人们不自觉地使用价值体系。与之不同，大多数人对自己的价值观没有自觉的认识，更不知道价值观如何影响自己的价值评价。例如，借助于网络和新媒体，许多人知道自由、平等、民主、法治是先进的价值理念，但要让他们从理论上回答这些理念为何先进则困难得多，更遑论回答他们具有什么样的价值观。尽管如此，人们开展任何评价活动都是有理由的，只不过有些理由复杂，有些简单；有些合理，有些不合理。由此可知，价值观处于价值评价的最底层，是许多人日用而不自知的重要思想资源。

二、文化结构

要分析价值观与文化的关系，首先要弄清楚价值观和文化的所指与内容。前面从哲学维度分析了文化和价值的定义、本质、属性等，梳理了价值观与价值界、价值观与价值体系的异同，现在需要对文化的内容和结构进行分析。当然，这里的内容和结构不是就某一具体文化而言的，而是一般意义上的文化内容及其结构。在此之前，还需要回答文化内容有没有一定的结构。文化是人类在认识和改造自然的过程中所形成的智力成果。由于人的需求是多领域多层次多样化的，因此，人们的智力活动和智力成果也是多领域多层次多样化的。这就决定了文化的内容是丰富多样的，这些丰富多样的文化内容不是杂乱无章的，而是围绕人的需求形成一定的层次与结构。分析文化内容的层次与结构是进一步明确价值观在文化中所处地位的必要前提。此外，还需要说明的是，文化结构包含两个层面的含义：一是不同文化间的结构；二是文化内部的结构。本书中的文化结构是后一层意义上的结构，而且是对广义文化而言的。

（一）文化内容

文化有广义和狭义之分。冯契认为："广义的文化包括生产力的状况、经济的关系、社会政治组织、社会心理、各种意识形态等。"[1] 而狭义的文化就是精神文化，主要包括人们的行为模式、风俗习惯、伦理道德、宗教信仰、

---

[1] 冯契. 人的自由与真善美 [M]. 上海：华东师范大学出版社, 1996: 95.

文学艺术等。❶ 相比于狭义文化，广义的文化包含物质文化。那么，精神文化和物质文化有什么样的区别和联系呢？在有些场合，文化被理解为人化的自然，而人化的自然包含物质层面和精神层面。物质层面的人化产物就是人们所说的物质财富，而精神层面的人化产物就是精神财富。或许有人会问，精神层面还存在人化的问题吗？笔者认为答案是肯定的。虽然人具有精神需求，但是，人的精神需求不会自动得到满足，特别是在社会生活当中，人必须提高自己的认识能力以服务于实践活动，提高自己的道德修养以处理人与人之间的伦理道德关系，提高自己的文化素养以促进人的自我发展，等等。这些不断提高的过程就是精神层面不断祛除自然状态的人化过程。严格来说，物质和文化是相对立的，物质就是物质，不可能是文化。同样，文化就是文化，不可能是物质。但在人类实践活动当中，物质可以变成文化，文化可以变成物质。习近平总书记在主持十八届中央政治局第二十次集体学习时指出，辩证唯物主义一方面要求主观世界更好地符合客观实际，另一方面肯定意识对物质的巨大反作用。这就是"精神变物质、物质变精神的辩证法"❷。精神可以变物质并不等于精神就是物质，同样，物质变精神也不等于物质就是精神。那么，物质文化的含义不是"物质是文化"，而是附着于或依附于物质的文化。不管是被移情的自然物还是经过改造的自然物，都承载着人们的思想观念和价值追求。而精神文化就是人们思想观念、价值追求、情感意志的集中体现。这并不是说精神文化就完全脱离了物质，实际上，脱离了物质不要说没有文化，就连人类自己都不存在了。因此，物质文化和精神文化的区别不在于有没有物质作为载体，而在于人们关注的侧重点不同。如果关注点在物质，物质承载的文化就是物质文化。反之，如果关注点在精神，物质承载的文化就是精神文化。例如，一座古代建筑蕴含物质文化，但不能说建筑本身就是精神文化。同样，我们说浩瀚的历史典籍是人类精神文化的集中体现，但不能说竹简、帛书、纸质书本身是精神文化。实际上，竹简、帛书、纸质书是物质文化形式。但不管是物质文化还是精神文化，就反映人们的思想观

---

❶ 王玉樑. 价值与文化 [J]. 中州学刊, 1989 (3): 71-72.
❷ 运用辩证唯物主义世界观方法论 提高解决改革发展基本问题本领 [N]. 人民日报, 2015-01-25 (001).

念、价值追求和情感意志而言，都是人类智力活动的产物和表现。

既然文化包括物质文化和精神文化两个组成部分，那么，对文化内容的分析就从这两个角度进行。物质文化是人们在改造客观世界的过程中创造出来的且依附于物质产品的文化。改造客观世界是为了满足人们的物质精神需要，因此，物质文化首先包含的是人们的价值追求。例如，一座建筑、一座古老的城市、一座大桥等，承载的是人们的价值需要。建筑满足人们的居住或开展公共活动的需要，城市满足一群人的日常生活之需，大桥方便了人们的交通。对于历史遗迹和考古发现来说，许多事物已经丧失了原来满足人们物质精神需要的功能。但是，它们又产生了新的功能，这就是满足人们了解历史的需求。总之，不管是历史遗迹还是现代产品，都能满足人们的某些需求，否则，就对人们没有意义，更谈不上承载着物质文化。其次，物质文化包含人们改造自然的能力和水平。世界上有很多鬼斧神工的自然景观，人们在赞叹之余，不会将其与人的实践能力联系起来，更不会赋予其文化内涵。在反映人类生存状况方面，简单的早期人类生活遗址要比雄伟的喜马拉雅山更具说服力。当人们走进博物馆，看见形式各样、大小不一的青铜器时，不由感叹早期人类精湛的冶炼技术和较高的改造自然能力。这种惊叹之情在一些规模更大、技术要求更高的工程上体现得更为突出，例如，当人们行走在万里长城之上时，修造长城的宏大场景油然显现。当人们走进紫禁城时，就会感受到古代建造技术的发达。特别是长城的修造，从现场勘探到设计规划、从立项建设到组织实施、从人员的招募到组织管理、从夯实基础到城砖烧制、从墙垛的修造到关卡的设置，无不体现古代劳动人民的勤劳坚韧和聪明才智。当然，人类改造自然的水平和能力不仅体现在古代遗址或遗物上，更体现在现代工业产品当中。不管是高铁、飞机、宇宙飞船，还是摩天大楼、超级大都市、跨海大桥，无不体现着人类先进的制造技术和高超的自然改造能力。最后，物质文化还包括人的发展水平和人类社会的发展状况。人们比较容易从物质产品本身分析其对人们物质精神需要的满足和对人们改造自然能力的反映，但不太容易把握具体的物质产品同人与社会发展水平的联系。不太容易把握并不意味着没有联系，要发掘这种联系就需要一定的相关知识。例如，考古发现古代墓葬群，专家就能从陪葬物品的档次和多寡、墓群结构、遗骨的物理特征分析墓主人生活的时代和社会发展水平。同样，我们可以从紫禁城的建筑格局了解明清两代高度专制的政治制度。进入 21 世纪,人们可以从简单的生活用品了解社会发展状况和人的发展水平。例如,从饮食内容和方法就可以了解人们所处的社会文明程度,从衣着和家具摆设就能看出人的物质精神生活水平。

精神文化是狭义的文化,也是人们广泛使用的文化。精神文化包含哲学、宗教、艺术、道德和政治法律思想等。对此,人们比较熟悉和认可。笔者认为,与物质文化一样,精神文化也包含三个层次的含义。首先,精神文化包含人们的价值追求。与物质文化不同,精神文化是针对人们精神的需求而言的,是人们精神层面的价值追求。孔子讲:"今之孝者,是谓能养。至于犬马,皆能有养;不敬,何以别乎?"(《论语·为政》)这是孔子对子游问孝的回答。孔子指出,现在人们所说的孝就是指养活父母。但是狗和马也都有人饲养,如果对父母不恭敬顺从,那与饲养狗和马有什么区别呢?人与犬马相同的地方在于都要吃东西,但所吃的东西和吃东西的方式有别。这种差别不仅存在于人与动物之间,也存在于人与人之间。同样都是吃饭,但有骨气的人"不食嗟来之食"。这反映了人的精神需求与物质需求并不是截然分离的,人们不是在满足物质需求之后才追求精神生活的。与希望满足人的生理需要一样,人们也希望满足自己的精神需要,后者就表现为精神文化。人们的精神需求不同,因此,价值追求也不一样,这就促成了精神文化内容的多样化。例如,有的人追求神圣的宗教体验,有的人追求深奥的哲学思辨,有的人追求高雅的艺术享受,等等。其次,精神文化包含人们的认识能力和价值评价水平。如前所述,人的活动包括三个部分:认识活动、评价活动和实践活动。其中,认识活动和评价活动是人类精神活动的重要体现。认识活动广泛存在于评价活动和实践活动之中,因此,物质文化和精神文化都包含认识成分。人类认识活动的集大成者就是不断更新的科学理论体系,这里的科学理论体系不仅包括自然科学理论体系,还包括社会科学理论体系。虽然科学理论体系不是影响每一个人价值评价和实践的重要因素,但它是推动社会发展的重要因素。除认识活动之外,价值评价是精神文化得以产生的重要因素。不管是哲学追求的通、科学追求的真、道德追求的善、宗教追求的圣、艺术追求的美,还是政治活动追求的公平正义,都是人们的价值追求,体现了人们对客观事物的价值评价。最后,精神文化包含对人与社会发展的认识和期望。人类社会在发展，人类的精神文化也在进步。不断发展的精神文化不仅包含满足人们日益增长的精神生活需求的内容，还包含促进人与社会发展的成分。儒家追求大道之行、天下为公的大同世界，佛教追求人人觉悟的极乐世界，道家追求潇洒自然的自由境界，马克思主义追求人的自由全面发展和全人类的解放。先不管各家各派价值追求的异同，单就关照人与社会的发展而言，宗教、哲学和作为科学理论的马克思主义都有一致的地方。可以说，不关心人与社会发展前途的文化是短视的文化，不确立人与社会发展目标的文化是缺乏吸引力的文化。就人类的精神文化而言，关于人与社会发展的内容始终占据重要地位。

（二）文化内容的结构

文化是一个笼统的概念，囊括了极为丰富的内容。这些内容不是杂乱无章地堆积在一起，而是具有一定的内在结构。或许有人会问，如何证明文化具有内在结构？笔者认为，有些文化内容存在并列的关系，例如，音乐、舞蹈、美术、武术、书法、绘画等。有些文化内容存在层次高低之分，例如，衣服颜色的选择和款式的搭配与人们的审美不是同一个层次的文化内容，显然，审美支撑着衣服颜色和款式的选取。同样，人们的道德观念影响着具体的行为活动，而宗教信仰或哲学思想是影响道德观念的重要原因。此外，纷繁复杂的现实生活呈现出一定的秩序性，这种秩序性就是文化具有内在结构的现实表现。反过来说，如果文化没有内在结构，人们的思想观念会混乱不清，人们的行为举止会失序失范，社会组织无法建立，人的生存难以保障，更谈不上发展。综合正反两方面的论证，我们可以得出文化具有内在结构。有学者指出，文化的结构可以分为外层、中层和内层。外层是物质文化，中层为心理结构，内层为文化内核。❶ 这种观点具有一定的参考价值，但是，没有解释物质文化为何处于外层，对作为内层的文化内核是什么也没有讲清楚。这就需要进一步探究文化的内在结构。前文将价值体系的内在结构比喻为金字塔和原子核。与之类似，文化的内在结构也可以用金字塔模型和原子核模型来描述。

---

❶ 王玉樑. 价值与文化 [J]. 中州学刊, 1989 (3): 71-72.

从某种意义上来说，文化具有与金字塔相类似的内在结构。金字塔具有底层宽大、顶部窄小的特点。从不同的角度来看，金字塔模型内在结构的意义也就不一样。如果把底层视为最基本的文化内容，那么越往上层，文化内容的层次和品位越高。例如，处于最底层的是人们在满足生理需求的过程中创造的文化，处于中间层次的是人们在从事人际交往时产生的文化，再上层是人们满足精神需要而创造的文化，处于最上层的是宗教、哲学、科学理论等精神文化内容。在这一金字塔模型的文化结构中，物质文化居于基础地位，而精神文化处于上层地位。这不仅反映了人类物质需求比精神需求更为基本，同时也说明了物质生产对精神文化的决定性影响。这种金字塔模型结构虽然能在一定程度上反映文化的内在结构，但还存在以下三个方面的问题：一是物质文化虽然是人们在改造客观世界以满足物质需求的过程中产生的，但包含着人们在审美、道德、科学甚至宗教方面的价值追求与思考。由此可见，物质文化与精神文化在某些方面紧密联系在一起，人为割裂两者的关系就会背离社会现实。二是很多时候人们并不是在满足物质需求之后才追求人际交往和精神生活的，相反，物质精神需求与人际交往需求是相互交融在一起的。例如，科学家的现实生活与科学研究并不是完全分离的，相反，很多科学家是在现实生活当中开展科学研究的。三是物质文化的形成离不开精神文化特别是哲学、科学甚至宗教的影响。例如，马克斯·韦伯就在《新教伦理与资本主义精神》一书中分析了文化和宗教因素对资本主义形成与发展的重要影响。既然这种金字塔模型不能很好地表现文化的内在结构，那么，我们可以看看另外一种金字塔模型。

第二种金字塔模型的底层是人们的思想观念、价值追求，上一层是人们的生产方式和产品的分配方式，再上一次是社会组织制度，顶层是物质化的文化，包括物质文化和有物质载体的精神文化。相比于第一种金字塔模型从人的物质精神需求的层次来揭示文化内容的内在结构，第二种金字塔模型由内到外揭示文化内容的衍生关系。如前所述，人的物质精神需求是推动认识活动、评价活动和实践活动的根本动力，也是这些活动为之服务的根本目的。而对物质精神需求及其满足途径的认识是人类实践活动的基础，正因为如此，人们的思想观念和价值追求被置于最底层。物质精神需求能否满足，关键看社会生产能力和产品的分配方式。因此，后者就被视为第二层次。社会生产能力和产品分配方式不是个体所能决定的，需要人们结成一定的社会组织。而社会组织的形成和运转需要制度作为保障，社会制度、政治制度、经济制度、文化制度是第三层次的文化。前面三个层次的文化内容要被人们认识，就必须借助一定的物质载体。例如，思想观念和价值追求要体现在书籍、文字、声音、图像当中；社会生产水平要体现在产品的制造效率和科技含量上，产品分配方式要体现在人们对物质和精神财富的占有上。社会组织的各方面制度既可以通过文字表现出来，也可以通过人们的行为举止体现出来。总之，没有一定的物质载体，文化就无法存在。从狭义角度来看，位于顶层的文化实际上就是物质文化，或体现在物质当中的文化。

第二种金字塔模型虽然能较好地表达物质文化和精神文化由内而外的形成过程，但也存在如下问题。一是颠倒了社会存在与社会意识的关系。马克思主义认为，社会存在决定社会意识。而第二种金字塔模型突出思想观念和价值追求对社会生产能力以及产品分配方式的决定性影响。实际上，这是违背历史发展规律的。因为人们的理想和愿望再美好，也无法超越社会生产力水平而直接促进社会发展。但是，从心理学的角度来看，社会生产方式的形成离不开人们的思想观念和价值追求。因此，对第二种金字塔模型还需要做出特别的说明，即这是从文化生成的角度分析文化的内在结构。二是将社会生产力水平、产品的分配方式、社会制度之间的关系割裂开了。实际上，社会生产和产品分配是发生在由一定制度作为保障的社会当中的。而且，社会组织中的经济制度、政治制度从本质上来讲，就是对社会生产和产品分配的制度规定。当然，把两者区分开来，有助于突出社会生产能力和产品分配方式在文化当中的重要位置。三是割裂了不同层级之间的相互作用。位于底层的文化可以影响上层的文化，上层的文化也可以反过来影响下层文化。例如，社会生产能力和产品分配方式对人们思想观念和价值追求具有决定性影响，社会组织的各种制度影响社会生产能力和产品分配方式。这种影响不仅发生在相邻的层级之间，而且可以发生在相隔的层级之间。例如，社会组织的各种制度能够对人们的思想观念和价值追求产生影响。依附于物质载体的文化可以对社会生产能力和人们的思想观念产生影响。依附于物质载体的文化虽然是文化，但是，它是僵死的文化。只有被人们认识并接受，僵死的文化才能复活过来并成为活生生的文化。尽管第一种和第二种金字塔模型存在这样或那样的缺陷，但从不同角度诠释了文化的内在结构，有助于人们全面准确地把握文化的内在结构。

除金字塔模型外，还可以用原子结构模型来描述文化的内在结构。原子结构包括位于原子中心的原子核和原子核周围的电子。与原子结构类似，文化的内核就是宗教、哲学、道德、艺术等思想观念。处于内核外部的是人们的言行举止和体现在物质产品中的人的思想与价值。换句话说，文化的内核就是人类的深层思想观念，内核之外的部分就是深层思想观念的外化。那么，深层思想观念是什么？它如何影响人们的行为举止和生产活动？与文化一样，我们也可以把人们的思想观念比喻为一个原子，处于中心地位的是深层观念，它包括人们对自己和世界的根本认识，囊括人们对真善美的基本态度，涵盖人们对自身需求和人类发展的基本价值追求。虽然宗教是思想观念的代表，但不是所有的宗教思想都是深层观念。只有一种宗教区别于其他宗教的本质内容才是信仰该宗教的人们的深层思想观念。深层思想观念是人们坚持和尊崇的根本原则与价值标准，它们通过浅层的思想观念和人们的行为举止表现出来。或许有人会说，汽车是现代工业的集中体现，但是，我们无法从汽车的外形和结构发现人们的深层思想观念。那么，汽车、飞机、火箭等现代产品与深层思想观念之间有什么样的内在联系？笔者认为，汽车集中反映了社会生产力发展的水平，但社会生产力的发展离不开人们认识能力和价值评价能力的反作用。试想，如果没有关于汽车是什么以及如何制造汽车的知识，人们还能造出汽车吗？汽车是复杂的人造产品，没有人们长期的知识积累和对更方便更舒适生活的价值追求，越来越先进的汽车将是无法想象的东西。当然，深层思想观念与人际交往、生产实践活动之间的关联是非常复杂的。此外，这种关联还包括一系列中间环节。深层思想观念通过中间环节，最后对人们的行为举止和生产活动产生影响。例如，对于善的本质和衡量标准的认识属于深层思想观念，这种深层思想观念通过人们普遍接受的社会公德、职业道德、家庭美德和个人私德以及对具体道德活动的认识来影响人们的言行举止。此外，人们还会就衡量深层思想观念和浅层思想观念的标准提出疑问。的确，文化是一种非常复杂的人类现象，包含的内容极为丰富，要用一个简单模型准确刻画文化的内在结构几乎不可能。即便如此，我们也可以在一定程度上揭示文化的内在结构。运用原子结构模型描述文化的内在结构可以较好地解释多元文化交融过程中发生的一些社会现象。例如，在一些移民国家，不同地区和民族的移民生活在一起，经过长期融合，虽然人们的言行举止近乎一致，生活方式基本相似，但各自民族的一些深层思想观念会始终被坚守。在美国，欧洲裔、非洲裔、亚裔、拉美裔在思想观念方面的区别始终存在。即便是核心思想观念相似的东亚移民，例如，中国移民、日本移民、韩国移民和越南移民之间仍然存在细微的差别。不可否认，运用原子结构模型揭示文化的内在结构仍然存在明显缺陷，其中，最为突出的问题就是它割裂了文化各部分之间的内在关联，把文化视为一个具有静态稳定结构的客观存在。实际上，人类社会在不断发展，人类创造的文化也处于发展之中。因此，文化是有生命力的。文化的发展就是在继承传统的基础上不断创新，尽管如此，文化的内在结构也具有较强的稳定性。对于某一文化来说，其深层和浅层思想观念及具象的文化内容可能发生改变，但深层思想观念、浅层思想观念、具象文化内容三者之间的内在关联不会改变。正因为如此，原子结构模型依然能揭示处于动态发展过程中的文化内在结构。

如上所述，金字塔模型和原子结构模型从不同维度揭示了文化的内在结构，同时，又存在许多不足和缺陷。那么，能不能以及如何有效地揭示文化的内在结构？笔者认为，揭示文化的内在结构是一件极其复杂而艰巨的工作。这是因为文化的内在结构具有多维性，从不同角度来看，文化的内在结构就不一样。因此，没有绝对固定的文化内在结构，绝对准确的揭示也不存在。人们能够做的就是从某一角度出发，尽可能准确描述文化的内在结构。可见，上述金字塔结构模型和原子结构模型只是笔者揭示文化内在结构的两个具体模型。对文化内在结构的两种揭示不存在孰好孰坏的问题，只有准确不准确、有效无效的问题。除了笔者给出的模型，读者完全可以从其他角度提出新的模型来诠释文化的内在结构。需要指出的是，不管如何诠释，文化具有内在结构是不容否认的事实，而且文化的内在结构包含深层次的内核，它就是各自文化的价值观。

三、价值观是文化的核心

在文化的诸多内容当中，之所以关注价值观是基于以下三点理由：一是价值观在文化中的地位。如前所述，在文化的内在结构中，价值观居于核心地位。那么，为什么说价值观是文化的核心？价值观的核心地位体现在什么地方？对这些问题的回答是下面第一部分内容要完成的任务。二是价值观发挥的重要作用。我们讲要树立正确的世界观、人生观和价值观，其实，世界观是要为价值观服务的，而人生观深受价值观的影响。因此，价值观处于"三观"的核心位置。那么，价值观到底发挥什么样的重要作用？这是第二部分要解决的问题。三是多元价值观融合是不同文化共生互补的根本前提。在民族或国家交往不太频繁的地区，不同文化之间的相互作用就不会太剧烈。但是，在世界日益成为地球村和网络技术日益发达的今天，多元文化之间的相互作用普遍存在。多元文化的共生互补既符合不同民族或国家的根本利益，也有利于地区乃至世界的和平与发展。多元文化的共生互补依赖于多元价值观的共生互补。那么，不同的价值观如何共生互补？这是第三部分要回答的问题。

（一）价值观在文化中的地位

上文在分析文化的内在结构时，指出文化结构具有内核。而文化内核就是文化诸多内容中最深层次的部分。袁贵仁指出："文化的最深层次是价值观。一切文化的不同，最根本的是价值观的不同。"[1] 在强调价值观重要性的时候，他甚至把文化等同于价值观。当然，这里所说的文化不是广义的文化，也不是作为狭义文化的精神文化，而是深层次的观念文化。在日常生活中，很容易发现不同文化背景下的人们其行为举止存在差异。那么，人们的行为举止为什么会出现差异？原因在于人们的价值判断不同，而价值判断的不同取决于价值观的不同。例如，虔诚的佛教徒不会饮酒食肉。当然，之所以不会饮酒食肉不是因为不喜欢，而是因为饮酒食肉违背了佛教戒律。那么，佛教为什么会禁止信徒饮酒食肉呢？原因在于饮酒之后就会妄语，而消除妄语是信徒修行的一个重要目的。食肉的前提就是容许人们杀生，而杀生就会种下恶因，恶因会导致恶果，恶果就会导致信徒无法实现涅槃解脱。可见，禁止信徒饮酒食肉的最终原因是佛教独特的价值观。就国与国之间的竞争而言，最早的时候比军事力量，谁的武力强大，谁就能称霸。进入工业文明，国与

---

[1] 袁贵仁. 关于价值与文化问题 [J]. 河北学刊, 2005 (1): 5-10.

国之间的竞争取决于包含军事实力、经济实力在内的综合实力。这是因为军事实力更多地依靠战争物资的供应能力。随着科学技术的快速发展，国与国之间的竞争主要看科技创新能力和文化软实力。而文化软实力的较量最终体现为价值观的较量。当然，价值观的重要性并不等于价值观的核心地位。下面，还需要对价值观在文化中的核心地位做出说明。

至于为什么说价值观是文化的核心，笔者试图从以下三个角度进行分析。一是哲学角度。如前所述，文化是人化的自然，是人的类本质的对象化。需要说明的是，尽管文化离不开物质，但文化不是物质，物质也不是文化。人们开山修路不是文化活动，但修出来的路依附着文化内容。同样，普通汽车不是文化产品，但蕴含着文化内容。那么，人化自然中什么东西是文化？人的什么样的类本质对象化就成为文化？这两个问题的答案与人的物质精神需求密切相关。人类之所以要认识世界和改造世界就是为了满足自己的需要，而对满足什么、如何满足的回答就需要人们进行价值评价，而影响价值评价过程和结果的根本因素是价值观。此外，文化是人类智力活动的产物。而智力活动的开展和目的无不受人们价值观的影响，甚至可以说，有什么样的价值观，就会有什么样的智力活动。当然，这里的智力活动不只是纯粹的理性认识和价值评价活动，还包括实践活动中的理性思维活动。二是历史角度。文化是在历史发展过程中形成的，也是在历史发展过程中不断变化的。有的文化湮灭在历史的长河中，有的文化在借鉴吸收其他文化的过程中发展壮大。那么，有些文化为什么能生存并发展壮大？展望未来，多元文化之间的交流、交锋、交融会更加突出，文化的淘汰速度进一步加快。那么，什么样的文化将脱颖而出？笔者认为，在前现代社会，文化的生存和发展取决于诸多因素，先进的文化并不必然生存下来。但是，在核武时代，文化之间的较量更多地取决于文化自身的先进与否。那么，如何衡量文化的先进与落后？笔者认为，先进与否既有外在表现，也有内在根源。但归根结底，文化的先进与否取决于价值观的先进与否。当然，这里的价值观不局限于伦理道德领域，而是涵盖人类认识活动、评价活动和实践活动的广义价值观。三是现实角度。文化不是僵死的历史遗迹和冰冷的器物，而是体现在人们思想观念、行为举止和生产实践活动当中的活的东西。文化要发挥作用，首先要被人们接受。但是，人不能自外于文化。人是文化熏陶的产物，文化通过人们的思想观念和言行举止发挥作用。从这一层意义上来说，人是文化的动物。在现实生活当中，理性人的思维活动和行为活动必然受到文化的影响。同样，一个民族或国家的集体意识和行为也受到文化的影响。由于文化的内容非常丰富，文化对人、社会、民族或国家的影响也就非常复杂。可以肯定的是，价值观的影响最为深刻。这是因为人们的思维活动和实践活动深受价值需要和追求的影响，而价值需要和追求取决于人们对价值本质、价值目标、价值评价活动过程的理解，而后者就是价值观。或许有人会问，价值观是否也取决于其他更为根本的文化内容？在笔者看来，价值观的形成原因多种多样，既有社会环境的影响，也有家庭教育的影响，还有个体成长经历和理性思维的影响。但是，在文化内部，没有一个更为基础的内容可以作为价值观产生的根本原因。因此，如果要从文化的角度追溯人们思想观念特别是行为举止产生的原因，那么，价值观就是最终原因。或许有人会拿出世界观和人生观来否定笔者的论断，但是，笔者在前文已经对世界观、人生观和价值观之间的关系做出说明。因此，批评者的做法不会对笔者的论断产生严重威胁。

价值观在文化中的核心地位与价值观核心地位的具体表现是一个硬币的两面，回答价值观为什么是文化的核心实际上就是分析价值观核心地位的具体表现。当然，这并不是说回答价值观为什么是文化的核心之后，就没有必要再分析价值观核心地位的具体表现了。实际上我们可以从不同维度揭示价值观的核心地位。下面，笔者尝试分析价值观对文化其他内容的影响。从广义来说，文化包括物质文化和精神文化。从狭义来说，文化就是单纯的精神文化。而精神文化包括宗教、哲学、艺术、科学理论、政治法律思想等。在这里，价值观虽然没有被明确纳入文化之中，但实际上渗透在文化的各个部分当中。具体来说，物质文化是人类改造客观世界的产物，而改造什么、如何改造、改造为了什么无不受价值观的深刻影响。例如，不管是架桥修路还是制造产品，都是为了满足人们的物质精神需要。人们不可能在没有人烟的地方修一条宽阔的高速公路，也不可能在大沙漠中开发高档楼盘。人的物质需求和精神需求并不是截然分离的，不是任何时候先满足物质需求之后才满足精神需求的。例如，现在人们选择交通工具除了能到达目的地之外，还关心旅途的舒适与否。正是因为要满足人们不断提高的物质文化需要，人们不断改进生产工具和技术，制造更为方便舒适廉价的产品。在这一过程中，人们也创造了辉煌的物质文化。相比之下，精神文化受价值观的影响一点也不比物质文化弱。可以说，整个精神文化都包含着价值观念，都渗透着价值观。❶ 伦理道德观念是价值观在应对人际关系时的具体表现。宗教信仰的核心就是宗教价值观，开展宗教活动和宗教仪式的目的就是引导信徒树立宗教观。政治法律思想的核心主旨是维护社会的公平正义，保障社会和谐稳定。但什么是公平正义，如何维护社会的公平公正，如何实现社会的和谐稳定，对这些问题的回答都受人们价值观的影响。对公平正义的理解不同、需要不同，形成的政治法律思想就不一样。艺术是在满足人们对美的需求的过程中创造出来的，因此，它深受价值观的影响。人们对美的理解不同，艺术的内容和形式也就不一样。这一点在美的发展历程当中表现得非常明显。相对而言，哲学、科学理论与价值观的联系比较松散。但这并不意味着它们不受价值观的影响。实际上，哲学家关注什么样的问题以及如何解决这些问题深受价值观的影响。例如，当代道德哲学家试图解答的意志自由问题、堕胎问题、科技伦理问题都是人们普遍关注的问题。而人们的普遍关注就是价值观发挥作用的具体表现。就堕胎问题而言，拥有不同价值观的人们态度也不一样。相比较而言，受传统文化影响较深的中国人并不反对堕胎，而深受基督教文化影响的美国人对其则非常敏感。这也从一个侧面反映了价值观对哲学研究的影响。同样，科学理论也是科学家在追求真理的驱使下提出来的。虽然许多科学理论并没有直接的现实功用，但就满足人们对世界的认知需求而言，也是具有价值效用的。因此，物质文化和精神文化都受到价值观或深或浅、或直接或间接的影响，而这也就是价值观在文化结构中核心地位的重要体现。

（二）价值观的作用

价值观是文化的核心，也是人们思想观念的核心。价值观的作用要通过人们的言行举止表现出来。人不是单独的个体存在，必须依附于社会，成为社会、民族和国家的一员。因此，价值观通过人的言行举止对社会、民族和国家产生影响。人的需求是多方面的，这就决定了社会生活的丰富性。对照中国特色社会主义建设总体布局，社会生活也就包括政治、经济、文化、社

---

❶ 王玉樑. 价值与文化［J］. 中州学刊，1989（3）：71-72.

第三章 价值、评价以及价值观与文化的关系

会和生态文明等方面的内容。价值观对社会的影响也就表现为对政治建设、经济建设、文化建设、社会建设和生态文明建设的影响。下面,笔者试图从两个维度诠释价值观的重要作用。

一是价值观对人、社会、民族和国家的重要作用。由于价值观是文化的核心,因此,价值观的作用可以在某种程度上等同于文化的作用。相对于内容凌乱宽泛的文化,价值观的作用更为集中和突出。对个体而言,价值观是决定思想观念和言行举止的根本因素。价值观先进与否,对人的影响非常大。例如,同样是学习计算机技术的大学生,大部分学生能够利用所学的知识和技术造福人类,但也存在个别学生利用所学知识和技术从事违法乱纪的活动。那么,是什么东西造成学生截然相反的行为?显然不是所学的知识和技术,而是学生拥有的价值观。人的需求不同,成长的环境也不一样,接受的教育存在差别,这些都会影响价值观的形成和内容。因此,每个人的价值观都不完全相同。相对来说,同一民族或文化背景下的人们拥有大致相同的价值观。对民族和国家而言,大致相同的价值观就表现为民族成员或国家公民具有相同或相似的生活方式、伦理道德、行为模式和风俗习惯。价值观相同或相似的人们彼此会感到亲切,也很容易加深理解和相互交往。[1] 反之,不同的价值观会阻碍人们的相互理解和交往。对社会、民族和国家来说,价值观的重要作用体现在以下三个方面:首先,价值观是规范人们行为举止的重要工具。不管是社会组织还是民族和国家,它们的存在依赖于人们在一定领域具有基本一致的价值观。试想,如果人们的价值观各不相同,社会组织如何能建立起来,民族和国家如何形成。相同或相似的价值观可以确保处于一定社会组织当中的人们具有相同或相似的行为举止。其次,价值观是维护社会组织、民族和国家稳定的黏合剂。人们行为举止方面的一致依赖于思想观念的一致,而思想观念的一致依赖于价值观的一致。拥有相同或相似的价值观不仅是社会组织、民族和国家产生的原因,而且是它们保持稳定性和生命力的重要前提。这也就是企事业单位和各级政府加强文化建设的原因。相反,价值观的过分差异化必将危害社会组织、民族和国家的团结稳定。20世纪末的苏联解体和东欧剧变就是明证。最后,价值观是推动社会组织、民族和国家发展的

---

[1] 王玉樑. 价值与文化 [J]. 中州学刊, 1989 (3): 71-72.

重要动力。社会组织、民族和国家是有机体,不仅存在生存的问题,还面临着发展的问题。具有相同或相似的价值观不仅是它们得以产生的重要条件,而且是引导它们发展的重要动力。当然,价值观要促进社会组织、民族和国家发展,必须要具有先进的内容。例如,社会主义核心价值观是先进的价值观,是维护社会和谐稳定的重要手段,也是建设社会主义现代化强国和实现中华民族伟大复兴的重要动力。习近平在十九大报告中指出:"人民有信仰,国家有力量,民族有希望。"❶ 而要让人民有信仰,就需要积极培育和践行社会主义核心价值观,这也是价值观重要作用的生动体现。

  人类满足自身物质精神需求的活动在社会层面就表现为推动政治、经济、文化、社会和生态文明建设。价值观对人类行为活动的影响也就表现为对社会各方面建设的引领。人是社会的动物,也是政治的动物。因此,保障人的政治权利和合理的物质精神需要是社会政治建设的重要目的。也许在一个封闭的社会,人们在政治权利遭到侵害的情况下社会还能保持高压下的稳定,但在各方面交往日益频繁和人们行使政治权利能力不断提高的今天,持续的政治高压和政治迫害已经成为极个别现象。当然,保持社会的政治稳定是一回事,推动政治发展以更好地保障人们的政治权利是另一回事。但不管哪一种行为,都受价值观的引导。特别是人们对更高水平的民主、自由、法治等的追求是推动政治建设的重要动力。政治问题与经济问题始终联系在一起。在现代社会,保障经济持续平稳发展、增加社会就业、完善经济制度和体制,始终是各国政府追求的目标。由于国情和发展层次不同,人们对"持续发展""平稳发展""如何增加就业""什么是完善的经济制度和体制"等的理解不同。不同的理解根源于不同的价值观。在各自价值观的引领下,各国政府制定推动经济发展的政策。此外,经济建设涉及发展动力的转换、产业结构的优化、发展方式的转变、发展目标的完善等重要工作。而这些工作的推进需要关于经济发展的价值观作为指引。相比于政治建设和经济建设,文化建设受价值观的引领就更加明显。当今世界,人们可以穿基本相同的衣服、吃一样的麦当劳和肯德基、开一样的汽车,但是,对文化产品的需求可能很不一

---

❶ 习近平. 决胜全面建成小康社会 夺取新时代中国特色社会主义伟大胜利 [J]. 求是, 2017 (21): 3-28.

样。需求差异性产生的原因很多，其中，最重要的原因就是价值观不一样。例如，在中国，人们依然喜欢生活在熟人环境当中，家庭和谐仍然是重要的价值追求。然而，美国人更关注自己的独立生活和私人空间。正是因为存在这样的价值观差异，我国的文化建设更加强调代际的关爱。可见，任何一个国家的文化建设都是在自己价值观的引领下进行的。社会建设和生态文明建设亦是如此。人的生存和发展离不开社会和生态环境。但是，人们需要什么样的社会环境和生态环境以及如何建设人们期望的社会和生态环境，不仅是需要认真研究和科学回答的问题，而且是关系人自身生存和发展的根本问题。毫无疑问，人们需要和谐、稳定、友善、文明的社会环境，需要天蓝地绿山清水秀的生态环境。但是，什么是和谐、稳定、友善和文明，如何衡量和谐、稳定、友善、文明，这些都是关涉价值观的问题。从字面来看，天蓝、地绿、山青这些词没有价值色彩，但是，在生态文明建设当中，天蓝地绿山清水秀就包含了人们的价值追求。总之，政治、经济、文化、社会和生态文明建设是人们在价值观引导下开展的行为活动。相对于价值观对人们行为活动的抽象引领，价值观对政治、经济、文化、社会和生态文明建设的引领更为具体。因为在不同领域，价值观的具体内容也不一样。但就发挥引领作用而言，价值观对各领域的建设都是一样的。

（三）多元价值观融合是不同文化共生互补的根本前提

只要有人与人的交往，就有文化之间的交流。而文化之间的交流既可以表现为个人思想观念和价值追求之间的交流，也可以表现为不同民族、国家文化之间的交往与互动。当然，后者要通过许许多多的人的言行举止表现出来。文化交流自人类诞生以来就一直发生着，只不过交往的范围、层次和水平不同而已。近代以来特别是信息技术革命爆发之后，人们的交往越来越密切，国与国之间的联系越来越深入，世界逐渐成为一个人类命运共同体。物质利益的交互渗透和捆绑必然要求人们在文化层面加深理解，因为只有形成和谐共生的文化关系，才能保障世界的和平与发展，才能保障人们的物质利益最大化。和平与发展是当今世界的主题，也是人们美好的价值期许。在绝大多数地区和国家，和平已经成为现实，发展成为主要任务。但是，还有一些地区和国家仍然爆发或潜在爆发战争。战争的根源是什么？人们可以找出诸多理由，但文化冲突是重要原因，而文化冲突的实质是价值观冲突。那么，如何从根本上解决民族或国家之间的冲突呢？最根本的途径是促进多元文化的良性互动，通过价值观融合实现多元文化的共生互补。当然，要实现全世界不同文化的共生互补是一件长期而艰巨的复杂工作。而且，文化的共生互补不是最终结果，而是动态过程。类似人类认识活动是一个螺旋上升的发展过程，文化共生互补的实现也是一个曲折前进和螺旋上升的过程。笔者试图从以下三个层面对价值观在文化交流中的重要作用进行说明。

一是价值观交流是最深层次的文化交流。按照文化的组成成分，可以把文化交流划分为四个层次。第一个层次是物质文化层面的交流。通常，文化交流是伴随着物质交流活动而发生的，物质文化的交流尤其如此。在各种类型的交往当中，物质交流最简单，也最容易发生。由于自然资源的占有不同和生产分工的差别，人们的物质生活需要依靠产品交换来保障。这就是人们开展物质交流的根本原因。不管是交换得来的产品或购买的商品，都要满足人们的物质需求。与此同时，产品设计的思路、生产的工艺、品牌承载的价值都是物质文化的具体体现。人们在使用产品或商品来满足自身物质需求的同时，也会感受到物质文化的影响。这一点在奢侈品消费方面表现得尤为突出。例如，当消费者在选购保时捷汽车的时候，不仅会考虑保时捷汽车对自己交通需求的满足情况，还会考虑保时捷品牌承载的价值。需要说明的是，与其他层次的文化交流一样，物质文化交往需要交往主体具备一定的知识基础。一个对汽车毫不感兴趣且不具备相关知识的人，不会关心汽车承载的文化内涵。对他而言，汽车仅仅是一种交通工具，只有快慢、舒适与否以及好看与否等问题。第二个层次是制度体制层面的交往。器物层面的交往会引起人们对产品生产方式差异性的关注，而对生产差异性的关注通常会进一步上升为对制度体制差异性的关注。这一点可以从中国近代以来对外开放的历程中清晰地看出来。同样一种产品，为什么品质和售价不一样？简单来说是生产水平和方式不同，而深层次的原因是生产者的组织行为和生产活动不一样，后者集中体现为各种规章制度的不同。为了在激烈的竞争中取胜，人们就会选择先进的企业组织制度和管理体制，进一步要求建立先进的政治制度和体制来保障经济活动的正常有序开展。这就是制度体制层面的交流。相比于物质文化层面的交流，制度体制层面的交流就艰难得多，因为后者涉及思想观念层面和价值观层面的交流。第三个层次是思想观念层面的交流。相对于制度体制层面的交流，思想观念层面的交流更为深入一些。当然，这里的思想观念指的是系统的、深刻的理论体系或思想体系。简单的思想交流无时无刻不在发生，但深入的思想交流就艰难得多了。就拿中国近代以来的中西文化交流来说，真正学贯中西，搭建文化交流渠道的人并不多。从最初了解西方文化的点滴到系统掌握西方文化的基本内容，需要花费巨大的心血和精力。对一个人来说是如此，对中华民族来说亦是如此。正是因为深刻而系统，思想观念层面的交流就成为深层次的文化交流。第四个层次是价值观层面的交流。广义的思想观念包含价值观，狭义的思想观念就是对事实或事态的表述。两者的区别在于价值观与人们的价值需求紧密相关，而狭义的思想观念只是对事物或事态是什么的回答。关于是什么的问题，不同文化背景当中的人能够达成基本一致的认识。例如，人们可以普遍接受物理学、化学、生物学等科学知识。但是，人们的物质精神需求不同，特别是受不同文化的影响，人们的价值需求差别很大。这就导致价值观交流更为艰难和曲折。当然，这并不意味着价值观交流不能开展。实际上，当今世界的价值观交流也在深入而广泛地进行。而且，作为最深层次的文化交流，价值观交流成为经贸往来和人员交流的坚实基础。需要说明的是，文化交流的四个层面是联系在一起的，并没有特别明确的界限。但是，为了便于说明，笔者从内容和深度两个层面进行了划分。

二是多元文化冲突的实质就是价值观的冲突。价值观不同，文化交流的效果也不一样。价值观相同和相近的文化，交流起来就比较容易，交流的效果相对较好。例如，英国文化和美国文化相近，因此，两国文化交流起来就比较通畅。我国和新加坡都深受中华传统文化影响，两国的文化交往相对来说就比较频繁和深入。当然，也有例外发生。例如，乌克兰文化和俄罗斯文化相近，但近年来不断发生外交争端，两国关系陷入僵局。文化交流通常与政治往来、经贸活动联系在一起。受政治、贸易、军事等因素的影响，文化交流就变得复杂多样。相比于价值观相同或相近的文化，价值观不同甚至存在对抗的文化，交流起来就艰难得多。在极端情形下，文化交流就表现为文化对抗和文化冲突。例如，中东问题的现实表现是耶路撒冷的归属问题，实质上是巴勒斯坦人和以色列人关于历史与文化的认识存在冲突，进一步表现为价值观冲突。对应前面四个层次的文化交流，文化对抗也表现在物质文化、制度体制文化、思想观念和价值观等四个层面。但是，前三个层面的对抗不能称之为文化冲突。严格来说，也不存在物质文化层面的对抗。因为物质文化是物质产品负载的文化，这种文化的不同通常并不影响人们对物质产品的使用。例如，敌对双方并不会把缴获的战利品毁掉，而是抛开其负载的文化，利用战利品以满足自己的需要。不同的制度体制文化存在对抗的可能性，但是，要进一步演变为文化冲突，还需要价值观作为思想基础。狭义层面的思想观念可以发生对抗，甚至可以演变为冲突。但是，相互冲突的思想观念有一个共同的目标，这就是准确揭示事物或事态是什么。随着人类认识能力的提高，这种冲突通常能够迎刃而解。而且，狭义层面思想观念的冲突并不会引发人们大规模的武装冲突，除非受到政治经济利益的渗透和影响。价值观冲突是文化冲突的充分必要条件。具体来说，只要价值观相冲突，蕴含冲突价值观的文化就必然相互冲突，而文化冲突的实质就是价值观冲突。之所以如此，原因有两个方面：一方面，文化在交流过程中由敌视、对抗到冲突是一个不断深入的过程。只有当价值观发生冲突时，文化冲突才会爆发。试想，如果价值观相同或相近，单纯的文化交流会演变为文化冲突吗？显然，答案是否定的。这是因为价值观的相同或相近支撑着物质文化、制度体制文化和思想观念的相同或相近，而内容相同或相近的文化之间不可能发生严重的对抗和冲突。另一方面，文化冲突表现为人们的价值追求冲突，并进一步表现为价值观冲突。文化是要为人服务的，是要满足人的物质精神需要的。而满足人的需要就涉及价值评价，并进一步关涉价值观。不管是对一种文化的认同和接受，还是对一种文化的排斥和仇恨，都与人们的价值观联系起来。试想，对于一种早已消亡的文化，人们还会有爱与恨的情感付出吗？需要说明的是，现实当中的文化冲突有些是由人们的认识不够而导致的，有些是价值观冲突导致的。前者是虚假的或表面上的文化冲突，后者是真正意义上的文化冲突。

三是价值观融合是文化共生互补的根本前提。对不同民族和国家的人来说，坚持自己的文化和价值观是合情合理的事情。但是，对各自文化的坚持和捍卫必然蕴含着文化之间相互冲突的可能性。文化冲突很容易演变为经贸对抗和政治对立，在一定条件下甚至会演变为武装冲突。只要拥护相互冲突的文化的人存在，文化冲突就不会停止。武装冲突会造成大规模流血牺牲和物资消耗，而且，只会加深双方之间的仇恨和敌对。因此，武装冲突不是化解文化冲突的有效手段，相反，只会强化文化冲突。不论是对各个民族和国家的人来说，还是对全人类来说，文化冲突不是好事。因此，化解已经发生的文化冲突和预防潜在文化冲突的出现，是符合全人类根本利益的大事。那么，在多元文化交流交锋交融日益深入的今天，能不能避免以及如何避免文化冲突的发生呢？笔者认为，人不是机器，人有物质精神需求和理性思维能力。正是因为人有需求和理性思维能力，才导致各种敌视、对抗和冲突的发生。同时，解决这些敌视、对抗和冲突的根本手段还是人的需求和理性思维能力。笔者坚信，只要充分发挥人们的聪明才智，包括文化冲突在内的任何冲突都能得到化解。至于如何化解文化冲突，这是一个复杂的问题。这是因为文化冲突往往与政治经济利益纠缠在一起，文化冲突的化解需要协调各方面的关系，特别是政治交往和经济互动的紧密配合。单就文化冲突而言，解决策略包括以下四个方面。第一，提高人们的认识。文化冲突之所以发生，一个重要的原因是人们的认识水平不高和认识内容不同。在现代社会，认识水平越高的人之间爆发冲突的可能性越低。相反，知识层次较低的人之间更容易发生冲突。这一点可以从历史和现实当中找到非常丰富的佐证材料。提高人们的认识就需要提升人们的受教育程度，引导人们掌握科学理论知识，培育理性思维能力和批判性思维能力，增强人们对客观世界和自身的科学认识。只有认识到不同文化之间的异和同、优点和缺点以及不同文化之间共生互补的重要性，才能有效防范文化冲突的发生。第二，采取包容的态度。仅仅认识到文化的异和同、优点和缺点还不能解决文化冲突。这是因为人们对文化差异性的认识既可以导致文化冲突，也可以化解文化冲突。而要化解文化冲突，还需要人们对不同文化采取包容的态度。❶俗话讲，"一花独放不是春，百花齐放春满园"。试想，如果人类只有一种文化，那么，人们的精神生活将是何等惨淡。正是因为形态各异、形式多样、内容丰富的多元文化才造就了辉煌灿烂的人类文明。如果人们都能审视自己文化的缺点，欣赏其他文化的优点，那么，文化之间的敌视和对抗就会越来越少，文化之间的交融就

---

❶ 黄骏. 文化社会学视野中的文化与多元文化互动 [J]. 中南民族大学学报, 2008 (1): 168-172.

会越来越深入。第三，协商解决文化冲突。通过认识的提高和态度的转变来解决文化冲突是我们的美好愿望，但是，现实是具体的、复杂的，导致文化冲突的因素始终存在。因此，局部范围中文化冲突爆发的可能性始终存在。这就需要人们采取有效手段，合理解决文化冲突。笔者认为，谈判和协商是化解文化冲突的有效手段。冲突之所以会爆发，是因为人们在某些方面或领域出现了严重的分歧与矛盾。文化领域的分歧与矛盾需要采取文明的手段，否则，分歧和矛盾会愈演愈烈，文化冲突还会向其他领域蔓延。第四，价值观融合。价值观融合不是追求价值观同一，而是追求多元价值观的共生互补。在前面几个措施的基础上，价值观融合不仅具有可能性，而且具有现实必要性。只有在尊重人们不同价值追求的基础上推动多元价值观的相互融合，才能从根本上避免文化冲突，多元文化共生互补才能真正实现。

第四章 社会主义核心价值观与文化认同

前面从理论层面对文化、评价和价值做了分析,这为阐述社会主义核心价值观的丰富内涵和基本特征、社会主义核心价值观与中华文化的关系、社会主义核心价值观的认知认同与践行奠定了理论基础。2012年11月,党的十八大提出了社会主义核心价值观。在此之前,党的十六届六中全会提出了社会主义核心价值体系。那么,社会主义核心价值观与社会主义核心价值体系有什么关系?为什么在提出建设社会主义核心价值体系之后,还要提出积极培育和践行社会主义核心价值观?上文指出,价值观是文化的核心。那么,处于社会主义文化核心地位的社会主义核心价值观到底发挥什么样的作用?习近平在第二次中央新疆工作座谈会和第六次西藏工作座谈会上指出,要大力弘扬社会主义核心价值体系,积极培育和践行社会主义核心价值观,不断增强各族人民对"伟大祖国、中华民族、中华文化、中国共产党、中国特色社会主义的认同"❶。在新时代,中华文化就是以中国特色社会主义文化为主导的综合文化体系。在五个认同当中,对中华文化的认同居于重要地位。类似于文化自信在"四个自信"当中的地位,在"五个认同"当中,中华文化认同是更深厚、更基础、更广泛的认同,是更持久、更深沉、更基本的力量。积极培育和践行社会主义核心价值观,对增强各族群众的五个认同特别是中华文化认同有着重要作用。对不同地区、不同行业、不同领域的人们来说,社会主义核心价值观的培育和践行既有特殊性,也有一般性。在分析社会主义核心价值观培育和践行的具体做法之前,还需要对社会主义核心价值观与中华文化的关系做出说明。

---

❶ 依法治藏富民兴藏长期建藏 加快西藏全面建成小康社会步伐 [N]. 人民日报,2015-08-26 (001).

第一节　社会主义核心价值观是中国特色社会主义文化的核心

党的十八大提出社会主义核心价值观之后，全社会就掀起了学习宣传的高潮。为了深入推进社会主义核心价值观的培育和践行，习近平在不同场合对学生、青年代表、文艺工作者、全国先进工作者和劳动模范、各级领导干部等提出具体要求，表达殷切希望。毫无疑问，全国各族人民应该学习、培育和践行社会主义核心价值观。而且，绝大多数国人对社会主义核心价值观有或多或少、或深或浅的认识。但是，仅仅知道三个层面的十二个词是远远不够的。要引导广大群众深入有效地培育和践行社会主义核心价值观，还需要了解社会主义核心价值观的丰富内涵，明确社会主义核心价值观何以称为核心价值观，理解社会主义核心价值观与社会主义文化的内在关系。或许有人会说，普通老百姓只要知道社会主义核心价值观的内容和培育践行的方法就够了，并不需要过多的理论诠释。的确，许多人限于时间、精力和认识水平，无法对社会主义核心价值观进行深刻钻研。但这并不意味着懂得单纯的二十四个字或了解简单的图片解读就够了。与学习贯彻其他思想一样，社会主义核心价值观的培育和践行也需要晓之以理、动之以情、导之以行、勉之以恒。

一、社会主义核心价值观

"社会主义核心价值观"是一个偏正结构的词语，其中，"社会主义"和"核心"修饰"价值观"。"社会主义核心价值观"可以改为"社会主义的、核心的价值观"或"社会主义的核心价值观"。价值观不同于核心价值观，社会主义核心价值观有两个着重点，一是社会主义，二是核心。因此，社会主义核心价值观不是封建主义或资本主义的核心价值观，同时，它是核心价值观，不是其他一般价值观。这里有一个问题需要回答，即价值观有没有核心与非核心的划分？按照笔者对价值观的理解，价值观没有核心与否的问题。因为价值观是对价值本质和价值评价标准、原则、方法等内容的总的认识，

第四章　社会主义核心价值观与文化认同

不同的人有不一样的价值观。对一个人来说，价值观只有一个，不存在核心和非核心的区分。民族或国家是由众多的人集合而成的，因此，民族或国家的价值观就是众多价值观的最大公约数。这样的价值观也不存在核心与否的问题。那么，我们为什么要使用"社会主义核心价值观"这一概念呢？如果联系人们使用语言的习惯，就很好回答这个问题。在提出"社会主义核心价值观"之前，人们已经广泛使用"社会主义核心价值体系"。因此，"核心价值观"就与"核心价值体系"相对应。但是，这里的"观"并没有实际的语义，只是为了满足汉语表达对仗的需要。也就是说，"社会主义核心价值观"与"社会主义核心价值"的含义相同。为了与党中央的表述一致，笔者仍然使用"社会主义核心价值观"，尽管它表述的内容是社会主义核心价值理念。

（一）社会主义核心价值观的提出

人们的价值观不尽相同，这就导致人们对客观事物的价值追求不一样。不同的价值追求构成一个民族、国家或社会的价值体系。价值体系不是价值理念的简单堆积，而是具有严密内在逻辑的有机整体。其中，处于中心地位的价值理念就是核心价值理念。一个人有核心价值理念，同样，一个民族或国家也有自己的核心价值理念。只不过有些时候不是用核心价值来表示，例如，新加坡在综合不同民族核心价值理念的基础上提出了五大共同价值。[1] 在中华传统文化当中，儒家并没有使用核心价值的说法，但有现代意义上的核心价值主张。这就是仁义礼智信、温良恭俭让、忠孝勇恭廉。近代以来，西方国家提出了与核心价值相类似的所谓的普世价值。例如，法国大革命时期提出的"自由、平等、博爱"，美国提出的"自由、民主、人权"等。[2] 不管用什么词语来表达，核心价值有其存在的必要。对一个人来说，核心价值是他努力奋斗要实现的目标，也是做人做事的底线和原则。只不过前者是从价值追求的高位来说的，后者是从个人利益保障的低位而言的。试想，一个人如果没有核心价值，那么，他就没有明确而长期的奋斗目标，也没有需要坚决捍卫的底线。对一个民族或国家来说，核心价值就是这个民族或国家长期

---

[1] 黄骏. 文化社会学视野中的多元文化互动与社会变迁 [J]. 甘肃社会科学, 2009 (3): 66-69.
[2] 冯留建. 社会主义核心价值观培育的路径探析 [J]. 北京师范大学学报, 2013 (2): 13-18.

奋斗要实现的目标，也是需要坚决捍卫和维护的核心利益。与个体一样，没有核心价值的民族或国家不会是一个团结有力的民族或国家。事实上，每个人、民族和国家都有自己的核心价值，只不过核心价值有明确与否、系统与否、先进与否的问题。

虽然"社会主义核心价值观"概念的正式提出是在党的十八大，但早在十八大之前，学者们就开始凝炼社会主义核心价值观的内涵。然而，人们对社会主义核心价值观的理解分歧很大。社会主义核心价值观有"一般"和"具体"之分，所谓一般的社会主义核心价值观就是马克思主义的终极价值目标，即实现人的自由全面发展和全体人民共同富裕；所谓具体的社会主义核心价值观就是人们在社会主义社会不同发展阶段的核心价值主张，这些核心价值主张与不同阶段的奋斗目标相对应。社会主义核心价值观的"一般"不同于"具体"，但又要通过诸多"具体"才能成为现实层面的"一般"。❶ 就社会主义核心价值观的内涵而言，有学者把以人为本作为社会主义核心价值观的统领范畴，把民主法治、科学文明、公平正义、和谐共生作为基本范畴。有学者把自由、民主、互助、公正、改革和发展作为社会主义核心价值观的基本理念。有学者指出，社会主义核心价值观培育和践行的主体是包含港澳台同胞在内的全体国民，因此，社会主义核心价值观不能泛政治化。有学者认为，我国处于并将长期处于社会主义初级阶段，社会主义核心价值观不应该片面追求抽象的终极价值，而应该囊括现代基本价值理念。❷ 此外，学术界还在社会主义核心价值观是普世的还是社会主义的、当下的还是长远的、中国的还是世界的、传统的还是现代的等问题上存在分歧。❸ 需要说明的是，社会主义核心价值观的提炼不仅是一个学术问题，更是一个需要尽快解决的现实问题。学术界的研究成果为人们深入理解社会主义核心价值观的含义和内容提供了重要参考，在此基础上，我党集中各方面意见和建议，在十八大报告中将社会主义核心价值观表述为三个层面十二个方面，这就是国家层面的富强、民主、文明、和谐，社会层面的自由、平等、公正、法治，个人层面的爱国、敬

---

❶ 方爱东. 社会主义核心价值观论纲 [J]. 马克思主义研究，2010（12）：127-135.
❷ 王久高. 社会主义核心价值观的生成与内涵 [J]. 中国特色社会主义研究，2014（4）：69-73.
❸ 温静，王树荫. 弘扬民族精神以培育社会主义核心价值观 [J]. 中国特色社会主义研究，2013（2）：66-70.

业、诚信、友善。❶ 至此，关于社会主义核心价值观的权威表述得以形成。

那么，为什么要凝炼社会主义核心价值观？这是由我国社会主义建设的理论逻辑、历史逻辑和实践逻辑所决定的。从理论层面来看，马克思主义是一个需要不断发展和丰富的理论体系。习近平在哲学社会科学工作座谈会上指出，马克思主义虽然诞生在一个半世纪之前，但它依然具有强大生命力。❷ 这种强大生命力不仅表现为马克思主义深刻揭示了自然界、人类社会和人类思维发展的普遍规律，致力于实现人民解放和维护人民利益，还体现为马克思主义是不断与时俱进的时代化的理论。马克思主义的丰富和发展体现在三个方面：一是继续深化对自然界、人类社会和人类思维规律的认识；二是结合各个民族或国家的实际情况和时代发展需要，推进马克思主义的民族化和时代化；三是深化对社会主义革命、建设和改革开放规律的认识。社会主义文化建设是社会主义建设的重要组成部分，而思想道德建设是社会主义文化建设的重要内容。推进思想道德建设就需要凝炼社会核心价值，确立各族人民共同的奋斗目标。如果没有核心价值作为指引，思想道德建设就缺乏重要抓手。因此，社会主义核心价值观的凝炼和提出是马克思主义中国化和时代化的内在要求。从历史发展的层面来看，中国共产党自成立之后，就不断推进马克思主义的中国化，指导中国革命、建设和改革开放取得伟大胜利。如果说，领导革命是为了夺取政权，推进社会主义建设是为了巩固社会主义制度和尽快实现国强民富，那么，改革开放的核心任务就是实现人民富裕和国家富强。革命成功使中国人民站起来了，社会主义建设和改革开放使中国人民富起来了，而新时代中国特色社会主义建设将使中国人民强起来。强起来不仅表现为人们口袋里的钱多了，人民群众的物质生活水平提高了，还表现为人民群众的科学文化水平增强了，道德素养提升了，人际关系和谐了。而且，随着社会发展，人与人的区别将更多地体现在内在素质和价值追求的实现上。因此，在中国特色社会主义进入新时代之际，凝炼和提出社会主义核心价值观是历史逻辑发展的需要。从现实层面来看，我国正处于剧烈的社会转型和价值观重塑阶段。近代以来，以传统农业生产为主导的泱泱大国遭遇

---

❶ 中共中央文献研究室. 十八大以来重要文献选编（上）[M]. 北京：中央文献出版社，2014：25.
❷ 习近平. 在哲学社会科学工作座谈会上的讲话[N]. 人民日报，2016-05-19（002）.

到以工业生产和商业贸易为主导的西方列强的强势冲击。在这种情况下，中国社会开始从农业社会向工业和商业社会转型，社会生产从主要依靠人力和畜力向主要依靠机器转变，政治制度实现了从封建专制统治向社会主义民主政治的转变。在这一过程中，社会阶级阶层及其关系发生巨大改变，城市化水平不断提高，人们的思想观念经历了显著变化。当前，中华民族和中国人民虽然迎来了从富起来转向强起来的新时代，但以美国为首的西方国家从来没有也不会停止对我国各方面各领域的影响，特别是价值观领域的渗透。与此同时，在人们物质生活富裕之后，我国传统社会当中的一些落后价值观念和腐朽生活恶习重新泛滥。❶ 一些人被西方价值观所俘获并成为摇旗呐喊的鼓吹先锋，一些人陷入价值观混乱或价值虚无之中不可自拔。在这种情况下，非常有必要凝聚社会各界的价值共识，提出一套与社会制度和政治经济基础相适应且具有先进性和能够被人们广泛接受的核心价值观。社会主义核心价值观的凝炼和提出就是顺应这一现实需要的产物。

（二）社会主义核心价值观的内涵

社会主义核心价值观包含三个层面十二个方面。第一个层面是国家层面，它包含富强、民主、文明、和谐。这与把我国建设成为富强民主文明和谐的社会主义现代化国家相对应。党的十九大在"和谐"之后又加了"美丽"一词，从而使建设目标与"五位一体"总布局对应起来。虽然社会主义核心价值观中没有"美丽"一词，但美丽始终是人们共同的价值追求。因此，没有"美丽"一词，并不影响社会主义核心价值观的权威性。第二个层面是社会层面，它包括自由、平等、公正和法治。社会层面的四个价值理念以人与人之间的联系为前提，单独的个人不存在自由与否的问题。平等、公正和法治亦是如此。第三个层面是个人层面，它包括爱国、敬业、诚信、友善。在这三个层面中，个人层面的价值理念与个体的行为举止关系最为密切。或者说，爱国、敬业、诚信、友善是每个中国人都应该做而且能够做到的事情。虽然上述三个层面的价值理念都是价值观的具体表现，但三个层面的含义不同。国家层面的价值理念是我国各族人民对伟大祖国的崇高期盼，并与中华民族

---

❶ 王久高. 社会主义核心价值观的生成与内涵 [J]. 中国特色社会主义研究, 2014 (4): 69-73.

伟大复兴的中国梦紧密联系在一起。社会层面的价值理念反映了广大人民对社会状态的共同追求，人们生活于其中的社会必然要保障人的自由，维护人与人之间的平等，确保各项工作在公平公正的原则下有序推进。当然，自由、平等、公平、公正不会自动实现，必须依靠法治手段和法治思维。单独来看，自由、平等、公正和法治，每一个都是崇高的价值追求，但在现实生活中，四者之间存在相互矛盾的情况。例如，自由与法治、平等与正义、自由与平等之间有时候存在相辅相成的关系，有时候存在相互对立的关系。在社会主义核心价值观中，社会层面的价值理念不是某一个价值理念的极端化，而是四个基本价值理念的整体反映。个人层面的价值理念表达了人们对个人私德的要求。作为国家公民，个人首先要热爱自己的国家，因此，爱国被置于个人私德的首位。以往，敬业被人们视为职业道德的重要内容，社会主义核心价值观把敬业作为仅次于爱国的个人私德，反映了敬业在中国特色社会主义建设事业中的重要地位。诚信和友善是对每个人的基本要求，将它们纳入社会主义核心价值观，说明诚信和友善不仅是做人的基本准则，也是推进社会主义现代化建设的必然要求。三个层面的价值理念，为人们构建起立体的分层次的价值体系。其中，国家层面的价值理念处于高位，社会层面的价值理念处于中位，个人层面的价值理念处于低位。需要说明的是，高位价值在指导中位和低位价值的同时也要依赖中位和低位价值。同样，低位价值是高位和中位价值的基础，但也要接受高位和中位价值的约束。总之，三个层面的价值理念相互联系、相互影响，构成完整统一的核心价值观。

从理论来源来看，社会主义核心价值观包含以下五种思想成分：一是马克思主义意识形态理论，二是中华优秀传统文化，三是中国特色社会主义理论体系，四是中国特色社会主义文化建设经验，五是其他优秀人类文明成果。[1] 这五个方面可以进一步凝炼为三个部分：一是马克思主义，二是中国传统文化，三是其他人类文明成果。社会主义核心价值观是马克思主义中国化的产物，是马克思主义的有机组成部分。因此，坚持马克思主义是社会主义核心价值观的鲜明理论特征。具体来说，国家层面的价值目标就是把我国建设成为富强、民主、文明、和谐的社会主义现代化国家，而不是其他主义的

---

[1] 程林辉. 弘扬中华优秀传统文化与培育社会主义核心价值观 [J]. 桂海论丛. 2014 (5)：10-13.

现代化国家。坚持国家层面的价值目标内在要求坚持四项基本原则，坚持推进马克思主义中国化、时代化和大众化。社会层面的价值追求是社会主义制度下的自由、平等、公正、法治。其中，自由不只是个人层面的自由，更是最广大人民群众的自由；平等不只是形式上的人与人的平等，更是人与人之间的实质平等；公正不仅是程序公正，更是结果公正；法治是在党的领导、人民当家做主和依法治国有机统一基础上的法治。个人层面的价值准则虽然政治色彩不浓，但仍然与马克思主义存在紧密关联。例如，爱国指的是热爱社会主义祖国，敬业包含对中国特色社会主义建设事业的热爱和忠诚。习近平指出，中华优秀传统文化深深根植于中国人的内心，"今天，我们提倡和弘扬社会主义核心价值观，必须从中汲取丰富营养，否则就不会有生命力和影响力"❶。实际上，社会主义核心价值观的凝炼和提出也是借鉴吸收中华优秀传统文化的产物。在漫长的历史发展过程中，聪明勤劳的中华儿女创造了璀璨的中华文化。中华民族非常重视个人层面的道德养成和人际关系处理，因此，中华文化包含丰富的伦理道德思想。在社会主义核心价值观中，富强、和谐、平等、爱国、敬业、诚信、友善等价值理念都有深厚的历史文化渊源。除此之外，传统道德思想中的仁义礼智信、温良恭俭让、勇敢、勤劳、坚韧等价值理念都是社会主义核心价值观的有益补充。当然，对这些传统价值理念不能照搬照用，需要经历一番创造性转化和创新性发展的工作。社会主义核心价值观之所以是先进的和能够被广泛接受的价值观，还在于它是借鉴吸收其他人类文明成果的产物。民主、文明、自由、公正、法治是西方文明的优秀成果，社会主义核心价值观以海纳百川有容乃大的气度吸收西方文明成果。❷ 但是，这里的吸收并不是简单抄袭，而是做了进一步的丰富和完善。西方学者不断鼓吹所谓的自由、民主、平等、博爱，并把它们视为普世价值。但是，脱离具体语境和国情的普世价值不具有现实指导意义。社会主义核心价值观以马克思主义理论丰富民主、文明、自由、平等、公正、法治等价值理念的内涵，以富强、和谐、爱国、敬业、诚信、友善等价值理念为重要补充，构建了结构完整、内容丰富的核心价值体系。

---

❶ 习近平. 习近平谈治国理政［M］. 北京：外文出版社，2014：170.
❷ 崔治忠. 社会主义核心价值观的价值意蕴［J］. 理论探索，2015（3）：10-13，50.

(三) 社会主义核心价值观与社会主义核心价值体系

那么，为什么在提出建设社会主义核心价值体系之后，还要提倡培育和践行社会主义核心价值观呢？社会主义核心价值体系与核心价值观之间存在什么样的关系？这是深入理解社会主义核心价值观必须要回答的问题。如前所述，党的十六届六中全会提出建设社会主义核心价值体系，而社会主义核心价值观是我们党在十八大正式提出来的。社会主义核心价值体系包含四个方面的内容：一是马克思主义指导思想。价值、价值体系和价值观是有阶级属性的，坚持马克思主义指导思想，凸显了核心价值体系的无产阶级属性。从而将其与其他核心价值体系区别开来。二是中国特色社会主义共同理想。共同理想是指引人们不断前行的旗帜，是凝聚共识和汇聚力量的"磁石"。中国特色社会主义共同理想就是始终坚持中国共产党的领导，坚持走中国特色社会主义道路，建设社会主义现代化强国和实现中华民族伟大复兴。中国特色社会主义共同理想是我们党领导人民在社会主义初级阶段要实现的奋斗目标，将其纳入社会主义核心价值体系，突出了我们党要建设的核心价值体系是社会主义初级阶段的核心价值体系，而不是其他发展阶段的核心价值体系。三是以爱国主义为核心的民族精神和以改革创新为核心的时代精神。中华民族在漫长的历史发展过程中形成内涵丰富、特征鲜明的民族精神。同样，中华民族在历史上从不缺乏改革创新精神，这种精神在1978年之后的中国特色社会主义建设中表现得尤为突出。将民族精神与时代精神纳入社会主义核心价值体系，反映了社会主义核心价值体系是历史与现代的有机结合。四是社会主义荣辱观。"八荣八耻"社会主义荣辱观简洁直白，适应了广大群众的认识能力，提出了人们都应该坚持的基本价值规范。社会主义荣辱观的纳入，增强了社会主义核心价值体系对人们行为举止的具体指导能力。

从完整性来说，社会主义核心价值体系是一个结构合理、层次鲜明、内容完整的价值系统，既包含广大群众都应该具有的价值信仰、价值理想和价值观念，还包含广大群众必须要遵循的价值规范。[1] 就科学性而言，社会主义

---

[1] 温静，王树荫. 弘扬民族精神以培育社会主义核心价值观 [J]. 中国特色社会主义研究，2013 (2)：66-70.

核心价值体系是在马克思主义指导下提出来的，是在吸收中华优秀传统道德思想和借鉴其他人类文明成果的基础上进一步创新的产物。就功能而言，社会主义核心价值体系既包含崇高的价值理想，能够引导人们为实现中华民族伟大复兴而奋斗；又立足当下，充分吸纳社会主义文化建设的经验，以明确的行为准则要求人们规范自己的言行举止。建设社会主义核心价值体系是为了形成价值共识，汇聚人民力量，实现伟大梦想。但是，对普通老百姓来说，社会主义核心价值体系在具有诸多优点的同时，存在一些不足之处。一是语言表达不够精练。社会主义核心价值体系的内容需要58个字来表述。对于庞大的理论体系，58个字已经非常简练。但是，对从事各行各业的普通老百姓来说，要记住这58个字是不容易的，要随时随地遵循58个字就更难了。这并不说社会主义核心价值体系很难理解或背诵，而是因为在信息极为丰富的今天，要记住这58个字并将其内化于心是比较困难的。二是内容层次过多。对普通老百姓来说，"八荣八耻"比较容易理解和遵循。相比之下，民族精神和时代精神就显得抽象多了。对于什么是爱国以及如何爱国，人们相对来说易于回答。但是，什么是改革创新以及如何改革创新，老百姓就难以回答。老百姓了解中华民族的伟大复兴和马克思主义，但要说出个所以然还是不容易的。人们应该有价值信仰和价值理想，但需要与人们的现实生活紧密联系起来。三是"八荣八耻"明确了人们应该具有的基本价值，但涵盖面过于宽泛，要求过于笼统。例如，以服务人民为荣。"服务"和"人民"都是内涵比较笼统且外延比较宽泛的词，什么是服务人民和如何服务人民不是很容易回答的问题，而且也不是具有唯一标准答案的问题。这就影响了"八荣八耻"对老百姓行为举止的规范和约束。正是为了弥补上述缺陷和不足，党中央提出了社会主义核心价值观。相对于社会主义核心价值体系，社会主义核心价值观更加注重语言表达的凝炼，更加突出核心价值理念，更加强调对人们行为举止的具体引导。

就内在关系而言，两者既有内在一致性，又有各自的侧重点。内在一致性表现为两者都是我们党在推进马克思主义中国化的过程中提出的重要思想，是推进中国特色社会主义文化建设的重要举措。社会主义核心价值体系和核心价值观体现了历史唯物主义的本质要求，是中国特色社会主义道路、理论体系、制度、文化在道德层面的具体表述，共同构成凝聚精神力量，奋力实现中国梦的价值引领。提出培育和践行社会主义核心价值观并不意味着不再建设社会主义核心价值体系，相反，建设社会主义核心价值体系是培育和践行社会主义核心价值观的坚实基础。习近平始终把核心价值体系建设与核心价值观培育和践行联系在一起，在党的十九大报告中更是把坚持社会主义核心价值体系纳为基本方略的重要组成部分。尽管如此，两者的侧重点不同。社会主义核心价值体系是从整体维度揭示中国特色社会主义的价值意蕴，不仅揭示了处于高位的指导思想和中位的阶段性奋斗目标，而且指出了要发扬的民族精神和时代精神，明确了具体的荣辱观。相比而言，社会主义核心价值观更加注重对人们思想活动和行为举止的引导，三个层面的价值理念既是引导人们认识活动和评价活动的重要指向标，又是规范实践活动的价值标尺。整体来看，三个层面的价值理念是相互联系、相互作用的有机统一体。从功用来看，三个层面的价值理念为人们道德素养的不断提升提供了上升路径。由此可见，社会主义核心价值体系更具理论性和系统性，而社会主义核心价值观则更强调实践性和具体性。社会主义核心价值观是在进一步凝炼和总结社会主义核心价值体系的基础上提出来的，因此，社会主义核心价值观反映了社会主义核心价值体系的丰富内涵，体现了本质特征，彰显了实践要求，"是社会主义核心价值体系的高度凝炼和集中表达"❶。

二、社会主义核心价值观的核心地位

"社会主义核心价值观"一词的重点在"价值观"，关键在"核心"。关于"价值观"，前文已经做了系统分析。现在需要对"核心"进行说明。当然，这里的"核心"是指三个层面十二个词构成的价值观在社会主义价值体系中具有的核心地位。习近平在党的十九大报告中指出："社会主义核心价值观是当代中国精神的集中体现，凝结着全体人民共同的价值追求。"❷ 除此之外，社会主义核心价值观也是全国各族人民应该遵守的基本价值规范。下面，笔者就从三个方面分析社会主义核心价值观具有的核心地位。需要说明的是，

---

❶ 中共中央办公厅印发《关于培育和践行社会主义核心价值观的意见》[N]. 人民日报，2013-12-24（001）.

❷ 习近平. 决胜全面建成小康社会 夺取新时代中国特色社会主义伟大胜利 [J]. 求是，2017（11）：15-34.

核心地位不是通过社会主义核心价值观与其他价值观或价值的比较表现出来的，而是通过社会主义核心价值观的重要性体现出来的。

（一）社会主义核心价值观是当代中国精神的集中体现

价值观既是人们对价值本质与价值评价的根本性认识，也是人们精神面貌的集中反映。可以说，有什么样的精神状态就有什么样的价值观。同样，有什么样的价值观就有什么样的精神面貌。每一个时代有每一时代的精神，中国精神在不同时代有不同表现。社会主义核心价值观是中国特色社会主义建设事业步入新时代之际提出来的，它体现的当然是当代中国精神。习近平在十二届全国人大第一次会议上指出，中国精神就是以爱国主义为核心的民族精神和以改革创新为核心的时代精神。中国精神"是凝心聚力的兴国之魂、强国之魄"❶。社会主义核心价值观从以下两个方面集中体现了当代中国精神。

一是集中体现了以爱国主义为核心的民族精神。在漫长的历史发展过程中，中华民族培育了坚忍不拔、勤劳勇敢、热爱祖国的民族精神。其中，热爱祖国居于核心地位。习近平指出："在社会主义核心价值观中，最深层、最根本、最永恒的是爱国主义。"❷ 社会主义核心价值观三个层面的价值理念体现了民族精神特别是爱国主义精神。个人层面价值准则当中位居第一的是爱国。人是生物意义上的存在，也是社会意义的存在。后者表现为人处于复杂的社会关系当中，扮演着不同的社会角色，承担着多种社会职责。虽然马克思主义认为国家和阶级一样，都是社会历史发展的产物，在共产主义社会，随着阶级的消亡，国家也将消亡，但是，在社会主义初级阶段，国家依然存在并将长期存在。因此，中国人首要的社会身份就是中华人民共和国的公民，中国人首要的社会责任就是热爱国家。这也是社会主义核心价值观将爱国列为个人层面首要价值理念的原因。在社会层面，自由、平等、公正、法治等价值取向虽然看起来与爱国没有紧密联系，但实质上有不可分割的关联。热爱祖国不能空喊口号，而是要有明确的价值期盼、扎实的爱国举动。对广大

---

❶ 习近平. 在第十二届全国人民代表大会第一次会议上的讲话［N］. 人民日报，2013-03-18（001）.

❷ 中共中央文献研究室. 习近平关于社会主义社会建设论述摘编［M］. 北京：中央文献出版社，2017：125.

人民群众来说，弘扬爱国主义精神就表现为自觉维护社会秩序稳定，促进经济社会科学发展，增强民族自豪感和自信心。当前，建立自由、平等、公正、法治的社会就是爱国主义在社会层面的具体体现。国家层面的价值目标是爱国主义精神的充分彰显。富强、民主、文明、和谐是新中国成立一百周年时要实现的奋斗目标，也是近代以来中华儿女的伟大梦想。没有强大的国家，就没有人民的幸福，更没有人民的尊严和自信。这是近代以来中华民族在遭遇坎坷和苦难之后得出的教训。正因为如此，社会主义核心价值观将爱国置于重要位置，集中体现了爱国主义精神。

二是集中体现了以改革创新为核心的时代精神。朱熹在解释《大学》中的"在新民"时，运用"苟日新，日日新，又日新"（《礼记·大学》）。这里的"日新"虽然特指人们的道德修为，但也反映了人们追求改革创新的愿望。《周易》是一本专门讲述变革、变化及其规律的书。其中，"易，穷则变，变则通，通则久"（《周易·系辞下》），体现了改革的重要性。实际上，不管是在思想观念层面，还是在现实生活层面，中华民族从不缺乏改革创新精神。只不过自近代之后，中国人的改革创新速度远远落后于西方，从而使人们产生了中国人恪守陈规陋习和难以变通的感觉。毫无疑问，这种感觉是不可靠的。近代以来，中华民族遭遇到千年未有之变局，也经历了深刻而广泛的思想观念大变革、社会制度大变革、经济文化大变革。就经济社会发展而言，改革开放这一新的伟大革命是改革创新精神的集中体现。在社会主义初级阶段，对建设什么样的社会主义以及如何建设社会主义，建设什么样的党以及如何建设党，实现什么样的发展以及如何发展，新时代要坚持和发展什么样的中国特色社会主义以及如何坚持和发展中国特色社会主义等问题的回答，要求我们党带领人民充分发扬以改革创新为核心的时代精神。社会主义核心价值观的提出本身就是发挥改革创新精神的产物，就其具体内容而言，无不体现着以改革创新为核心的时代精神。国家层面的价值目标是我们党对中国特色社会主义现代化国家建设规律不断深化认识的具体体现，社会层面的价值取向是我们党在批判分析的基础上广泛吸收其他人类优秀文明成果的产物，个人层面的价值准则是我们党创造性继承和创新性发展中华优秀传统道德思想的集中表现。三个层面十二个价值理念虽然不是我们党在新时代首次提出的，但都包含着新的思想内涵。例如，爱国不是传统社会的愚忠，而是对社会主义中国充分理解和认同基础上的热爱。敬业不是墨守成规,而是在改革创新精神指导下对所从事职业的热爱和执着。

(二)社会主义核心价值观凝结着全体人民共同的价值追求

价值是客观事物对人的物质文化需求的满足情况。人的物质文化需求有层次高低、即期与长远之分,满足人的需要的客观事物差别很大。这就导致价值存在层次高低之分和数量大小之别。相对来说,层次较高和数量较大的价值更为重要。例如,晚饭能够满足人们的物质能量需求,阅读《红楼梦》能满足人的精神需要。相比之下,阅读《红楼梦》的层次更高,给人带来的精神愉悦更为持久。因此,更值得人们追求。当然,这并不是说吃饭不重要。相反,恩格斯指出:"人们首先必须吃、喝、住、穿,就是说首先必须劳动,然后才能争取统治,从事政治、宗教和哲学等。"❶ 在社会生产力水平大为提高的今天,满足人的基本的物质需求已经不是太困难的事。在这种情况下,更高层次和数量更大的价值追求就成为人们普遍关注的对象。这里有一个问题,即价值的数量如何确定,一顿大餐的价值和唱一晚上卡拉 OK 的价值如何比较。的确,我们没有一个统一的衡量标准,但是,可以粗略地进行比较。对一个追求音乐享受的人来说,唱卡拉 OK 的价值更大。对一个美食家来说,品尝一顿大餐的价值更大。每个人的需求不同,价值追求也不一样。如果对人们的价值追求进行归纳,就可以得出最大价值公约数。价值主体包含的数量不同,最大价值公约数也就不一样。一个村庄老百姓的最大价值公约数不可能与一个省或一个国家人民的最大价值公约数相同。此外,时代不同,人们的最大价值公约数也不一样。在农耕时代,丰衣足食是人们的最大价值公约数。但是,在物质生活水平大为提高的今天,人们更强调对良好社会环境、优美自然生态和国家繁荣昌盛的向往。这一点集中体现在社会主义核心价值观当中。

社会层面的自由、平等、公正、法治代表了全体人民对新时代中国特色社会主义社会的共同价值追求。人们期待的社会是保障每个人自由的社会,

---

❶ 中共中央马克思恩格斯列宁斯大林著作编译局. 马克思恩格斯选集(第 1 卷)[M]. 北京:人民出版社,2012:723.

其中的自由就是在不违反法律法规和不伤害他人合法权利的情况下干什么和不干什么的自由。在我国古代，自由没有得到人们应有的重视，伤害个人自由权利的事情屡见不鲜，甚至被视为理所应当。例如，最典型的就是家长对子女婚姻大事的干涉。平等是自由的前提条件，没有真正的平等，自由就成为少数人的专利。因此，社会主义核心价值观将平等作为重要的价值理念。一味地强调程序平等就会造成结果不平等。例如，如果对富人与穷人按照一样的税率征税，那么，最后的结果是富人越来越富、穷人越来越穷。这就需要统筹协调程序平等和结果平等的关系，维护实质平等。而要维护实质平等就需要引入公正理念。不管是自由、平等，还是公正，都需要法治作为保障。否则，自由、平等和公正将成为一纸空谈。

同样，国家层面的富强、民主、文明、和谐代表了全体人民对伟大祖国的共同价值追求。自古以来，国泰民安、天下太平、国家昌盛是所有中华儿女的崇高价值理想。近代以来，这样的价值理想被一次次列强的侵略和一个个丧权辱国的条约击打得粉碎。但是，只要有一点点希望，一代代仁人志士就不会气馁。从太平天国农民运动到洋务运动，从戊戌维新运动到辛亥革命，从中国共产党的成立到新民主主义革命的胜利，中华民族历经千辛万苦终于赢得了人民解放和民族独立。中华人民共和国的成立，激起了海内外中华儿女的奋斗热情，凝聚了各族人民的磅礴力量。建设什么样的国家以及如何建设国家一直以来是中国共产党认真思考和回答的问题。从建设富强民主文明的现代化国家到建设富强民主文明和谐的现代化国家，再到党的十九大提出建设富强民主文明和谐美丽的现代化国家，我们党对国家建设的目标越来越清晰，对国家建设规律的认识越来越深入，对实现伟大祖国现代化的信心越来越坚定。这一点充分体现在社会主义核心价值观当中。如前所述，由于社会主义核心价值观提出的时间比较早，"美丽"价值没有被纳入国家层面的价值理念当中。尽管如此，富强、民主、文明、和谐等价值理念包含人与人、人与社会、人与自然的友好关系。试想，如果人与人格格不入、人与社会矛盾重重、人与自然关系紧张，人们生活于其中的国家还会是富强、民主、文明、和谐的吗？需要说明的是，人们对国家富强民主文明和谐的价值追求与"两个一百年"奋斗目标以及新时代中国特色社会主义发展的两步走战略紧密相关，前者是后者在价值层面的集中体现。

(三) 社会主义核心价值观表达了全国各族人民应该遵循的基本价值规范

不管是价值抑或是价值观,其本身的价值就在于引导和规范人们的言行举止。社会主义核心价值观核心地位的一个重要体现就是它确立了人们都应该遵循的基本价值规范。在深入分析这些价值规范之前,需要说明两点:一是社会层面和国家层面的价值理念如何约束人们的言行举止。直观来看,国家层面的富强、民主、文明、和谐与人们的具体行为之间没有直接联系。或者说,人们无法从个体的言行举止直接过渡到国家的繁荣富强。例如,从一个人对他人的友善并不能推出国家的富强民主文明和谐。同样,国家层面的价值目标也很难直接落实到个体身上。当然,这不是说个体与国家之间没有关联。个体是国家当中的个体,国家是由众多个体组成的国家。离开众多个体的谨言善行,就不会有国家的文明与和谐;离开众多个体的勤奋努力,就没有国家的繁荣富强;离开每个人对自己政治权利的捍卫和行使,就不会有国家的民主。国家层面的价值目标要对人们的行为举止发挥作用,就必须与人们的现实生活和实际行动结合起来。同样,社会层面的价值取向亦是如此。二是个人层面的价值规范与其他价值要求之间的关系。社会主义核心价值观没有穷尽所有的价值理念,相反,它只是列出了最为基本和重要的价值理念。培育和践行社会主义核心价值观并不排斥接受和践行其他优秀的价值观念。例如,国家层面的价值目标除了富强、民主、文明、和谐之外还有美丽、和平等,社会层面的价值取向除了自由、平等、公正、法治之外还有正义、有序、团结等,个人层面的价值理念除了爱国、敬业、诚信、友善之外还有坚韧、宽容、勤劳、节俭、好学、负责任等。

对全国各族人民来说,社会主义核心价值观作为基本价值规范突出体现在个人层面的四个价值要求当中。具体来说,爱国是对每个人最基本的价值要求。那么,为什么要如此强调爱国的重要性呢?这是因为在当今世界以及可以预见的未来,每个人都至少属于一个国家,至少拥有一个国籍。或许人们可以选择在不同的国家生活,但热爱自己生活于其中的国家是天经地义的事情,就像一个人热爱自己的家庭一样。当然,不同的人热爱祖国的方式和程度不同。但在希望自己的国家强大和以自己的国家为荣方面绝大多数人是一致的。爱国是人们的一种情感流露,但仅有情感是不够的,还需要以理性作为基础。因此，值得提倡的爱国就是融情感和理智于一体的爱国。敬业是每个人都应该坚持的价值准则。在传统社会，一个人可以学习很多方面的知识，而且可以学得很精，成为百科全书式的人物。同样，一个人可以干很多份工作，而且可以样样干得很好。但是，在社会分工日益细化和知识更新速度加快的今天，一个人要干好很多份工作和学好很多门知识几乎是不可能的事情。在这种情况下，要学好知识、干好工作，就必须培育敬业精神。要本着干一行爱一行、爱一行精一行的原则，把自己所从事的工作干好干精。只要人人都兢兢业业、踏踏实实，把自己的工作干好，人人都会绽放属于自己的精彩，中华民族伟大复兴的中国梦就能如期实现。在由"中国制造"向"中国智造"转型和推进"中国制造2025"战略的今天，人们急需培育敬业精神。实际上，敬业也是爱国的一种表现。如果大家都能够敬业，那么，学生就能学好知识，工人就能制造出精品，科学家就能推出新的理论和技术，军人就能更好地保卫国家的安全，党员干部就能更好地服务人民。如此一来，富强民主文明和谐的现代化国家就会离我们越来越近。诚信是一个人成为合格公民的前提，是文明社会的重要体现，也是国家强大的必要条件。试想，一个不讲诚信的人会真的爱国和敬业吗？孔子早就指出："人而无信，不知其可也。"（《论语·为政》）在交往日益密切的陌生人社会，不讲诚信意味着失去做人的底线。虽然社会主义核心价值观将诚信列为个人层面的价值准则，但社会和国家仍然存在践行诚信理念的问题。与个人一样，一个不讲诚信的社会和国家，绝不会成为人们向往的社会和国家。在某种意义上，社会和国家更应该遵守诚信要求。因为生活在社会和国家当中的人是按照社会和国家的价值导向开展活动的，在一个谎言弥漫、假货横行、欺骗成风的社会和国家，一个人要想不撒谎、不欺骗是很难的。儒家倡导推己及人的差等之爱，墨家主张人人平等的兼爱。在现代社会，我们应该把差等之爱和兼爱思想结合起来，在爱自己、爱家人的同时友爱他人。只有如此，在充斥着资本和权力的工业社会才能感受到人与人之间的温情，整个社会在冰冷的秩序之外才会弥漫着人间真情，国家的强大不再只是以经济实力、科技实力和军事实力为代表的综合实力的强大，还包括洋溢着很强吸引力和感召力的文化软实力。如果人们都遵循爱国、敬业、诚信、友善的价值准则，那么，冯契所讲的"真善美"相统一的自由人格就能实现，"真善美"相统一的自由社会就会离我们越来越近。

三、社会主义核心价值观是中国特色社会主义文化的核心

价值观是文化的核心。由此可知，社会主义核心价值观是中国特色社会主义文化的核心。作为上层建筑的重要组成部分，文化是一定社会经济基础的反映，同时又对经济基础的发展起着巨大的反作用。我们党历来重视文化建设，早在新民主主义革命时期，毛泽东就提出了包含文化纲领在内的三大纲领。新中国成立之后，文化建设更是被置于重要地位。党的十八大以来，习近平高度重视文化建设，指出文化是民族和国家的灵魂，文化强则民族强，文化兴则国运兴。习近平在强调中国特色社会主义道路、理论体系和制度的重要性之后，指出"中国特色社会主义文化是激励全党全国各族人民奋勇前进的强大精神力量"[1]。中国特色社会主义文化的主体部分是马克思主义，重要组成部分是中华优秀传统文化和其他人类优秀文明成果。中国特色社会主义文化源于中华优秀传统文化，熔铸于革命文化和社会主义先进文化，植根于新中国成立之后的社会主义建设，特别是改革开放以来的中国特色社会主义建设实践，是凝聚全国各族人民的重要力量。习近平指出，在新时代，发展中国特色社会主义文化必须"以马克思主义为指导，坚守中华文化立场，立足当代中国现实，结合当今时代条件，发展面向现代化、面向世界、面向未来的，民族的科学的大众的社会主义文化，推动社会主义精神文明和物质文明协调发展"[2]。在中国特色社会主义文化建设当中，社会主义核心价值观的培育和践行处于重要地位甚至是核心地位。这一点可以从以下两个方面得到论证。

（一）文化的影响力首先是价值观念的影响力

人是文化的产物，文化对人的影响是全方位的。前文已经对文化的功能做过介绍，在这里，还需要对中国特色社会主义文化对人的影响做出说明。首先，通过以文化人、以德育人，中国特色社会主义文化能够提高人的认识、

---

[1] 习近平. 决胜全面建成小康社会 夺取新时代中国特色社会主义伟大胜利 [J]. 求是，2017 (21).
[2] 习近平. 决胜全面建成小康社会 夺取新时代中国特色社会主义伟大胜利 [J]. 求是，2017 (21).

评价和实践能力。在科学技术飞速发展的今天，一个人不学习先进文化就不可能跟上时代发展的步伐，也不可能实现自己的个人价值和社会价值。中国特色社会主义文化是能够满足人民群众精神需要的先进文化，是渗透社会生活各个方面的大众文化。中国特色社会主义文化对个体的影响可以通过多种途径来实现，如学校教育、家庭熏陶、干部培训、社会宣传、典型示范等。其中，学校教育是最为重要的途径。学校教育不仅传授给学生知识、技能，更为重要的是教会学生如何做人、如何学习、如何解决问题。正因为如此，习近平把"立德树人的成效作为检验学校一切工作的根本标准"，要求"真正做到以文化人、以德育人，不断提高学生思想水平、政治觉悟、道德品质、文化素养"[1]。通过中国特色社会主义文化的影响，个体就能成为拥有成熟理性思维能力的人，独立思考自身发展和社会问题的人，能够科学分析和解决问题的人。其次，中国特色社会主义文化能够规范人与人、人与社会的关系。人不同于其他动物，不能仅仅凭借本能和基因处理个体之间和个体与群体之间的关系。因此，处理人与人、人与社会的关系就成为人类生活的重要组成部分。在漫长的历史发展过程中，不同的民族形成了处理人与人、人与社会关系的不同理念和方法，而后者就体现在各自的文化当中。这一点对中华文化来说尤为明显。可以说，中华文化特别是儒家文化的核心内容就是处理人与家人、长辈、他人以及君主的伦理道德关系，而且给出了不同于西方文化的处理原则和方法。中国特色社会主义文化是中华传统文化创造性转化和创新性发展的产物，再加上马克思主义包含丰富的关于处理人与人、人与社会关系的思想，因而能够有效规范我国公民之间、公民与社会之间的关系。最后，中国特色社会主义文化能够推动社会主义社会不断向前发展。在具体的历史语境当中，文化发挥着以文化人、以德育人和协调人与人、人与社会关系的作用。但从历史发展的宏观视角来看，文化的基本功能就是促进人的自身发展和人类社会的不断前进。不管经历多少坎坷和磨难，人们对美好未来的期许始终没有改变。这一点可以从儒家提倡的"大同社会""太平盛世"以及佛教所讲的"涅槃境界""极乐世界"当中看出来。马克思主义更是指出了剥削制度的必然消亡和共产主义社会的必然实现。中国特色社会主义文

---

[1] 习近平. 在北京大学师生座谈会上的讲话[N]. 人民日报, 2018-05-03(002).

化是社会主义文化的一种具体表现形式,它通过凝聚共识和汇聚力量推动经济基础发展,进而推动中国特色社会主义事业不断进步,推动中华民族不断走向辉煌。

在文化的诸多内容当中,核心价值观对人的影响最为深刻和持久。习近平指出:"价值观念在一定社会的文化中是起中轴作用的,文化的影响力首先是价值观的影响力。"[1] 社会主义核心价值观是中国特色社会主义文化的核心,中国特色社会主义文化的影响力首先就是社会主义核心价值观的影响力。社会主义核心价值观的重要影响力主要表现在以下三个方面:一是社会主义核心价值观决定着社会主义文化的先进程度。一种文化是否先进关键看它能不能满足人们的精神需求,能不能促进人的自身发展和社会的不断进步。或许有人会问,人的自身发展和社会的进步本身是一个仁者见仁、智者见智的事情,如何能凭借它们衡量文化的先进与否?的确,站在不同角度,对人的自身发展和社会进步的理解不一样。人类社会与自然界一样,都有自己的发展规律。因此,在诸多回答当中,有些是符合人类社会发展规律的。其中,马克思主义为人的自身发展和社会进步提供了科学解答。而社会主义核心价值观就是在马克思主义指导下提出来的,因此,它有助于人的自身发展和社会进步。正因为如此,以社会主义核心价值观为核心内容的中国特色社会主义文化也就是先进的文化。二是社会主义核心价值观深刻影响着人们的认识活动和实践活动。文化对人们的影响最终会体现为对人们认识、评价和实践活动的影响。而核心价值观直接影响着人们对自身需求以及客观事物满足自身需求情况的认识与评价,并进而影响人们改造客观世界以满足人们需求的实践活动。社会主义核心价值观从个人、社会、国家三个层面揭示人的需求,明确提出三个层面的价值准则、目标和理想。通过社会主义核心价值观的培育和践行,人们的认识、评价、实践活动将受到深刻影响。三是社会主义核心价值观是中国特色社会主义文化中最深层、最持久的力量。近年来,随着我国国际影响力的不断增强,很多国外游客慕名而来。有些人对中华文化充满好奇,有些人甚至喜欢上了中华文化。但是,真正领略中华文化核心价值

---

[1] 中共中央文献研究室. 习近平关于社会主义社会建设论述摘编[M]. 北京:中央文献出版社,2017:105.

和内在精神的外国人非常少。许多喜欢中华文化的外国人只不过是对中华美食、武术、书法、绘画、音乐、民俗、生活方式感兴趣而已。只有真正懂得并接受中华文化的精髓和实质，才可以称得上是真心喜爱中华文化。这里的精髓和实质就是核心价值观。社会主义核心价值观是中国特色社会主义文化的精髓和实质，只有接受并践行社会主义核心价值观，才称得上是热爱中国特色社会主义文化。随着时代的变迁和多元文化的冲击，中国特色社会主义文化的外围内容可能会发生改变，但只要核心价值观不变，中国特色社会主义文化的性质就不会发生改变。同样，在各种因素的影响下，中国特色社会主义文化的具体表现形式可能会发生改变，但作为深层内核，社会主义核心价值观就稳定得多。只要人们认同并接受社会主义核心价值观，它就能够内化成人们的思想观念，外化成人们的言行举止。

（二）社会主义核心价值观是社会主义文化软实力的灵魂

新中国成立以来，经过长期建设，我国已经成为经济大国和具有重要政治影响力的世界性国家。但是，我国是社会主义国家，以美国为首的西方资本主义世界始终没有放弃颠覆我国社会制度的图谋。在经济交往日益密切和我国军事实力不断增强的大背景下，西方通过武装对抗颠覆我国社会制度的可能性已经不复存在。他们转而采取意识形态斗争，试图通过文化渗透的方式影响和改变新生代的思想，然后策划、鼓动和支持年轻人走上街头对抗政府。这种方式西方人屡试不爽，先后在乌克兰、北非、中东地区、我国台湾（香港）地区广泛使用，制造了一系列社会动荡甚至武装冲突。青年一代是西方敌对势力积极拉拢和腐化的对象，正因为如此，习近平强调意识形态工作是党的一项极端重要的工作，我们党"在集中精力进行经济建设的同时，一刻也不能放松和削弱意识形态工作，必须把意识形态工作的领导权、管理权、话语权牢牢掌握在手中，任何时候都不能旁落，否则就要犯无可挽回的历史性错误"❶。做好意识形态工作需要多措并举、多管齐下，其中，增强文化软实力是一项重要举措。在某种意义上，意识形态领域的较量就是文化之间的

---

❶ 中共中央文献研究室. 习近平关于全面深化改革论述摘编［M］. 北京：中央文献出版社，2014：86.

较量。习近平明确指出："世界上各种文化之争，本质上是价值观念之争，也是人心之争、意识形态之争。"❶ 不同于军事之争表现为大规模的人员伤亡和物质消耗，文化之争和意识形态之争静悄悄地发生在人们的思想活动当中。当然，激烈的文化之争也会转化为充满硝烟和流血的武装冲突。同样，不同于经济实力、军事实力、科技实力可以通过客观事物展示出来，"文化软实力集中体现了一个国家基于文化而具有的凝聚力和生命力，以及由此产生的吸引力和影响力。"❷ 在冷兵器时代，国家力量主要体现为军事实力，在热兵器时代主要体现为综合实力，在核武器时代文化软实力的重要性越来越凸显出来。之所以如此，有以下两个原因：一是核武器的巨大破坏力约束世界主要国家采取大规模军事斗争。特别是像美国、俄罗斯、中国这样的世界大国都将避免大规模战争视为维护自身利益的重要措施。美国在伊拉克、阿富汗等国的军事介入并没有给这些国家带来安定和富裕，相反，使得这些国家陷入长期的动荡之中，甚至沦落为恐怖主义滋生蔓延的大本营。二是文化是影响人们最深刻、最持久的因素。在物质匮乏时期，人们为了解决生存问题可以忍受恶劣的工作环境和生活环境，可以忽略精神需求。但是，随着人们物质生活水平的提高，精神需求的满足越来越重要。而且，对工作环境和生活环境舒适度、满足度以及自我价值的实现越来越关注，这就是当代文化影响力和吸引力产生的现实条件。

提高我国文化软实力需要加强社会主义文化建设，继续弘扬中华文化，推动中外文化交流互鉴。习近平在主持十八届中央政治局第十三次集体学习时强调，核心价值观是文化软实力建设的重点，是文化软实力的灵魂，是决定文化性质和方向的最深层次要素。❸ 首先，社会主义核心价值观是文化软实力建设的重点。文化软实力建设的目的是提高文化的影响力和吸引力，而核心价值观是文化影响力和吸引力产生的关键。因此，我们党非常重视社会主义核心价值观的培育和践行。从社会主义核心价值体系建设到

---

❶ 中共中央文献研究室. 习近平关于社会主义社会建设论述摘编 [M]. 北京：中央文献出版社，2017：105.

❷ 中共中央文献研究室. 习近平关于社会主义社会建设论述摘编 [M]. 北京：中央文献出版社，2017：198.

❸ 习近平. 习近平谈治国理政 [M]. 北京：外文出版社，2014：163.

社会主义核心价值观的培育和践行,从提倡社会主义核心价值观到将其融合到社会各方面、各领域,社会主义核心价值观不仅成为中国特色社会主义文化建设的重点,而且成为文化软实力建设的重点。其次,社会主义核心价值观是文化软实力的灵魂。社会主义核心价值观之所以是我国文化软实力建设的重点,就是因为前者是后者的灵魂。文化软实力不在于文化的历史有多悠久,也不在于文化的成就有多辉煌,而在于文化的核心价值观对当代人有多大的影响力和吸引力。客观地说,当今世界,美国文化具有较强的影响力和吸引力。从外在形式看,许多人热衷于穿牛仔服、吃麦当劳、喝可口可乐、看美国大片、崇尚美国梦,但从实质上看,许多人被这些产品所承载的文化特别是价值观所影响和吸引。通常来讲,价值观对人们的影响力和吸引力越大,包含它的文化软实力就越强;反之亦然。再次,社会主义核心价值观决定中国特色社会主义文化的性质。社会主义核心价值观是社会主义核心价值体系的高度凝炼,马克思主义指导思想是社会主义核心价值体系的重要内容,因此,坚持马克思主义指导思想也是社会主义核心价值观的内在要求。这也就决定了包含社会主义核心价值观在内的中国特色社会主义文化的根本性质。最后,社会主义核心价值观决定中国特色社会主义文化的发展方向。社会主义核心价值观包含三个层面十二个价值理念,在某种层面,价值理念就是价值理想,而价值理想就是中国特色社会主义文化发展的方向。具体来说,国家层面的价值理想是中国特色社会主义文化要服务的对象;社会层面的价值目标是中国特色社会主义文化在处理人与人、人与社会关系时倡导的根本原则;个人层面的价值准则是中国特色社会主义文化要建构的基本价值规范。总之,建设中国特色社会主义文化,增强我国文化软实力,提高全国各族人民对中国特色社会主义的文化自信,就必须在全社会积极培育和践行社会主义核心价值观。

第二节 社会主义核心价值观的价值意蕴

党的十八大首次提出了社会主义核心价值观,并以"三个倡导"作为它的主要内容。党的十八届三中全会进一步指出,要积极"培育和践行社会主义核心价值观,巩固马克思主义在意识形态领域的指导地位,巩固全党全国各族人民团结奋斗的共同思想基础"❶。在努力实现"两个一百年"奋斗目标的新时代,社会主义核心价值观成为全国人民思想道德建设领域的鲜明旗帜。社会主义核心价值观具有丰富的哲学内涵,它继承并发展了我国优秀的传统价值理念,体现了马克思主义的基本立场、观点和方法,凝炼并丰富了社会主义核心价值体系。伴随着中国特色社会主义建设事业的不断推进,社会主义核心价值观将不断丰富和发展。在这层意义上,它超越了抽象僵硬且被教条化的西方主流价值观。

一、社会主义核心价值观是对我国优秀传统价值理念的继承与发展

中国传统文化非常重视伦理道德,后者的核心理念可以概括为"三纲五常"。"三纲"指的是"君为臣纲,父为子纲,夫为妻纲"。"五常"指的是"仁、义、礼、智、信"。随着经济社会的发展,"三纲"已失去指导和规范人伦的意义,但"五常"仍需秉承和坚持。在社会主义核心价值理念当中,"诚信"是对"信"和"仁"的继承,而"友善"是对"义"的扬弃。"五常"当中虽然没有敬业方面的内容,但中国传统文化包含着丰富的敬业思想。例如,"人心惟危,道心惟微;惟精惟一,允执厥中"(《尚书·虞书·大禹谟》)这句话被认为是儒家学说的"十六字心传",其中,"惟精惟一,允执厥中"就有专心致志、不偏不倚的意思。古代设立学校培养学生"一年视离经辨志,三年视敬业乐群"(《礼记·学记》)。这就是说,第一年考查学生句读经文和明察圣贤志向的能力,三年以后考查学生是否一心向学并与同学和睦相处。其中的"敬业"就是指专心于学业。在传统文化当中,爱国与忠君紧密相连,爱国就要忠君,而忠君就是爱国。在 21 世纪的今天,我国早已推翻了君主专制制度,但热爱祖国仍然是每个公民应尽的道德责任。此外,对国家美好未来的憧憬是中国传统文化的重要内容。例如,《礼记·礼运篇》对"大道之行也,天下为公,选贤与能,讲信修睦……是故谋闭而不兴,盗窃乱贼而不作,故外户而不闭"的大同社会进行了描述,这是历代读书人的

---

❶ 《中共中央关于全面深化改革若干重大问题的决定》辅导读本 [M]. 北京:人民出版社, 2013:38.

最高政治理想。从某种意义来说，这也是人们对国家富强安定、社会公正和谐的追求。

然而，社会主义核心价值观并没有停留在对传统价值思想的总结与继承上，而是在内容与含义方面都有了更进一步的发展。在内容方面，社会主义核心价值观除了继承传统价值观中已有的富强、和谐、公正、爱国、敬业、诚信、友善之外，还倡导民主、平等、文明、自由和法治。后者是我国传统文化比较欠缺或不是很重视的内容。在含义方面，社会主义核心价值观是对我国各族人民提出的价值要求，所涵盖的领域和范围要远远大于传统社会。例如，爱国不再是拥护和忠诚于某一家族主宰的封建王朝，而是热爱社会主义中国。敬业在古代主要指的是专心于圣贤之道或传承家业。现在，职业的种类细致而繁多，但不管干什么工作，敬业就要求人们热爱并专心于自己所从事的事业。通俗地说，就是干一行爱一行、干一行精一行。

传统价值观主张个体道德的生发是一个由内而生、再由自我推向他人乃至社会的过程。这一点在《大学》一书中表述得非常清楚。《大学》开篇就讲，"大学之道，在明明德，在亲民，在止于至善"。这就是儒家修身养性的"三纲领"。然而，"三纲领"过于抽象，还需要具体化，这就衍生出格物、致知、诚意、正心、修身、齐家、治国、平天下的"八条目"。通过对"八条目"的专一用功就可以实现"三纲领"，从而成为儒家所表彰的圣贤。这一思想概括了儒家修养德行的基本步骤。与之类似，社会主义核心价值观也非常重视个人德性的养成。众所周知，单靠外在的道德灌输和说教，个体不会真诚且自愿地践行道德要求。行为个体只有将内在德性的生发与外在道德的说教结合起来，才能真正培育和践行社会主义核心价值观。对爱国、敬业、诚信、友善个人价值标准的强调就说明社会主义核心价值观非常重视个体内在价值观的培育和塑造。

二、社会主义核心价值观体现了马克思主义的基本立场、观点和方法

社会主义核心价值观立足于当前我国社会主义建设的实践基础之上，重视个人自由而全面的发展，强调个人的价值取向和诉求应该指向国家、社会和个人层面。这些都体现了辩证唯物主义和历史唯物主义的基本立场、观点和方法。

文化与价值

首先，社会主义核心价值观从国家、社会和个人三个层次论述了社会主义的价值追求和目标，体现了马克思主义关于事物相互影响、普遍联系的观点。具体来说，国家层面的富强、民主、文明、和谐离不开社会层面的自由、平等、公正和法治，更离不开公民个人的爱国、敬业、诚信和友善。国家和社会是由许许多多单个的人组成的，但又不是全体国民的简单组合。反过来说，单个的人不可能脱离社会和国家而存在。在马克思主义看来，"人的本质不是单个人所固有的抽象物，在其现实性上，它是一切社会关系的总和"❶。脱离社会与国家的人也就脱离了社会关系，从而就不是社会学意义上的人。正是在这一观点的指导下，社会主义核心价值观刻画了人们在国家、社会和个人三个层面的价值诉求，形成了内涵丰富、逻辑严密的价值理念体系。

其次，在马克思主义看来，存在决定意识，意识可以反作用于存在。经济基础决定上层建筑，上层建筑可以反作用于经济基础。作为观念上层建筑的社会主义核心价值观不仅塑造人的精神世界，还可以保障和促进社会生产活动。我们党历来非常重视物质文明建设和精神文明建设。邓小平就明确提出"我们要建设的社会主义国家，不但要有高度的物质文明，而且要有高度的精神文明"❷。在现实层面，自改革开放以来，我国经济快速增长，经济总量不断增大，老百姓的收入和生活水平显著提高。与此同时，党中央也没有忽视精神文明建设。但是，社会的快速变革和转型以及经济全球化、文化多元化、信息网络化的冲击使得许多人在理想信念上发生了动摇，在价值追求上产生了偏离。具体来说，在市场经济大潮的冲击下，一些人一心一意赚钱，忽视了亲情、友情甚至爱情，使得人与人之间的关系变得冷漠无情；一些人在纷繁复杂的社会生活中迷失方向，陷入精神空虚和价值混乱当中；有一些领导干部在金钱和美色的诱惑下放弃了党性与原则，以权谋私、贪污受贿；一些不法商贩为了赚钱不讲诚信、以次充好、以假乱真，严重干扰了市场秩序。这些现象不仅不利于人们的正常生活，也不利于经济社会的健康发展和国家的长治久安。社会主义核心价值观的提出是党中央在精神文明建设方面

---

❶ 中共中央马克思恩格斯列宁斯大林著作编译局. 马克思恩格斯选集（第1卷）[M]. 北京：人民出版社，1995：60.

❷ 邓小平. 邓小平文选（第2卷）[M]. 北京：人民出版社，1994：367.

做出的最新战略决策,是平衡"两手抓,两手都要硬""两只脚走路"的重要部署。

再次,社会主义核心价值观的提出、培育和践行都不能脱离当前我国社会主义建设的实践活动。在马克思主义看来,价值是主客体之间的一种意义关系,它是在社会实践活动当中产生出来的。社会主义核心价值观来源于实践,但又高于实践。来源于实践就是指社会主义核心价值观是对实践活动价值取向的理论总结和提炼。高于实践有两层含义:一是抽象的理论高于具体的实践,核心价值观是抽象理论,因此,它高于实践。二是社会主义核心价值观可以反过来促进实践活动的不断发展。正因为如此,社会主义核心价值观的培育和践行就需要与我国的社会主义建设紧密结合起来,一方面培育个人的理想信念、道德素质,规范人们的行为举止。另一方面在把人们的潜质转化为现实生产力的同时,努力构建公平自由的社会秩序,建设文明和谐的现代化强国。

最后,社会主义核心价值观的根本目的是促进每个人自由而全面的发展。[1] 马克思主义的根本目的就是实现全人类的解放和每个人自由而全面的发展。社会主义核心价值观秉承了马克思主义这一基本思想,在新的历史时期,结合我国的社会生产实践活动,提出了三个层面的十二个价值目标。这些目标有些指向国家、有些指向社会,但归根结底还是指向活生生的、现实的人。个人塑造爱国、敬业、诚信、友善的德性不仅是为了实现社会的有序和国家的富强,更是为了个人自己的成长成才。建设富强文明的国家、公平自由的社会最终还是为了个人的自由而全面的发展。在马克思主义那里,全人类自由而全面的发展是每个人自由而全面发展的前提条件,这也就是社会主义核心价值观首先强调国家和社会层面价值诉求的根本原因。

三、社会主义核心价值观是对社会主义核心价值体系的凝炼与丰富

社会主义核心价值观建立在社会主义核心价值体系的基础之上,是对后者的提炼和浓缩。它以非常简洁、严整的语法结构囊括了马克思主义指导思想、中国特色社会主义共同理想、民族精神和时代精神以及社会主义荣辱观。

---

[1] 钟明华,黄荟. 社会主义核心价值观内涵解析[J],山东社会科学,2009,(12):14-18.

首先，社会主义核心价值观归属于马克思主义。我国是社会主义国家，马克思主义是我们党的指导思想，当前全国人民正在从事中国特色社会主义现代化建设。立足于这样的实践活动提出来的核心价值观本质上就是社会主义性质的，因而归属于马克思主义。实际上，"社会主义核心价值观"这一概念本身就标明它具有社会主义性质。从内容上来讲，社会主义核心价值观将人们的价值取向指向国家、社会、个人三个层面。这里的国家是社会主义中国，社会是具有中国特色的社会主义社会，而个人是社会主义中国的成员。此外，社会主义核心价值观的培育和践行也要落实到一个个从事社会主义建设事业的劳动者身上去。这些都确保和凸显了社会主义核心价值观的根本属性。

其次，社会主义核心价值观表达了中国特色社会主义共同理想。在社会主义核心价值体系当中，共同理想就是在中国共产党的领导下，走中国特色社会主义道路，实现中华民族的伟大复兴。党的十八大以后，习近平总书记提出实现中华民族伟大复兴中国梦这一重大战略目标，为共同理想增添了时代内涵，确立了时代表达。"中国梦"的核心目标可以概括为实现"两个一百年"的奋斗目标，即到2021年中国共产党成立100周年时全面建成小康社会，到2049年中华人民共和国成立100周年时顺利实现中华民族的伟大复兴，具体表现为国家富强、民族振兴、人民幸福。通过分析就可以发现，中国特色社会主义共同理想在社会主义核心价值观中表现得非常充分。其中，爱国就是热爱社会主义中国，而中国共产党是我国的执政党，因此，爱国就内在要求人们拥护中国共产党的领导、拥护社会主义道路。而倡导富强、民主、文明、和谐，倡导自由、平等、公正、法治就是倡导大家共同努力实现中华民族的伟大复兴，即实现国家富强、民族振兴、人民幸福的"中国梦"。显然，社会主义核心价值观已经把社会主义共同理想内化在自己的具体内容当中。此外，随着社会主义核心价值观的培育和践行，它本身将逐渐成为全体国民的共同价值理想。

再次，社会主义核心价值观体现了民族精神和时代精神。在漫长的历史演进过程中，中华民族形成了以爱国主义为核心的伟大民族精神，具体表现为：追求团结统一、爱好和平、勤劳勇敢、自强不息。在改革开放的新时期，中华民族形成了勇于改革、敢于创新的时代精神。❶ 社会主义核心价值观不仅继承了像诚信、友爱、敬业这样的传统道德思想，更将爱国视为个人首先要承担的道德责任。同时，社会主义核心价值观吸收了西方优秀的价值思想，如自由、平等、法治，并将其与中国的国情结合起来。社会主义核心价值观还继承和弘扬了传统文化所蕴含的团结统一、和平相处的思想，这突出地体现在"和谐"一词当中。追求国家层面的和谐就是确保国家领土完整、主权独立、各民族团结进步，在与其他国家相处时秉承和坚持独立自主、友好相处的理念，共同营造"和谐亚洲""和谐世界"。

近年来，随着经济全球化和网络技术的快速发展，人们的价值观和理想信念受到了不同程度的冲击，主流意识形态的主导地位受到影响。面对这些新情况，党中央先后提出通过建设社会主义核心价值体系、培育和践行社会主义核心价值观来加强意识形态工作和思想道德建设。这就说明我们党敢于面对问题，能够创新思想解决问题。毫无疑问，这样的做法体现了时代精神。其实，在社会主义核心价值观当中，将富强、民主、文明、和谐，自由、公正、平等、法治，爱国、敬业、诚信、友善这三个不同思想来源的价值观念整合在一起作为我们共同的价值观，这本身就体现了我们党敢于创新、勇于探索的崇高品质。

最后，社会主义核心价值观是对社会主义荣辱观的继承和发展。社会主义荣辱观提倡热爱祖国、服务人民、崇尚科学、辛勤劳动、团结互助、诚实守信、遵纪守法、艰苦奋斗，反对危害祖国、背离人民、愚昧无知、好逸恶劳、损人利己、见利忘义、违法乱纪、骄奢淫逸。社会主义荣辱观明确指出以何为荣、以何为耻，什么是真善美，什么是假丑恶，这为人们在日常生活当中判断某种行为是否得当、如何做出道德选择以及确定正确的价值取向提供了方向和标准。社会主义核心价值观是对社会主义荣辱观的扬弃，它吸收了社会主义荣辱观当中的热爱祖国、辛勤劳动、团结互助、诚实守信、遵纪守法等内容，把它们凝炼为爱国、敬业、友爱、诚信、法治。此外，又增加了富强、民主、文明、和谐、自由、平等、公正，并进一步将其区分为国家、社会、个人三个层面的价值追求。这使得人们对社会主义荣辱观的理解和掌

---

❶ 韩延明. 红色文化与社会主义核心价值体系建设研究 [M]. 北京：人民出版社，2013：108.

握更为方便。相比于社会主义荣辱观，社会主义核心价值观倡导正面、积极的价值取向，对假丑恶的反对不再明确提及。同时，社会主义核心价值观的内容更加抽象、丰富，这就使其涵盖更为广泛的社会实践活动，为人们做出各种类型的道德判断和选择提供了简单易操作的标准。

总之，社会主义核心价值观一方面对社会主义核心价值体系的本质进行了凝炼和概括❶，另一方面对社会主义核心价值体系进行了丰富和发展，在更为细致的层面上对价值追求目标进行了分类和归纳。就两者的关系而言，社会主义核心价值体系是社会主义核心价值观的理论基础，是系统化和完整版的社会主义核心价值观；社会主义核心价值观是社会主义核心价值体系的高度凝炼，是便于人们掌握和遵循的价值规范。

四、社会主义核心价值观是对西方主流价值观的超越

西方价值观是一个笼统的概念，实际上，不同的西方国家，其价值观也不尽相同。就核心价值观而言，美国确定为"自由、民主、人权"，法国则强调"自由、平等、博爱"，英国的核心价值观比较宽泛，主要强调"自由、宽容、开放、公正、公平、团结、权利与义务相结合、重视家庭和所有社会群体等"❷。概言之，主流的西方价值观包含自由、平等、民主、博爱等价值理念。西方学者不断鼓吹这些价值主张，并把它们视为普世价值或人类共同的价值观。然而，任何价值观都不能脱离具体国家的历史文化传统与特殊的国情，超越一切差别的抽象价值观看似具有普遍适用性，实际上毫无指导意义。只有将抽象的价值观与具体的国情结合起来，才能成为大众乐于接受且能指导实践活动的行为规范。正是在这一层意义上，笔者认为社会主义核心价值观超越了西方主流价值观。

首先，就内容来说，社会主义核心价值观比西方主流价值观更为丰富和全面。它不仅包含作为西方主流价值观的自由、平等、公正、法治等，而且还吸收了中国传统的优秀价值理念，如爱国、敬业、诚信、友善，囊括了富有社会主义特征的价值追求，如富强、民主、和谐。相比于简单抽象的西方

---

❶ 方爱东. 社会主义核心价值观论纲 [J], 马克思主义研究, 2010, (12): 127-135.
❷ 何大隆. 英国：合力传播核心价值观 [J], 瞭望, 2007, (22): 27.

主流价值观，社会主义核心价值观具有更为丰富的内涵。从本质上说，西方主流价值中的自由、平等、民主是政治层面的价值追求，博爱既可以是个人层面的价值要求，也可以是社会层面的价值规范。但是，个体不是孤立存在的，不仅需要与其他社会成员建立联系，而且要生活在具体的国家当中。社会主义核心价值观不仅包含个人层面的价值准则，还包含社会层面的价值规范和国家层面的价值目标，可以指导和规范人们的活动。此外，内容丰富、层次分明、要求明确的社会主义核心价值观更易于被人们理解和领悟，进而将其作为规范自己行为举止的标准。

其次，社会主义核心价值观根植于中国特色社会主义现代化建设的伟大实践活动之中。它一方面继承了中国的优秀历史文化传统，具有鲜明的中国特征、中国气派；另一方面凸显了我国的社会主义性质和马克思主义指导思想，具有明显的时代印记。因此，它不是抽象空洞的道德说教，而是具体生动的价值追求和行动目标。

再次，西方主流价值观强调个人的自由与平等，忽视了社会群体的自由和公正。然而，在现实社会当中，人与人之间在财富占有、社会影响、个人能力、机会拥有等方面存在差别，甚至有很大的差距。在这种现实情况之下，过分强调个人的自由和平等就会导致其他人的不自由和不平等，从而导致社会层面的不公正。与之不同，社会主义核心价值首先强调社会层面的自由、平等和公正，在此基础之上，个体才能享受较高水平的自由和平等。换句话说，社会主义核心价值观将个人置于由群体构成的社会和国家当中来追求自己的自由和平等，从而使个体的价值取向和追求变得更加全面、更加合理。

最后，西方主流价值观自认为是"放之四海而皆准"的普世价值，忽视了国家和民族的多样性与发展实际。然而，每个国家的国情不同，经济社会发展的水平和目标也不一样，如果西方主流价值观不随着历史的发展而做出相应的调整与变革，那它将成为僵死的教条。但是，所有证据显示西方国家没有调整或变革其主流价值观的意愿和想法。与之不同，社会主义核心价值观不是简单的口号，而是随着实践活动的进步不断充实与发展的活的理论。当中华民族伟大复兴的"中国梦"实现以后，社会主义核心价值观的内容可能会发生改变，但核心价值观本身绝不会消失，这是因为我国的社会主义建设在共产主义社会实现之前不会停止，即使在共产主义社会，仍然需要共产主义核心价值观的引领。

总之,社会主义核心价值观继承并发展了我国优秀的传统价值理念,体现了马克思主义的基本立场、观点和方法,凝炼并丰富了社会主义核心价值体系。它深深地根植于我国社会主义现代化建设的伟大实践活动之中,为各族人民确立了国家、社会和个人层面的价值目标、价值规范、价值准则。社会主义核心价值观的提出是马克思主义中国化的最新理论成果之一,积极培育和践行社会主义核心价值观是中国共产党在意识形态领域和思想道德建设方面做出的重要决策。社会主义核心价值观不是简单的口号,而是不断丰富和发展的活的理论。正是在这一层意义上,它超越了自以为是"普世价值"的西方主流价值观。

第三节 社会主义核心价值观与中华文化认同

中华文化认同是中华民族认同和国家认同的思想基础,是文化软实力的重要组成部分,是维护国家长治久安与社会和谐稳定的必要条件。只有夯实各民族群众对中华文化的认同,才能培育人们对中华民族和社会主义中国的情感认同与思想认同。中华文化不是中华传统文化的代名词,而是由中华民族在历史发展过程中创造出来的文明产物。随着时代的进步和社会的发展,中华文化必将容纳更为丰富、更为先进的内容。在新的历史时期,中华传统文化在马克思主义的指导下呈现大发展、大繁荣的态势。与此同时,随着经济全球化、文化多样化、信息网络化的不断深化和各种社会思潮的泛滥,全国人民对中华文化的认同正遭受比较严重的冲击,同时也面临诸多挑战。因此,有必要采取措施切实提升全国各族人民对中华文化的认同。其中,在全社会培育和践行社会主义核心价值观是一项重要举措。不管是从理论还是现实维度来说,在全社会积极培育和践行社会主义核心价值观将有助于增强人们对中华文化的思想认同、历史认同和情感认同。

一、中华文化认同及其重要意义

我国是一个多民族国家,56个民族共同构成了中华民族,56个民族的文化共同孕育和创造了中华文化。中华民族是多元一体的民族，多元表现为她由56个民族构成，一体表现为她是统一的民族共同体。中华民族不是一个虚构或臆想的共同体，也不是汉族的别称，而是各族人民平等团结的大共同体。中华民族从一开始就是黄河流域和长江流域不同民族的统称，清末演变为满、汉、蒙、回、藏的统称，现在更是56个民族共同的称谓。在我国，民族认同不仅是对本民族的认同，更是对中华民族的认同。其中，对中华民族的认同更为基本、更为重要。

同样，中华文化是历史形成的、囊括56个民族优秀文化的综合体。当然，中华文化不是简单地将各民族文化组合在一块，而是在保持各民族特色文化的同时，凝聚和提炼出的共同的文化特质。换句话说，中华文化既具有多样性，又具有统一性。中华文化的多样性是各民族自我认同的基础，而同一性是各族群众认同中华民族的前提。正因为如此，在我国，文化认同包含两个层次：一是对各具体民族文化的认同，二是对中华文化的认同。两者虽有区别，但存在紧密联系。民族文化认同是各族群众民族身份的象征，是培育民族自豪感和向心力的思想基础。中华文化认同是全国各族人民共同的精神之基、思想之根、情感之源，是民族大家庭和谐相处、共同发展的文化基础。民族文化认同固然重要，但必须服务和从属于中华文化认同。对于国家认同和中华民族认同而言，中华文化认同具有非常重要的意义。

第一，中华文化认同是中华民族认同和国家认同的基础，是凝聚亿万中华儿女的精神纽带。"几乎所有的研究者都承认文化对于民族构成的价值，把共同的文化看作是民族的基本特征。"❶ 换句话说，没有文化方面的认同就谈不上民族认同和国家认同。在我国，对各族人民共同创造的文化——中华文化的认同将会为中华民族认同和国家认同奠定基础。中华文化认同能够凝聚海内外亿万炎黄子孙，这种功能平时也许并不明显，但当国家遇到大灾大难的时候，就表现得非常明显。那么，到底是中华文化中的什么内容触动了国人和海外侨胞的心灵？笔者认为，对于国人来说，认同中华文化就是认同中华民族共同的历史传统和中华文化所蕴含的价值理念；对于海外华人而言，认同中华文化就是承认自己的根在中国，这个根不仅是血缘之根，更是家园

---

❶ 柏贵喜. 民族认同与中华民族认同浅论 [J]. 西南民族大学学报，2011（11）：34-39.

情怀和家族记忆之根。

第二，中华文化认同不断造就中国经济发展的奇迹。中华文化崇尚勤劳、宽容、诚实和进取等人格品质。凡是中华文化影响比较深的地方或对中华文化认同比较强烈的人，吃苦耐劳、宽容仁爱、积极进取的精神就表现得非常明显。在市场经济当中，这些精神和品质是赢得竞争的重要条件。也正是凭借这些精神和品质，中国赢得了"世界工厂"的称号。近年来，国人开始思考如何将世界工厂转变为世界创意工厂，将中国制造转变为中国智造，从而使我国在世界经济产业链中处于高端位置。这一现象本身就反映了中华文化是不甘落后的文化，它具有积极进取、追求进步的品质。在这种文化的引领之下，中国经济必将不断创造出新的奇迹。

第三，中华文化认同可以提升国家的文化软实力。现在，国与国之间的竞争主要看综合国力，而综合国力不仅包括一国的经济、军事、人口资源等硬实力，还包括科技和文化软实力。[1] 文化软实力是一个抽象概念，它包括一国文化的整体创新能力，对本国国民和外国人的吸引力、凝聚力等。文化软实力往往通过生产方式、管理方式、文化产品、教育理念以及生活方式体现出来。加强中华文化认同可以增强国人的凝聚力，培育国人的创新能力，还有助于提升我国的文化软实力。

第四，中华文化认同有利于家庭团结、邻里和睦、社会稳定。中华文化的主体是优秀的中华传统文化，而传统文化的一个重要功能就是通过个人—家庭—国家—天下这样一条线索来塑造人的品格，规范人与人之间的关系，确立社会和国家的秩序。客观地说，传统文化中有些内容可能不适合当前社会的需要和发展，但重视家庭团结、邻里和睦、社会稳定、天下太平的思想仍然值得我们继承和弘扬。尤其在社会转型的当下，熟人社会逐渐解体，但立足于契约和诚信基础之上的陌生人社会还没有完全建立起来，家庭规模的缩小与家族联系的减少使得人们更需要相互理解和帮助。此外，人与人之间的关系变得更加脆弱和冰冷，邻里之间常年不走动，互相视为陌生人，整个社会也变得越来越缺乏宽容和爱心。这些现象就使得对中华文化的弘扬和认同愈发重要起来。

---

[1] 慎海雄. 让我们的文化软实力硬起来 [J]. 瞭望，2014（2）：10-11.

第五，中华文化认同可以为人们提供精神慰藉。人是理性的动物，也是情感的动物。金钱、权力、成功固然是大多数人的追求，但除此之外，人还有精神方面的追求。中华文化内容丰富，能够满足国人精神生活的多方面需要。例如，我们既可以从儒家那里找到激励人心、催人奋进的入世思想，也可以从老庄那里寻得洒脱自然的出世精神，还可以从佛教当中觅得内心的平静和恬淡；我们既可以从孔子那里继承"知其不可为而为之"的进取精神，也可以得到"忍一时风平浪静，退一步海阔天空"的宽容与豁达；我们既可以为追逐事业的进步，拥有"长风破浪会有时，直挂云帆济沧海"的雄心壮志，还可以用"采菊东篱下，悠然见南山"的田园情致释怀事业上的挫折。

第六，中华文化认同具有预防西方国家对我国进行"和平演变"和抵御外来文化侵蚀的作用。[1]一些西方国家视马克思主义和社会主义国家为眼中钉、肉中刺，不惜采取各种手段进行讽刺挖苦、污蔑抹黑，甚至出动武装力量直接干涉。新中国成立以来，西方国家从来没有放弃改变我国社会制度的企图和想法，在武装干涉、经济制裁、政治孤立无效的情况下，把希望寄托在青年一代身上。他们通过各种途径给青年人灌输所谓的"普世价值"和西方生活方式，然后借助青年人来实现和平演变中国的目的。但是，他们演变中国的企图一直没有得逞，一个很重要的原因就是青年人对社会主义中国和中华文化持有较高的认同度。

二、当前中华文化认同面临的挑战

改革开放以来，尤其是进入21世纪之后，中华文化认同面临着许多新的挑战。其中，有些挑战源自外部，有些则是转型时期中华文化自身存在的问题。认清这些挑战对加强文化认同具有重要意义。具体来说，来自外部的挑战主要有以下几个方面。

第一，西方国家不认同甚至蔑视中华文化。自近代以来，西方国家就一直在国际政治、经济、文化、科技、外交等领域占据主导地位，他们对自己的文化引以为傲，往往以自己的文化为标准审视其他文化。近年来，随着我国综合国力的增强和国际地位的提升，他们开始打着尊重多元文化和从事客

---

[1] 秦宣. 关于增强中华文化认同的几点思考[J]. 中国特色社会主义研究, 2010 (6): 18-23.

观研究的旗号从事中华文化研究,但内心深处仍然将不符合其标准的文化视为落后文化。按照他们的标准,中华文化不是先进文化,因此,也就没有宣传推广的必要。

第二,通过攻击马克思主义和社会主义来批评中华文化。自马克思主义诞生以来,西方学者和政府就没有停止对其的攻击。尤其是"冷战"结束以后,西方国家更是鼓吹马克思主义"过时了",社会主义"失败了",社会主义的历史"终结了"。❶他们借此攻击我国以马克思主义为指导思想的中华文化,一方面认为现在的中华文化已经不是真正的中华文化,而是马克思主义和中华文化的结合物;另一方面认为中国特色社会主义不是真正的社会主义,因此,现在的中华文化也不是真正的社会主义文化。在他们看来,我国现在宣传的爱国主义是狭隘的民族主义。此外,他们还借助宗教信仰和民族问题大肆抹黑我国的文化政策与政治制度。

第三,全球化的影响。改革开放以来,我国与世界的各种交流与联系日益密切,这在一些领域冲击着人们对中华文化的认同。例如,伴随经济全球化而来的西方先进科技、生产方式、管理理念吸引一部分国人热衷于西方文化。同时,随着西方价值观和生活方式的渗透蔓延,部分国人对中华文化的认同度有所降低。此外,超民族和超国界的宗教信仰不断强化信众对宗教文化的认同,这也削弱了我国部分信教人群对中华文化的认同。❷

第四,西方国家通过文化途径颠覆我国政权的企图没有停止。尽管西方国家借助青年人和平演变中国的目的一直没有得逞,但他们没有放弃努力。近年来,西方国家在通过新闻媒体、网络渠道直接鼓吹和推广其价值观的同时,还采取教育、文化交流等隐蔽方式宣传其政治思想,甚至在我国一些地区煽动学生运动并以此来激发青年人对抗社会和政府。例如,2014年发生在我国台湾地区的太阳花学生运动和香港地区的撑伞运动、2019年香港地区爆发的反修例运动都是西方价值观长期渗透的集中爆发。

除了上述外部原因之外,我国经济快速发展和社会全面转型对国人的中

---

❶ 秦宣. 关于增强中华文化认同的几点思考 [J]. 中国特色社会主义研究, 2010 (6): 18-23.
❷ 韩震. 论国家认同、民族认同及文化认同:一种基于历史哲学的分析与思考 [J]. 北京师范大学学报, 2010 (1): 106-113.

华文化认同也产生了冲击。与此同时，中华文化正处于凤凰涅槃式的转型阶段，在某些方面还跟不上时代和社会发展的需要。再加上国人对中华文化的理解参差不齐，甚至存在把精神垃圾和思想糟粕当作优秀文化的现象。这些问题和现象制约着国人对中华文化的认同。归纳起来，当前中华文化认同面临的挑战主要有以下几个方面。

第一，市场经济对中华文化的冲击。在市场经济的大环境中，人们的组织形式、生产方式以及对外在世界的看法都不同于前现代的农业社会。但作为中华文化主体的传统文化是农业社会孕育出来的产物，必然会受到市场经济的冲击。现在，人们对义与利、家庭与事业、收益与成本、权利与义务的理解已经远远不同于古人，而传统文化在这些方面没有跟上来，从而影响了国人对中华文化的认同。

第二，多元文化对马克思主义指导思想的冲击。改革开放以来，由于对具体民族文化的强调和重视，再加上世俗文化和外来文化的影响，主流意识形态有被淡化的现象。此外，还有一小部分人提出指导思想应该多样化和意识形态应该多元化的观点。毫无疑问，这些做法和观点一定程度上影响了各族人民对中华文化的认同。党的十八大以来，以习近平同志为核心的党中央高度重视坚持和巩固马克思主义在意识形态领域的指导地位。但是，多元文化对马克思主义指导思想的冲击依然存在。

第三，功利主义和拜金主义的泛滥干扰了国人对中华文化的理解和认同。改革开放以来，随着市场经济的快速发展，有些人的欲望不断膨胀，价值观念也随之发生改变。爱情变得世俗化，金钱味道越来越浓；原来和善的人际关系变得越来越紧张和脆弱；有些人的诚信意识越发变得淡薄；有些人更加关注自身的利益，对他人越来越淡漠，以至于要不要扶一下跌倒的老人都要成为全社会热议的话题；有些人对自己的生命更加重视了，但对他人生命的关注更多是茶余饭后的谈资；许多人对真善美已经不怎么敏感了，甚至有人将真善美和假恶丑混淆起来，颠倒黑白、以假乱真，甚至把追求假恶丑作为一种时髦来炫耀。毫无疑问，功利主义、拜金主义、享乐主义正在侵蚀着有些人对中华文化的认同。

第四，民族主义和分裂主义对中华文化认同的破坏。恰当的民族主义有利于民族认同和民族团结，但激进的民族主义对本民族和其他民族都是有危害的。现在，我国边疆地区的一些少数民族存在较强的民族主义倾向，局部地区还存在极端民族主义势力。他们过分强调本民族文化的独特性和重要性，人为割裂民族文化与中华文化之间的联系，甚至将中华文化作为异族文化进行排斥，破坏民众对中华文化的认同。有一段时期，宗教极端势力、民族分裂势力和恐怖势力制造了多起爆恐事件，他们不仅公开与政府和人民作对，企图分裂国家，而且不断挑战人类伦理道德的底线。这些现象充分说明在一些民族地区，中华文化认同还需要加强。

第五，中华文化还存在一些不足之处。例如，中华文化的内涵需要进一步确定。我们经常言及中华文化，但何谓中华文化，有些人却说不出来。有人把所有与中国文化有关的东西都装进中华文化的篮子里面，给人一种无所不包、良莠杂陈的感觉。此外，中华文化不仅包括优秀的传统文化，也包括"五四运动"以后产生的社会主义文化。但是，这两种文化有什么样的共性和区别，有些人还不是很清楚。毫无疑问，这会影响大家对中华文化的认同。又如，伴随着经济社会的快速发展，一些人陷入精神"困境"，感到莫名的焦虑和无助。同时，社会上也出现了一些违法乱纪、道德沦丧、迷信邪教的乱象。这些都说明中华文化建设还不能完全满足人民的需求，需要及时跟上时代发展的步伐。

总之，对中华文化的认同正面临着来自国内外各方面的挑战和威胁，这严重影响着全国各族人民对中华民族和对社会主义中国的认同。因此，有必要采取措施强化全体国民对中华文化的认同。

三、以社会主义核心价值观的培育和践行强化中华文化认同

加强中华文化认同是一项长期性的工作，也是一项系统性的工作。就参与的主体来说，主要有各级党组织、政府、文化和教育主管部门，各类学校、科研院所、新闻媒体、门户网站、公众人物以及普通群众。可以说，加强中华文化认同需要全体国民共同行动起来。就采取的措施来说，主要包括组织雅俗共赏的文化活动、建设各民族共同的历史记忆和文化符号、全面推广普通话教育、加强全民法治教育以及扩大各民族之间的文化融合等。就加强中华文化认同的具体内容来说，主要是通过文化的综合创新，增强人们对中华文化的思想认同、历史认同和情感认同。

党的十八届三中全会强调，要通过培育和践行社会主义核心价值观，巩固全党全国各族人民团结奋斗的共同思想基础。因此，在全社会积极培育和践行社会主义核心价值观就是加强中华文化认同的一项重要举措。❶ 社会主义核心价值观与中华文化不是截然不同的两种思想体系，相反，社会主义核心价值观是中华文化在新时期的重要组成部分，中华文化是社会主义核心价值观的思想基础。两者之间相互影响、相互促进。

从具体内容来说，社会主义核心价值观是全体人民在国家、社会和个人层面的基本价值追求与目标，是新时期中华文化在价值层面的具体表现。中华文化博大精深，既包含中国古人在认识世界和认识自己的漫长历史过程中积累起来的知识体系，也包含中华民族独具特色的道德追求和审美判断。近代以来，随着科学知识以几何级的速度增长，中华文化当中的知识体系不断得到充实与丰富。其中的价值思想在立足现实和综合创新的基础上被归纳为国家、社会、个人三个层面的价值追求，形成了新时期的价值理念，即社会主义核心价值观。从历史关系来看，社会主义核心价值观在马克思主义指导下，继承了我国传统文化当中的优秀价值思想并引领中华文化在新时代的前进方向。中国传统文化包含丰富的优秀价值思想。例如，家国同构的价值观念强调个人道德素质的培养和家庭关系的和睦，重义轻利的价值导向塑造了人与人之间的诚信与友善，勤劳宽容的民族品质赋予社会厚重的人情味，在与外敌抗争的腥风血雨中营造出来的爱国精神，士阶层达则兼济天下，穷则独善其身的理想抱负塑造了生命不止奋斗不已的进取精神，以及对人尽其才、地尽其利、物尽其用的太平盛世的设想与追求，等等。这些都被社会主义核心价值观吸收进去，凝炼成为爱国、敬业、诚信、友善等价值理念。同时，社会主义核心价值观结合时代发展的需要和中华民族伟大复兴的奋斗目标，在吸收平等、自由、公正、法治等西方优秀价值理念的基础之上，提出了富有马克思主义色彩的富强、民主、文明、和谐理念。社会主义核心价值观的提出充分展现了中国传统价值观和西方优秀价值观在马克思主义指导下的综

---

❶ 罗迪. 文化认同视角下的大学生社会主义核心价值观教育［J］. 思想教育研究，2014（2）：106-109.

合创新。这为中华文化的大发展、大繁荣提供了成功范例。❶ 正因为社会主义核心价值观与中华文化存在如此密切的关联，所以在全社会培育和践行社会主义核心价值观就能够加强全国各族人民对中华文化的认同。

(一) 社会主义核心价值观的培育和践行能够强化人们对中华文化的思想认同

从思想维度来看，中华文化是中华民族在历史发展过程中形成和积淀下来的风土人情、生活习惯、文学艺术、行为规范、价值观念和思维方式等能够被传承的意识形态。中华文化不是僵死的历史遗迹，而是渗透在当下现实生活之中具有勃勃生机和影响力的观念体系。党的十八大指出："积极培育社会主义核心价值观。牢牢掌握意识形态工作领导权和主导权，坚持正确导向，提高引导能力，壮大主流思想舆论。"❷ 社会主义核心价值观是当代中华文化的深层价值体现，是凝聚全党和全社会思想与行动的价值共识，也是中华文化批判继承人类一切文明成果的评判标准。社会主义核心价值观与中华文化并非截然分离的两种文化系统，而是紧密结合、有机统一的思想体系。

从历史传承来说，社会主义核心价值观坚持马克思主义指导思想，继承我国传统文化当中的优秀价值理念并引领中华文化在新时代的前进方向。中华文化源远流长、博大精深。在漫长的历史发展过程中，中华文化孕育了以爱国主义为核心并囊括团结统一、爱好和平、勤劳勇敢、自强不息的伟大民族精神，塑造了讲仁爱、重民本、守诚信、崇正义、尚和合、求大同的价值取向，形成了民贵君轻和政在养民的民本思想、德主刑辅和以德化人的德治主张、法不阿贵和绳不挠曲的正义追求、等贵贱均贫富和损有余补不足的平等观念、孝悌忠信和礼义廉耻的道德操守。❸ 社会主义核心价值观立足时代发展和我国国情，把优秀的传统价值思想凝炼为爱国、敬业、诚信、友善、和

---

❶ 郑海祥，王永贵. 正确认识社会主义核心价值观与先进文化建设的关系 [J]. 思想理论教育，2011（23）：8-12.

❷ 胡锦涛. 坚定不移地沿着中国特色社会主义道路前进为全面建成小康社会而奋斗 [M]. 北京：人民出版社，2012：32.

❸ 习近平. 坚持和完善中国特色社会主义制度推进国家治理体系和治理能力现代化 [J]. 求是，2020（1）：1-8.

谐、公正等价值理念。社会主义核心价值观并非中国优秀传统道德文化的简单继承，而是以马克思主义价值观为主导，对诸多先进价值理念的综合创新。

从思想的科学性来说，社会主义核心价值观不是三个维度十二个方面价值理念的简单拼凑，更不是单纯的政治宣传和道德说教。它是中国共产党人在坚持马克思主义基本立场、观点和方法以及立足于中国特色社会主义建设事业的基础上提出来的，是对国家和社会发展规律的正确认识，是对个人价值标准的准确刻画，是内容完整、结构合理、逻辑严密的价值体系。社会主义核心价值观体现了真理与价值的辩证统一，既是人们认识自己、认识社会和国家的真理尺度，又是指导个人行动的价值尺度。社会主义核心价值观是新时期中华文化在价值层面的具体表现。中华文化的外延非常广，既可以指称中餐、武术、汉字、象棋、麻将、故宫、长城等具体事物，又可以指称儒释道思想、唐诗宋词、二十四史等抽象的思想观念，还可以指称天人合一、知行统一、三纲五常、内圣外王、协和万邦、美美与共等核心价值取向。中华文化不是历史遗迹和陈腐观念的代名词，而是由历史延续至今的文明成果。社会主义核心价值观三个维度十二个层面的价值理念有些直接源自中华优秀传统文化，如爱国、敬业、诚信、友善、和谐，有些虽然不是中华优秀传统文化的核心价值理念，但也是重要的价值主张，如平等、公正、富强、文明等。当前，中华民族正沿着中国特色社会主义文化发展的道路，通过继承和发扬中华优秀传统文化，吸收和借鉴国外优秀文化成果，实现当代中华文化的大发展、大繁荣。

从价值导向来说，社会主义核心价值观给人们确立了国家层面的奋斗目标，描绘了社会层面的发展前景，提出了个人层面的价值准则。实现国家层面的富强、民主、文明、和谐，是近代以来无数仁人志士的崇高理想，也是中华文化蕴含的价值共识；实现社会层面的自由、平等、公正、法治，是保障国家长治久安和个人切身利益的社会基础，也是中华文化当中大同社会和小康社会理想的科学化体现；坚持个人层面的爱国、敬业、诚信、友善，是培育道德素质和君子人格的内在要求，是实现社会和国家层面价值目标的必要条件，也是中华文化当中重德思想的时代回应。

中华文化认同的关键环节就是通过论证与分析，实现对文化内涵的理性认同。同样，社会主义核心价值观的培育和践行也离不开人们对核心价值观思想内涵的理性认同。由于社会主义核心价值观和中华文化在历史传承、思想内容的科学性以及价值导向方面存在紧密联系,因此,对社会主义核心价值观的理性认同和价值践行有助于加强人们对中华文化的思想认同。

(二) 社会主义核心价值观的培育和践行能够强化人们对中华文化的价值认同

人们要在日常生活中真切认同中华文化、自觉培育和践行社会主义核心价值观,除了思想认同之外,还需要价值认同。价值认同是把思想理论内化为价值观的重要活动,也是连接理论认识和实践活动的中间桥梁。只有当人们对一种理论形成价值认同时,这种理论才能成为人们自觉践行的对象。社会主义核心价值观的广泛培育和践行能够强化人们对中华文化的价值认同,原因如下。

首先,社会主义核心价值观是中华文化的深层价值体现。社会主义核心价值观既包含每个人都能够践行的价值准则,又包含人们对社会主义社会发展的价值取向和对国家现代化建设的价值目标。这三个层面的价值理念不是并列的,而是一个从个人层面向社会层面、国家层面逐步提升的价值序列。这就很好地满足了个人道德修养提升的需求和中国特色社会主义建设事业不断发展的价值需要。中华文化既包含注重精神追求和理论认知的雅文化,也包含日常经验和常识形态化的俗文化。但不管是雅文化还是俗文化,都蕴含着对个人德性养成、社会公正平等、国家富强统一的执着追求,这些是社会主义核心价值观的思想基因。在经济社会转型的当下,社会主义核心价值观更是中华文化创造性转化和创新性发展的基本价值导向。

其次,中华文化认同与社会主义核心价值观的培育和践行是全体国人都应该做和能够做的事情。我国是一个多民族的人口大国,人们的受教育程度和价值追求差别很大。因此,不能简单要求所有人对中华文化都有相同的认同,也不能盲目按照统一标准培育和践行社会主义核心价值观。从事理论研究和致力于精神生活的人,可以在培育和践行社会主义核心价值观的同时,实现对中华文化当中雅文化的高度认同;普通群众可以在日常生活当中通过培育和践行社会主义核心价值观,实现对俗文化的认同,并由此上升到对雅文化的认同。同样,社会主义核心价值观的培育和践行也要落实到不同阶层的具体行动当中。开展理论研究工作和科技创新工作固然是在践行社会主义核心价值观,学生认真学习、工人努力工作、农民辛勤耕耘也是在践行社会主义核心价值观。

最后,中华文化认同与社会主义核心价值观的培育和践行涵盖社会生活的各个层面。雅文化比较深邃和系统,需要经过专业研究才能被掌握和发展。相比之下,俗文化比较浅显和零碎,但与现实生活关系密切,极易为普通群众所掌握。历史上中华文化之所以影响广泛和持久,一个很重要的原因是她既包含人类的深层价值追求,又不远离人们的日常生活,并在一茶一饭、一言一行当中实现个人层面、社会层面和国家层面价值追求的完美统一。同样,人们既可以在每天的学习、工作、生活当中培育和践行社会主义核心价值观,也可以在个人独处、与家人相聚、与他人交往的过程中培育和践行社会主义核心价值观,并以此来强化对中华文化的价值认同。

(三) 社会主义核心价值观的培育和践行能够强化人们对中华文化的情感认同

对中华文化的思想认同和价值认同固然重要,但还需要情感认同加以巩固。不管是中华文化认同还是社会主义核心价值观的培育和践行,都包含着人们赋予的丰富情感。情感色彩越浓,对中华文化的认同就越强烈,对社会主义核心价值观的培育和践行就越执着。中华文化和社会主义核心价值观都饱含着中华民族在历史发展过程中赋予的情感成分,这是从情感层面认同中华文化、培育和践行社会主义核心价值观的逻辑前提。

中国文化当中蕴藏着丰富的爱国主义思想。不管是儒家"治国平天下"的外王抱负,还是陆游"位卑未敢忘忧国,事定犹须待阖棺"的忧患意识;不管是张载"为天地立心,为生民立命,为往圣继绝学,为万世开太平"的人生志向,还是顾炎武"保天下者,匹夫之贱,与有责焉"的责任意识,都深深地融入无数中华儿女的精神血脉之中,成为中华民族最深厚、最崇高的情感。[1] 社会

---

[1] 黎昕,林建峰. 优秀传统文化的传承与社会主义核心价值观的凝炼[J]. 福建论坛,2012(9):163-167.

主义核心价值观秉承这种神圣的爱国主义情怀，并把它负载于富强、民主、文明、和谐的价值目标之上，使其有了更为坚实的理论基础和现实保障。

对理想社会的向往和追求是中华民族坚持不懈、孜孜以求的事业。对未来社会的各种设想早已积淀为中华文化的重要思想内容。例如，《礼记·礼运》描绘的大同社会，《老子》提倡的鸡犬之声相闻，民至老死不相往来的小国寡民社会，陶渊明向往的与世隔绝、生活安逸的世外桃源，洪秀全提出的"有田同耕，有饭同食，有衣同穿，有钱同使，无处不均匀，无人不饱暖"的人间天国。社会主义核心价值观把中华文化当中的未来社会构想与马克思主义的共产主义理想有机统一起来，提出了符合中国国情的社会价值取向。自由、平等、公正、法治的社会不是虚无缥缈的人间幻象，而是能够实现的社会发展目标。

中华文化非常注重个人德性的养成，把"内圣外王"确立为最高的道德境界与人生理想。其中，内圣就是个体通过对道德本体的诚明功夫，达到个人德性层面的勇毅、刚健、庄敬、谦和、羞耻、勤俭。内圣的根本目的是外王，外王要通过礼教功夫来实现对家人的孝慈、友爱，对朋友的谦让、友谅，对国家的公忠、廉洁。❶ 个人德性的培养不仅是统治者治国安民的重要手段，也是个人实现自身价值的前提条件。社会主义核心价值观继承了传统道德思想当中的优秀内容，把个人德性的养成置于社会生产实践活动之中，突出了个人对他人、社会和国家的外在道德责任。社会主义核心价值观并没有忽视个人私德的培育和个人价值的实现，而是紧紧围绕个人的自由全面发展，把个人的成长成才与社会发展、国家建设有机结合起来，为个体价值的实现提供了坚实的外部保障。社会主义核心价值观与中华文化在国家情怀、社会理想、个人价值的实现等方面实现了对接，因此，社会主义核心价值观的培育和践行可以有效激发国人的爱国主义精神，树立为实现理想社会而奋斗的坚定信念，增强个人道德修为和成人成己的自觉意识。显然，这些都会强化人们对中华文化的情感认同。

概言之，由于社会主义核心价值观与中华文化在思想内容、价值取向和历史意蕴等方面的高度契合，社会主义核心价值观的培育和践行就成为增强

---

❶ 刘立夫，胡勇. 中国传统道德理念的内在结构 [J]. 哲学研究，2010（9）：41-46.

全国各族人民对中华文化思想认同、情感认同和价值认同的重要举措。中华文化的思想认同、价值认同和情感认同之间存在互相影响、互相促进的关系。思想认同是中华文化认同的基础，价值认同是中华文化认同的根本目的，情感认同是中华文化认同的固化剂。社会主义核心价值观的培育和践行是中华文化影响社会生活的崭新渠道，也是加强人们对中华文化思想认同、情感认同和价值认同的重要举措。

第五章 社会主义核心价值观的培育和践行

社会主义核心价值观是具有科学性、先进性和实践性的价值观。科学性表现为社会主义核心价值观是马克思主义价值观在社会主义初级阶段的中国化产物，是符合人类价值追求的价值观；先进性表现为社会主义核心价值观是源于现实但又高于现实的价值观；实践性表现为社会主义核心价值观是能够指导人们言行举止的价值观，是能够规范社会秩序和引导人们建设社会主义现代化国家的价值观。但是，可能性不同于现实，实践性不同于实践。社会主义核心价值观要发挥其科学性、先进性和实践性，就必须被人们认知、认同和践行。虽然社会主义核心价值观是党的十八大正式提出来的，但其蕴含着深厚的历史文化底蕴。新中国成立特别是改革开放以来，我国经历了深刻的社会转型和思想重塑，但中华传统文化依然潜移默化地影响着人们的思想观念和行为举止。因此，社会主义核心价值观的培育和践行必须与中华优秀传统文化的弘扬结合起来，一方面吸收传统优秀价值理念以丰富社会主义核心价值观，另一方面借鉴传统道德培育模式和践行模式以丰富社会主义核心价值观入脑入心入行的路径。

第一节 社会主义核心价值观的认知、认同与践行

先进的理论只有被人民群众所理解、接受并自觉转化为实际行动，其先进性才能充分体现出来。理解理论就是掌握理论的主要内容、特点和意义；接受理论就是把理论呈现的价值理念作为自己价值观的一部分，使其成为价值评价活动的标准；践行理论就是把自己理解和接受的理论运用到社会实践活动中去，把思想转化为现实的社会生产实践活动。党的十八大以来，学术

界对社会主义核心价值观的基本内容、逻辑关系、特征特点、重要意义以及与中华优秀传统文化、资本主义价值观的关系进行了深入研究，现在的主要任务就是在全社会广泛培育和践行社会主义核心价值观，这就要求广大群众准确理解、主动接受、自觉践行社会主义核心价值观。社会主义核心价值观的培育和践行要求价值主体在思想层面准确理解社会主义核心价值观的科学内涵，在情感层面真心接受社会主义核心价值观的价值主张，在行动层面自觉践行社会主义核心价值观的基本要求。通过丰富社会主义核心价值观的基本内涵、改进宣传方式、完善价值评价导向机制，就能有效推进全国各族人民对社会主义核心价值观的思想认知和情感认同。社会主义核心价值观的践行要综合考量价值主体在个人层面、社会层面和国家层面的整体价值要求，在维护国家层面和社会层面高位价值理念的同时，尊重个人层面的价值追求。

一、社会主义核心价值观的认知方式与强化措施

践行社会主义核心价值观首先需要理解社会主义核心价值观。社会主义核心价值观不是三个维度十二个方面价值理念的简单堆积，而是社会主义理论体系、社会制度和实践运动在价值观上的表现，是中国共产党人批判继承人类一切优秀价值理念的产物，体现了马克思主义一般价值观与现阶段中国国情的有机结合。对社会主义核心价值观的理解可深可浅，这取决于认知个体的具体情况。我国人口基数大，不同阶层、不同年龄段的人受教育程度不同，学习能力和知识结构差别很大，再加上人们从事的职业千差万别，这就使得国人对社会主义核心价值观的理解呈现多样性：既有知识群体的理论认知和各级党政领导干部的自觉认知，也有一般群众的粗浅认知和少数群体的不知不觉。

理论工作者具有扎实的知识基础、缜密的逻辑推理能力、强烈的批判意识，对于没有经过分析思考的观点，往往不会轻易接受。对于理论工作者尤其是人文社会科学领域的学者来说，仅仅宣传社会主义核心价值观是不够的。还需要讲清楚每一个价值理念的深刻内涵，每一个层面价值观念之间的内在关系，三个层面价值观念之间的逻辑关联；需要讲清楚社会主义核心价值观与空想社会主义、科学社会主义、中国特色社会主义之间的理论关联；需要讲清楚社会主义核心价值观体现出来的马克思主义基本立场、观点和方法；

需要讲清楚社会主义核心价值观与中国优秀传统文化、西方先进文化之间的吸收创新关系。❶

社会主义核心价值观不是一成不变的价值体系,必将随着中国特色社会主义建设事业的发展而不断丰富,这就需要准确理解社会主义核心价值观的具体内涵。例如,在不同历史时期,富强的具体含义不一样。在革命年代,富强就是实现国家独立,使列强不敢再侵略我国;在社会主义建设时期,富强就是实现我国农业、工业、国防和科学技术的现代化;在改革开放新时期,富强就是在21世纪中叶实现中华民族的伟大复兴。随着历史的发展,富强的含义还会发生改变。与此类似,其他价值理念的含义也存在不断丰富的情形。为了系统掌握社会主义核心价值观,理论工作者要善于利用古今中外的各种优秀资源,丰富和完善社会主义核心价值观的内涵;积极探索各种便捷有效的手段和渠道引导人们自觉践行社会主义核心价值观;善于把成功的做法和经验制度化、法律化,努力构建人人树立、人人践行的良好社会氛围。

在全社会积极培育和践行社会主义核心价值观是党中央为了巩固全国各族人民团结奋斗的共同思想基础和推进社会主义文化建设而采取的重要举措,而各级领导干部是具体落实这一重要举措的关键少数。因此,各级领导干部对社会主义核心价值观科学内涵的准确理解是在全社会培育和弘扬社会主义核心价值观的重要保障。一般来说,各级领导干部主要通过学习中央文件精神来理解社会主义核心价值观。这种方式的优点是能够从宏观层面把握社会主义核心价值观的基本内容和重要意义,再加上各级领导干部比较熟悉本地区、本部门、本行业的具体情况,因而比较容易把握社会主义核心价值观与经济社会发展的关系。但缺点是不能深入把握社会主义核心价值观与中国优秀传统文化、资本主义价值观的关系。因此,各级领导干部也要加大理论学习力度,深化对社会主义核心价值观的理性认知。

绝大多数企事业单位职员和中小学生主要通过电视、报纸、网络、宣传标语、课堂讲授等途径了解社会主义核心价值观。当然,也不排除个别人做了专门学习和研究。但是,相对来说,这一群体的大部分人对社会主义核心价值观的理解还停留在对十二个价值理念的掌握上,要求他们系统学习和研

---

❶ 方爱东. 社会主义核心价值观论纲 [J]. 马克思主义研究, 2010 (12).

究社会主义核心价值观的难度很大。因为他们既没有充足的时间和精力，也缺乏必要的知识储备。但他们现在是或即将成为社会主义现代化建设的主力军，社会主义核心价值观能否在全社会得到培育和践行，关键取决于这一群体对社会主义核心价值观的理解、认同和践行情况。

为了推进企事业单位职员和中小学生对社会主义核心价值观的理解，在强化固有措施的同时需要采取以下举措：一是发挥党组织、工会、学生会、共青团、少先队的组织优势，通过集体学习和专题教育活动，帮助所属成员系统学习社会主义核心价值观。二是在评优选优、考核提拔指标当中加入对社会主义核心价值观的学习要求，从体制、机制上引导大家积极学习社会主义核心价值观。三是通过参观爱国主义教育基地、下基层体验活动以及其他专题实践活动，使大家真切感受到践行社会主义核心价值观的重要性，并反过来强化自己对核心价值观的思想认知。四是发挥先进典型的示范引领作用，提高大家学习社会主义核心价值观的积极性和主动性。

需要指出的是，绝大多数农牧民和自由职业者对社会主义核心价值观还比较陌生，对社会主义核心价值观的认知还处于不知不觉状态。与此同时，对这一群体的社会主义核心价值观宣传还浮于表面，除了在广告展板和围墙上喷绘社会主义核心价值观的内容之外，还缺乏其他切实有效的举措。未来，我们要重视基层党组织、行业协会、村民委员会和社区居民委员会对所属成员的思想宣传与价值引导作用，要利用大家乐于参与的方式和手段把相对分散的群众凝聚在一起，围绕社会主义核心价值观编排戏剧、歌舞，编撰民歌、民谣，通过评选先进人物、五好家庭、道德标兵等形式把对社会主义核心价值观的学习与认识落到基层、落到每一个人身上。

对社会主义核心价值观的认知能从理论层面开展固然很好，但难以要求所有人都能达到这样的高度。理论认知是把理论转化为实践活动的前提条件，但社会生活也不全是在系统理论指导下进行的，除了科学研究和标准化生产活动之外，人类生活的很大一部分还处于经验和常识的支配之下。因此，对社会主义核心价值观的掌握不能只通过理论层面的学习，还应该和人民群众的日常生活结合起来，通过鲜活的事例和通俗易懂的道德故事，使核心价值观的基本要求内化为绝大多数人日用而不知的价值准则和行为规范。

二、社会主义核心价值观的认同模式与影响因素

众所周知,由是然不能推出应然。知道一种价值观并不意味着就能在思想上接受并认同这种价值观。社会主义核心价值观的培育和践行不仅要解决知与不知的问题,还要解决信与不信的问题。前者是价值观的认识问题,后者是价值观的认同问题。一种理论或价值观"只有在社会行动者将之内在化,并围绕着这种内在化过程建构其意义的时候,才能够产生认同"❶。价值认同是一种复杂的思想活动,它包含价值主体对认同对象的理性认知和价值主体按照已有价值观对不同思想观点的选择与取舍,还包括对已选思想观点的情感接受。价值认同不是按固定程序发生的,极易受到个人情感和遭遇的影响。正因为如此,很难从认知心理学的角度对价值认同给出定量分析。可行的办法就是从价值认同形成的各环节出发,分析价值认同的模式和影响因素。

在社会主义核心价值观的培育和践行当中,价值认同是把价值思想转化为个人德性和行为习惯的关键环节,是连接理性认知和价值践行的中间桥梁。当前,个体对社会主义核心价值观的认同不仅存在价值认同本身就具有的复杂性,还面临着以下特殊情形:一是价值主体的受教育程度和学习能力差别较大,因此,人们对社会主义核心价值观的理解与认同呈现多样性。❷ 有些人深刻理解并真心接受社会主义核心价值观,有些人理解但不愿接受,有些人真心接受但缺乏深入理解,还有些人既不熟悉也不愿接受。二是我国正处于经济发展新常态和社会深度转型期,各种社会思潮纷至沓来,一些腐朽落后的价值理念死灰复燃,旧的社会规范和道德准则处于蜕变期,新的价值规范还处于培育期。在这种情况下,人们的价值认同对象纷繁复杂,价值认同方式呈现多样化并相互交织在一起。

按照主体在价值认同当中所处的地位,可以把个体对社会主义核心价值观的认同区分为自觉认同、诱导认同、强制认同三种模式。❸ 自觉认同就是在对社会主义核心价值观理性认知的基础上,主动接受并自愿按照社会主义核

---

❶ 曼纽尔·卡斯特. 认同的力量 [M]. 曹荣湘,译. 北京:社会科学文献出版社,2006:5.

❷ 徐文涛,赵立波. 社会主义核心价值观知晓度的初步分析:以一种历史研究方法的视角 [J]. 中共福建省委党校学报,2016 (7).

❸ 冯留建. 社会主义核心价值观培育的路径探析 [J]. 北京师范大学学报,2013 (2).

心价值观的要求去行动。自觉认同比较稳定和持久，但对价值主体的认识能力要求比较高，这就使自觉认同成为绝大多数理论工作者和各级领导干部采用的模式。诱导认同是党和政府通过人们喜闻乐见、通俗易懂的素材和方式宣传社会主义核心价值观，通过潜移默化的过程影响、改变并最终使人们自愿接受社会主义核心价值观。诱导认同虽然是被动的认同，但却是全社会认同社会主义核心价值观的主要模式。强制认同是党和政府凭借自己的强势力量，迫使一小部分经常挑战道德和法律底线的人接受社会主义核心价值观。强制认同往往违背价值主体的意愿和选择，但对社会主义核心价值观抱有抵触情绪和偏激思想的人来说，强制认同是管用且方便的模式。

自觉认同、诱导认同和强制认同是从认同方式的角度来区分的，但就认同结果来说，三种认同模式最终都要实现价值主体对社会主义核心价值观的理解和接受。但不管哪种类型的认同，认同对象的科学性、实践操作性以及对认同对象的宣传方式直接影响着认同效率的高低和认同效果的好坏。因此，在推动个体培育和践行社会主义核心价值观的过程中，要凸显社会主义核心价值观的科学性、实践操作性，并采取切实有效的宣传方式。

认同对象的科学性决定认同效果的稳定性。纵观人类历史，有些价值认同早已灰飞烟灭，有些价值认同则亘古不变。例如，对历史人物的价值认同有些早已成为过去，有些则发生了改变，但对真善美的认同从古至今丝毫没有减弱。社会主义核心价值观是科学的价值理论，也是先进的价值思想。它不是脱离我国历史文化传统和当下社会生产实践活动而孤立存在的思想体系，而是在批判继承包括我国优秀传统价值思想和资本主义先进价值观的基础上提出来的，是适合当下中国特色社会主义建设事业需求的价值观。社会主义核心价值观涵盖了个人层面的价值准则、社会层面的价值取向和国家层面的价值目标，体现了社会主义制度的本质属性和中国化马克思主义的价值归宿。毫无疑问，社会主义核心价值观具有显明的理论性和科学性，这为人们认同和践行社会主义核心价值观提供了坚实的理论保障。

为了提高人们对社会主义核心价值观的认同效果，需要强化社会主义核心价值观与实践主体个人利益的相关性，使个体践行社会主义核心价值观不仅能够提高自己的道德素养和职业操守，还能有助于个人事业的进步和家庭生活的幸福，进一步来讲，还能为个人自由而全面发展创造良好的社会条件。

社会主义核心价值观要有效指导人们的社会生活，还需要具备实践操作的便捷性和内容涵盖的全面性。实践操作的便捷性一方面确保人们不需要花费太多精力就可以践行社会主义核心价值观，另一方面也很容易使人们成为合格甚至优秀的价值践行者。内容涵盖的全面性确保不同阶层的人都能按照核心价值观的要求规范自己的言行举止。

科学易操作的价值理论要被人们所认同，首先就要被人们所认知。为了使广大群众准确理解核心价值观的内容，就需要对社会主义核心价值观进行全方位、多角度的宣传。[1] 目前，理论层面和实践层面已经探索出许多行之有效的宣传措施，需要补充的是，在宣传和解读社会主义核心价值观的过程中，要处理好以下关系：一是历史性和时代性之间的关系。我们生活在当下，但与历史有着无法割裂的联系。因此，在思想解读方面，学术界要继续研究社会主义核心价值观与中华优秀传统价值思想、国外先进价值理念之间的继承创新关系，凸显社会主义核心价值观本身的历史性和时代性。在宣传教育方面，要有效利用我国历史上优秀的道德案例和价值教育的成功经验，把社会主义核心价值观的内容通过生动亲切的例子讲给普通群众，强化价值观教育的吸引力和感染力。二是民族性和开放性之间的关系。社会主义核心价值具有显明的民族性，这不仅体现在对传统价值思想的继承发展，还体现在社会主义核心价值观充分反映了近代以来中国无数仁人志士孜孜以求的国家富强和民族复兴理想。[2] 与此同时，社会主义核心价值观还具有突出的开放性。这主要体现为社会主义核心价值观以马克思主义为指导思想，积极批判吸收包括资本主义价值观在内的一切人类优秀价值思想，学习借鉴西方国家成熟有效的价值观宣传机制。此外，社会主义核心价值观的开放性还体现在它不是僵化不变的理念体系，而是随着社会实践活动不断丰富和发展的先进价值思想。[3] 三是主导性和多样性之间的关系。社会主义核心价值观是马克思主义指导思想、社会主义制度和中国特色社会主义道路在价值层面的具体表现，是全体国民都能够接受的价值观最大公约数，是各族群众首先要坚持和践行的

---

[1] 郑晶晶, 曲建武. 社会主义核心价值观大众认同的多层诠释及路径探索 [J]. 当代世界与社会主义, 2016 (3)：93-98.

[2] 崔宜明. 社会主义核心价值观与中华优秀传统文化的再认识 [J]. 道德与文明, 2014 (5)：21-27.

[3] 崔治忠. 社会主义核心价值观的价值意蕴 [J]. 理论探索, 2015 (3)：10-13, 50.

主流价值观。与此同时，社会主义核心价值观肯定价值思想的多样性和复杂性，倡导和鼓励其他优秀的价值理念成为自己的有益补充。例如，尽责、协作、和平应该成为国家层面的辅助价值目标，共同富裕、劳动光荣是社会层面价值取向的重要补充；中和、礼让、节制、勇毅、明智、知耻、自强等价值理念是个人层面价值准则的内在要求。❶

三、社会主义核心价值观的有效践行模式

理解和认同社会主义核心价值观的根本目的是践行社会主义价值观。社会主义核心价值观的践行在个人层面要求每个人都成为有操守、讲信用、重协作、敢担当、爱祖国的新时代公民，在社会层面要求通过法治和道德手段营造平等、自由、公正的社会秩序，在国家层面要求经过新时代公民的不懈努力，实现社会主义现代化建设和中华民族的伟大复兴。社会主义核心价值观既包含每个公民当下就应该践行的价值准则，也包含国人对社会建设和国家现代化的价值追求。正因为如此，有人认为，个人层面的价值准则比较容易践行，而社会层面的价值取向和国家层面的价值目标则很难落实到个人的言行举止上。显然，这种观点是错误的。因为个人不是孤立存在的，而是处于复杂的社会关系网之中。近代以来，随着民族国家的出现，每个人都归属于某个或几个国家，并具有确定的国籍。因此，一个人的任何一项活动至少具有个人、社会和国家三个层面的意义。其中，最为直接和具体的意义归属于个人层面，但更为持久和崇高的意义归属于社会层面和国家层面。

在绝大多数场合，对社会主义核心价值观三个层面价值理念的践行是相统一的。个人层面的爱国、敬业、诚信、友善不仅有助于社会层面的自由、平等、公正、法治，而且有利于国家层面的富强、民主、文明、和谐。例如，认真学习、努力工作、守信用、团结他人、乐于助人等行为，对个人、社会和国家都是有利的。在一些特殊场合，个人的行为与社会主义核心价值观的有些价值理念相一致，但与另一些价值理念不一致甚至相冲突。例如，有些爱国青年为了表达自己对日本右翼势力的激愤，会做出打砸抢举动。这样的行为看似爱国，实际上不利于社会的稳定和国家的进步；有时候，医生为了

---

❶ 罗国杰. 中国传统道德（规范卷）[M]. 北京：中国人民大学出版社，1995：6.

文化与价值

更好地医治患者会刻意隐瞒病情,但这种不诚实举动的目的是为了更好地关爱患者;有些人坚守与人为善的道德原则,不愿举报违法乱纪的朋友,但这一做法不利于社会的公正与法治,等等。

因此,一种行为是否符合社会主义核心价值观就成为价值践行者必须要解答的重要问题。我们不能对社会主义核心价值观三个维度十二个方面的价值理念做孤立片面解读,也不能单独将某一个或几个价值理念作为衡量行为善恶对错的标准。因为片面理解和践行社会主义核心价值观很容易导向价值相对主义。恰当的做法就是依据社会主义核心价值观对行为举止做整体衡量,看它是否符合个人层面的价值准则、社会层面的价值取向、国家层面的价值目标。如果都符合,这样的行为就是善举。如果完全不符合,这样的行为就需要坚决摒弃和杜绝。如果一行为与社会主义核心价值观的一些理念相符合,跟另一些不相符合,那怎么衡量该行为的善恶对错呢?可行而且值得提倡的办法就是看这一行为是否符合国家层面和社会层面的高位价值理念,如果符合是值得提倡的。反之,则要坚决杜绝,因为这样的行为往往损害国家利益、危害社会稳定。

社会主义核心价值观的践行不是个别群体或阶层的任务,而是全体公民共同努力的事业。开展高精尖的研发工作和艰深的理论研究工作固然是践行社会主义核心价值观;小商小贩诚实经营、农民辛勤劳作也是践行社会主义核心价值观;各级领导干部遵纪守法勤政为民更是践行社会主义核心价值观的重要表现。践行社会主义核心价值观的领域和实际效果可能不一样,但就行为本身而言,各种生产实践活动都是善行义举。社会主义核心价值观的践行可以区分为积极和消极两种:积极践行就是明确按照核心价值观的要求行动,严格遵守个人层面的价值准则,为实现国家层面的价值目标和社会层面的价值取向努力奋斗;消极践行就是不损害民族和国家的利益,不做违法乱纪和与人为敌的事情。这样的行为虽然不是正面践行社会主义核心价值观,但也没有违背核心价值观的要求。从某种意义上来说,这样的行为也是在践行社会主义核心价值观。通过这两种方式,社会主义核心价值观的践行就可以涵盖绝大多数群体的绝大多数行为举止。

社会主义核心价值观的正面践行固然很重要,但对违背社会主义核心价值观的行为进行揭露、批评甚至责罚也很重要。当前,我国正处于经济社会的深度转型期和中华文化的创新发展期，人们的价值取向呈现多样化态势，社会规范和道德准则也处于重塑期。一些人抵挡不住金钱和权力的诱惑，不断触碰法律红线；一些人在激烈竞争的市场经济当中抛却亲情、友情，不断突破伦理道德和法律的底线；一些人在西方文化和价值观的激烈冲击下成为思想俘虏，并积极为西方国家"和平演变"中国摇旗呐喊。对于这些行为，我们要勇敢地进行揭露和批评，情节严重的要绳之以法。如果对这些行为视若无睹，那还会有谁愿意遵守法律和道德规范呢？

社会主义核心价值观的培育和践行是一项长期性的系统工程。❶ 现在，社会主义核心价值观的培育和践行已经在全社会推广开来，但还存在一些盲区和空白点。例如，老少边穷地区的农牧民、城市当中的一些自由职业者和待业青年。下一步，要采取切实有效的措施推进这些群体对社会主义核心价值观的培育和践行。价值观一经形成，就具有稳定性和持久性。因此，对社会主义核心价值观的培育和践行要持之以恒、坚持不懈。长此以往，社会主义核心价值观就会成为个人内在精神世界的一部分，自觉践行核心价值观也就会成为个人的日常习惯。当许许多多的人把自觉践行社会主义核心价值观作为一种常态时，社会主义核心价值观就成为全社会的共同价值思想。

社会主义核心价值观的践行要成为全体国民的自觉行动，还需要建立完善的价值评价导向机制和利益引导机制。❷ 价值评价是一种针对价值现象的认识活动，科学的价值评价能够正确引导人们的行为。在现实生活当中，人们对价值评价并不陌生，因为我们的许多选择和行动都是在价值评价之后做出的。对于绝大多数行为的善恶对错，我们很容易做出价值评价。但是，也有一些行为举止引发了价值评价方面的混乱。例如，有人扶老人被讹，那么，下次碰到摔倒的老人要不要扶呢？现在社会上有很多骗子扮作乞丐行骗，下次碰到乞丐的时候要不要施舍帮助呢？这些现象的解决一方面需要相关部门不断完善社会保障和救济体系，利用法律和道德武器坚决杜绝社会丑恶现象对群众同情心和爱心的透支；另一方面需要价值主体综合各方面的情况，提高价值评价的水平。此外，个体在做出正确的价值评价之后能不能干出善行

---

❶ 王晓晖. 积极培育和践行社会主义核心价值观 [J]. 求是，2012 (23)：32-35.
❷ 陈晓莉. 培育和践行社会主义核心价值观：问题与对策 [J]. 学习论坛，2016 (7)：58-62.

义举还取决于现有的利益引导机制。"利益导向是一把双刃剑，运用不好，易使人陷入物质诱导的泥沼，而恰当地运用则有利于提高人的积极性。"❶ 在社会主义核心价值观的践行当中，应该奖励和表彰先进典型，至少不能让他们的利益受损；对于违背核心价值观的人，要给予谴责甚至责罚，不能让他们干了坏事还沾沾自喜。只有这样，人们才会在社会主义核心价值观的践行当中实现福德统一。

社会主义核心价值观的培育和践行要落实到现实生活当中，落实到每一个人身上，就要求个体在思想层面准确理解社会主义核心价值观的科学内涵，在情感层面真心接受社会主义核心价值观的主要内容，在行动层面自觉践行社会主义核心价值观的基本要求。个体理解、认同和践行社会主义核心价值观的过程也是自己思想认识提升、德性品质养成、行为习惯塑造的过程。个体不仅要把社会主义核心价值观作为自己自觉培育和践行的对象，还要把自觉培育和践行社会主义核心价值观作为自己的行为习惯。唯有如此，社会主义核心价值观才能真正成为全体中国人的共有价值思想。

第二节 借鉴和吸收优秀传统价值理念

当前，全社会正在广泛培育和践行社会主义核心价值观。但是，如何处理社会主义核心价值观与中华传统文化尤其是优秀传统道德文化之间的关系，就成为能否有效培育和践行社会主义核心价值观的重要问题。习近平总书记指出，中华传统美德蕴含丰富的思想道德资源，社会主义核心价值观的培育和践行必须有鉴别地对待、有扬弃地继承先人传承下来的价值理念和道德规范。❷ 通过对中华传统道德文化的创造性继承就可以丰富和深化社会主义核心价值观的基本内涵与培育方式。如前所述，汉文化是中华文化的主体文化，而儒家文化是汉文化的主体文化。因此，中华文化的主体和核心部分是儒家

---

❶ 冯留建. 社会主义核心价值观培育的路径探析 [J]. 北京师范大学学报, 2013 (2): 13-18.
❷ 把培育和弘扬社会主义核心价值观作为凝魂聚气强基固本的基础工程 [N]. 人民日报, 2014-02-26 (001).

文化。中华优秀传统道德文化主要表现为传统儒家道德文化。众所周知，21世纪的中国已经远不同于清末民初时的中国，更不同于先秦、汉唐和宋明时期的中国。与之相对应，中华民族的价值观念和伦理道德发生了巨大改变。即使如此，今天的中华民族是历史上的中华民族的延续，今天的中华文化是中华传统文化的继承和发展。习近平指出："中华传统美德是中华文化精髓，蕴含着丰富的思想道德资源。不忘本来才能开辟未来，善于继承才能更好创新。"❶ 在现实生活当中，很多人在物质生活方面已经迈进现代化的大门，但在精神生活方面依然拖着一条长长的"辫子"。由此可见，传统文化具有顽强的生命力。当然，传统文化对当代社会的影响有积极和消极之分。继承和弘扬传统文化就是要将积极影响扩充之、推广之，同时，要阻断和祛除消极影响。新中国成立之后，马克思主义成为我国意识形态的指导思想，社会主义文化不断发展并成为我国文化的主体。与此同时，中华传统文化失去主导地位，但又通过"润物细无声"的方式潜移默化地影响着普通老百姓。其中，中华优秀传统道德文化是当前影响全国各族人民的重要精神力量。因此，只有借助中华优秀传统道德文化这一富有生命力的价值载体，社会主义核心价值观才能有效地内化为广大群众的思想观念，外化为人们的言行举止。

一、传统儒家道德文化的基本特征与对其的批判性继承

在近代中国的屈辱和困境当中，中华传统文化尤其是传统道德文化一度被视为阻碍中国现代化的根本原因，从而成为批判和打击的对象。改革开放以来，随着经济腾飞和国际地位的提高，传统文化逐渐成为显学。那么，传统儒家道德文化到底能不能适应市场经济和中国特色社会主义？这是在继承创新传统道德文化之前必须要回答的问题。有人认为，传统道德文化具有四大特征：一是重义轻利，把义和利、理和欲截然对立起来，通过义理来限制利欲。这是传统儒家道德文化缺乏幸福观的根源。二是重和谐轻发展，强调人与自然、人与人、个人身心之间的和谐，忽视了社会发展的重要性，这是中国农业文明缓慢发展的重要原因。三是重整体轻个体，传统道德文化通过

---

❶ 把培育和弘扬社会主义核心价值观作为凝魂聚气强基固本的基础工程［N］. 人民日报，2014-02-26（001）.

强化家族本位和皇权本位扼杀了个人的正当利益。四是重义务轻权利，一味强调个人承担的道德责任与义务，忽视了个人的道德权利，只讲应当，不讲正当。❶ 与上述观点不同，也有学者认为，积极进取、刚健有为才是传统儒家道德文化的精神实质。

至于中华传统文化与现代化的关系，有学者主张，传统儒家道德文化是农耕文明和封建宗法等级社会的产物，因此，与市场经济和现代文明是相冲突的。有学者则主张传统儒家道德文化的许多内容与现代化能够相统一，例如，民本思想与民主政治可以融合起来，"天人合一"的思想与生态伦理学是一致的，诚信、敬业、乐群与市场经济并不矛盾。❷ 在笔者看来，新中国成立之后尤其是改革开放以来取得的巨大成就充分说明，传统儒家道德文化与市场经济和现代化并不冲突，前者在有些方面还能有效推动经济社会的发展。但也需要清楚地看到，传统道德文化还不能完全满足人民群众的价值需要，无法有效规范人们的全部行为举止。因此，需要对传统道德文化进行批判性继承和创造性发展。

对传统儒家道德文化的继承创新必须要重视道德文化的历史性、价值观念的操作性、价值践行的实效性。中华传统文化不是僵死的历史遗迹，而是绵延不断存活至今的风土人情、生活习惯、文学艺术、行为规范、价值观念和思维方式。因此，对传统儒家道德文化的认识必须与中国人民的现实生活联系起来，脱离现实生活的道德理念就是学者们建构起来的"纸上故事"。例如，传统儒家道德文化与农耕生产方式密切相关，但随着社会生产力的提高和生产方式的改变，人们的生活方式发生了翻天覆地的变化。在这种情况下，脱离现实并教条式地死守传统道德文化是行不通的。但也不能由此就丢弃传统，毕竟传统当中还有许多适合当下需要的价值元素。在继承传统道德文化的过程中要注意，有些价值理念过去是精华，现在则是糟粕。例如，三纲、三从四德等。有些价值理念原来是精华，现在也应该继承，但必须有所损益、有所发展。例如，忠孝不再是愚忠愚孝。忠应该是忠于祖国、忠于人民、忠

---

❶ 王磊，王世荣. "中国传统道德的分析与评价"学术研讨会综述 [J]. 道德与文明, 1989 (1): 41-43, 29.

❷ 王磊，王世荣. "中国传统道德的分析与评价"学术研讨会综述 [J]. 道德与文明, 1989 (1): 41-43, 29.

于职责，孝应该是在保障个人平等和权利的基础上对长辈的尊敬与赡养。有些价值理念原来很重要，但始终没有开发出现代意义上的价值诉求，对此，要在继承的同时加入具有时代性的价值内容。例如，民本、正义、诚信等。民本思想本身没有问题，关键是时代发生了改变，仅仅强调重视人民是不够的，还要把民主、平等、权利等价值内容融入传统的民本思想当中，实现传统与现代的无缝对接。同样，正义不仅仅是仁义、道义和侠义，还需要明确正义的确切含义，并加入民族正义、国家正义和全球正义的内容。诚信不仅仅是内心的真诚无妄和言行一致，更是契约基础上的相互信任和践行承诺。

传统儒家道德文化分为道德雅文化和道德俗文化。前者是理论形态的道德文化，后者是人们在日常生活当中表现出来的价值观念和行为习惯。雅文化通过思想学派和经典书籍得以传承，表现为对人性善恶、伦理纲常、德性养成的理论分析。而俗文化通过通俗读物、神话故事、谚语箴言等形式流传于民间。道德雅文化的优势在于对道德理念的精致阐释，而道德俗文化的特点在于对实际行动的有效引导和规范。雅文化固然高深，但往往难以落到实处，不易为普通群众所掌握。道德俗文化虽然生动有效，但往往偏离道德规范的最初要求。同样，对社会主义核心价值观的培育和践行也存在这样的问题。过分强调社会主义核心价值观的理论内涵和逻辑关联就会使群众难以接受，如果偏于社会主义核心价值观的通俗化就有可能失去其原本具有的深刻内涵。这就需要处理好深刻与通俗、精准与有效之间的关系。对传统道德文化的继承创新不能只关注道德雅文化，尤其是儒家道德思想，还应该有效利用道德俗文化中的各种资源和传播渠道，以"旧瓶装新酒"的方式传播先进价值思想。唯有如此，才能真正把握传统道德文化"活"的精神，才能使社会主义核心价值观的培育和践行根植于广大人民群众的内心当中。

二、以传统儒家道德文化中的对应价值理念丰富社会主义核心价值观

社会主义核心价值观三个维度十二个层面的价值理念有些直接源自中华优秀传统文化，例如，爱国、敬业、诚信、友善、和谐；有些虽然不是中华优秀传统文化的核心价值理念，但也是重要的价值主张，例如，平等、公正、富强、文明等。正因为如此，社会主义核心价值观的培育和践行就需要弘扬中华优秀传统文化。当然，对优秀传统道德理念不能直接拿来就用，还需要

立足于我国经济社会发展的实际情况,赋予这些优秀价值理念以科学内涵和时代特征,使其在现实生活当中有效发挥价值规范和价值导引的作用。❶

富强是中华民族的执着追求,也是中华文化在民族和国家层面的价值诉求。虽然富强不等于富裕,但国家和民族的富强离不开千千万万普通老百姓的富裕。传统道德文化非常重视国富和民富的统一,主张通过富民保民来实现国家的富强与安定。❷ 孔子在回答鲁哀公问政时指出,要通过"省力役,薄赋敛"的方式使"民富且寿也",唯有如此,才能使国强民安。同样,荀子认为民富是国富的基础,国富是民富的必然结果。他指出:"下贫则上贫,下富则上富。"(《荀子·富国》)这些观点虽然不是社会主义核心价值观中"富强"理念的全部内涵,但藏富于民的观点还是值得借鉴的。

推崇和谐是中华传统文化的一大特征。在本体论方面,《周易》追求"太和",《老子》主张"万物负阴而抱阳,冲气以为和",《庄子》提出"天地与我并生,万物与我为一",佛教主张"因缘和合""圆融无碍"。在认识论方面,传统哲学重视对宇宙万物的整体认知和动态把握,通过阴阳五行的变化诠释世界的生成发展之道。在社会管理和政治统治层面,《国语》重视"和合",《论语》强调"中庸",《礼记》主张"中和"。和谐不是追求趋同,而是在不同事物之间形成动态的平衡状态,即"和而不同"❸。在社会主义核心价值观当中,和谐主要指国家层面各民族、各阶层之间的稳定有序,国与国之间的和睦相处。显然,这与传统的和谐理念不尽相同,但传统道德文化执着于和谐价值目标的态度和广泛使用和谐思维方式的做法仍然值得提倡与秉承。

在为民族生存和发展而斗争的历史过程中,中华民族培育形成了深厚的爱国主义传统。屈原的《离骚》透露出强烈的爱国主义情怀,范仲淹提出"先天下之忧而忧,后天下之乐而乐"的爱国主张,陆游主张"位卑未敢忘国忧",顾炎武指出"天下兴亡,匹夫有责",林则徐提出"苟利国家生死以,岂因祸福避趋之"的爱国思想。此外,我国历史上也涌现出一大批激励人心

---

❶ 陈秉公. 传统价值观涵养社会主义核心价值观若干理论研究 [J]. 理论探讨, 2016 (4): 31-36.

❷ 王泽应. 论承继中华优秀传统文化与践行社会主义核心价值观 [J]. 伦理学研究, 2015 (1): 6-10.

❸ 赵金科, 陈慧文. 试论社会主义核心价值观与中华优秀传统文化传承 [J]. 中共青岛市委党校青岛行政学院学报, 2014 (4): 102-106.

的爱国英雄。虽然这些爱国思想和英雄人物的根本动机与价值归宿是为了忠君报国或维护封建王朝的政治统治,但爱国思想体现了个人利益和国家利益的密切相关性,凸显了个人价值追求在国家和民族层面的高阶目标,这是现阶段爱国主义仍然要秉持的。同样,爱国英雄表现出来的不怕艰难、敢于牺牲的气概和为国家民族奋斗不已的壮举值得千千万万的国人不断学习和效仿。

敬业是传统道德文化当中的重要价值理念。早在西周时期,我国先民就提出了敬德保民的观点,后来形成了敬业乐群的价值理念。例如,被认为是儒家学说十六字心传的"人心惟危,道心惟微;惟精惟一,允执厥中"(《尚书·大禹谟》)就体现了敬业思想。孔子主张"执事敬"。朱熹认为:"敬业者,专心致志,以事其业也"(《朱子全书》卷二)。韩愈讲:"业精于勤,荒于嬉;行成于思,毁于随。"(《劝学解》)这些观点要求人们集中精力专门从事自己的事业。在传统社会,敬业主要指专心于学业和农业生产。现在,敬业涵盖的范围非常广,但忠于职守、专精钻研仍然是敬业的基本含义。具体来说,敬业就是要求人们把心思和精力集中到本职工作上来,以严谨认真、精益求精的态度干好自己所从事的工作。

传统儒家道德文化非常重视诚信。诚信是人立身处世的根本,是成就事业的基石。在中国传统道德文化当中,诚不只是学习、修为、处事方面的诚实守信,更是内心的真诚无妄。诚实守信是真诚之心的外在表现,真诚无妄是诚信的内在根源。子思认为:"诚者,天之道也;诚之者,人之道也。"(《中庸》)显然,子思已经将诚上升到本体的高度,并把诚视为人们立物、立事、立人的根本。后来,作为"北宋五子"之一的周敦颐进一步巩固了诚的本体地位,提出了"诚,五常之本,百行之源也"。(《周敦颐集·通书》)"二程"对"诚体"思想做了进一步诠释,他们认为:"学者不可以不诚,不诚无以为善,不诚无以为君子。修学不以诚,则学杂;为事不以诚,则事败;自谋不以诚,则是欺其心而自弃其忠;与人不以诚,则是丧其德而增人之怨。"(《二程集·河南程氏遗书》卷二十五)不同于诚,"信"指的是在与他人交往时遵守诺言,讲究信用。孔子指出:"与朋友交,言而有信","人而不信,不知其可也"。杨泉认为:"以信接人,天下信之;不以信接人,妻子疑之。"(《物理论》)"诚"与"信"在本质上是相通的,"诚则信矣,信则诚矣。"(《二程集·河南程氏遗书》卷二十五)只不过"诚"偏重于心性,

"信"偏重于外在表现。传统的诚信是德性主义的范畴,主张通过尽性尽心尽言实现内在德性的外化,最终达到个体身心的平衡、人际关系的和谐和社会秩序的稳定。但市场经济当中的诚信基本上是一个功利主义的范畴,诚信是节约交易成本和规范市场秩序的手段,其根本目的是实现经济利益的最大化。当前,我国正通过构建社会诚信体系来完善社会主义市场经济体制。在这一过程中,不仅要重视信用式的诚信,而且要继承传统诚信的优秀内核,通过反躬自省培养个体的真诚无妄之心。❶

在传统儒家道德文化当中,友善主要表现为仁爱。仁爱思想是儒家的核心主张之一,也是中华传统道德本质特征之所在。传统道德文化将个人置于社会关系当中分析人的本质和属性,因此,个人的修身养性和外在事功都离不开与他人的联系。在传统社会当中,最基本的单位不是个人,而是家庭,正是千千万万的家庭组成了整个国家和社会。正因为如此,传统文化非常重视人与人之间的友善。不管是儒家主张的仁者爱人、君子以仁存心,还是墨家提倡的兼相爱、交相利、爱人如爱自己,都突出了人际关系友善的重要性。当前,随着工业文明和市场经济的影响,人与人之间的关系愈发变得紧张和复杂,这就迫切需要提倡传统的仁爱思想,重建人与人之间的友善。

三、以传统儒家道德文化中的其他优秀价值理念充实社会主义核心价值观

除富强、和谐、爱国、敬业、诚信、友善等优秀价值理念外,传统道德文化还包括许多其他优秀价值理念。❷ 例如,个人身心层面的良知、羞耻、刚毅、正心等;家庭伦理方面的孝悌、勤俭、温顺等;人际交往层面的礼让、恭敬等;社会规范层面的公忠、廉洁、节义等;世界伦理层面的和合、美美与共等。这些价值理念虽然不能完全纳入社会主义核心价值观的十二个价值理念,但它们是社会主义核心价值观的重要补充,是社会主义核心价值观深入普通百姓心灵的思想载体。下面笔者以民本、忠孝、勤劳、谦让、廉洁等理念为例进行说明。

在传统社会,国家的富强和社会的稳定取决于人民的生活状况。一个国家人

---

❶ 张怀承. 论中国传统道德的诚信精神及其现代意义 [J]. 道德与文明, 2007 (2): 15-18.
❷ 刘颖. 论中国传统家训文化与社会主义核心价值观的相融性 [J]. 理论月刊, 2016 (7): 65-69.

丁兴旺、社会和谐，这个国家往往就是富强的。因此，许多中国古代思想家和政治家非常重视民众的力量。这反映到文化当中，就形成了浓厚的民本主义思想。《尚书》首先提出了"民为邦本，本固邦宁"的价值判断，凸显了人民在国家治理当中的基础地位。孟子更是提出了"民为贵，社稷次之，君为轻"（《孟子·尽心下》）的政治主张，提醒统治者要时时关注自己的权力来源和统治根基。《吕氏春秋》讲："天下非一人之天下也，天下之天下也。"（《吕氏春秋·孟春纪贵公》），《汉书》强调"王者以民为天"（《汉书·郦食其传》）。这些观点都凸显了人民群众在国家治理当中的重要性。虽然传统的民本思想没有生发出现代政治学意义上的民主和平等，但尊重人民、信赖人民、依靠人民的思想对建设社会主义民主政治和密切党群、干群关系提供了宝贵的思想资源。❶

中国传统文化非常重视君子人格的塑造，而君子的一个鲜明特征就是讲正义。孔子讲："君子喻于义，小人喻于利。"（《论语·里仁》）那么，何谓义？孟子说："羞恶之心，义之端也。"正是由于人有羞恶之心，才需要秉持正义，弘扬正气。义内涵于心灵就是个人利益服从于群体利益，个人利益不能违背人类最基本的伦常规范；表现于外就是践行天理和正道；表现于人伦就是"父子有亲、君臣有义、夫妇有别、长幼有序、朋友有信"（《孟子·滕文公上》）。在历史发展过程中，义衍化出仁义、正义、道义、侠义、节义等道德范畴，并通过典型人物和生动案例融入普通百姓的精神血脉当中。但是，由于义的含义比较宽泛模糊，人们对其理解和践行也就千差万别。有些人把哥们儿义气误以为正义，把胆大妄为宣称为侠义。这是传统道德文化当中糟粕内容的当下表现，需要引起人们的警惕和注意。当前，社会主义核心价值观的培育和践行，也需要强调正义。只不过现在的正义是仁义和公正基础上个人利益、集体利益和国家利益三者之间的恰当协调与有机统一。

中国传统社会的基本特征是家国同构，家庭是缩小的国家，国家是放大的家庭。在家里要孝敬长辈，在国家要忠于君王。忠孝是人生的头等大事，是人们学习和践行的最高道德规范。在宋明理学那里，忠孝甚至成为天理的重要组成部分。从社会发展的角度来看，对忠孝观念的强调为维护中国传统

---

❶ 王泽应. 论承继中华优秀传统文化与践行社会主义核心价值观 [J]. 伦理学研究，2015（1）：6-10.

社会的稳定发挥了重要作用。现在，我国正步入老龄化国家行列，养老成为社会的重要问题。由于我国人口基数大，社会保障体系还不健全，社会保障水平还比较低，居家养老仍然是最为重要的养老模式。因此，还需要我们继续提倡和秉承传统孝道，但在尽孝方式和行孝内容方面需要变革创新，要探索适合当前国情和老人需求的行孝模式。同样，忠君已不合时宜，但忠诚、忠心还是需要的，只不过忠的对象发生了改变。当前，各类从业人员都应该忠诚于人民、忠诚于国家、忠于自己所从事的职业。

此外，勤劳、节俭、谦让、廉洁历来是中华民族的优秀传统美德，并在中国社会发展的各个时期得到了倡导和发扬。勤劳才能有收获，这是中国人信奉的朴实真理。中国人普遍相信，授人以鱼不如授人以渔，只有掌握了生产技术，才能有源源不断的收获。"业精于勤，荒于嬉"，学业如此，农业生产亦是如此。正是由于中国人的勤劳，才创造了一个又一个的经济辉煌。我们的先辈坚信，只有勤劳是不够的，还需要节俭。在物质财富的积累方面，要注重开源节流，增加财富的产出，减少财富的消耗。中国人深刻认识到，如果奢侈浪费，即使堆积如山的财富也会有挥霍殆尽的一天。当然，节俭的目的不只是为了积累财富，更重要的是修身养性。《左传》讲："俭，德之共也；侈，恶之大也。"诸葛亮在《诫子书》中指出："夫君子之行，静以修身，俭以养德，非淡泊无以明志，非宁静无以致远。"节俭不仅是一种操守，还是一种品行。司马光讲："由简入奢易，由奢入俭难。"（《训俭示康》）他提醒人们从一开始要养成勤俭节约的好习惯。虽然现在人们的生活水平提高了，但是，勤劳节俭的传统美德仍然值得人们坚持和传承下去。

与马克思主义相类似，儒家把人理解为处于人际关系当中的人。在传统社会，一个人的本质要在人际关系当中来确定，而且是他所扮演的各种角色的总和。[1] 既然人离不开人际关系，儒家就非常强调个体对他人的谦让。谦让不仅是对他人的宽容和忍让，更是对他人的成就和帮助。孔子讲："己所不欲，勿施于人"，"夫仁者，己欲立而立人，己欲达而达人"（《论语·雍也》）。孔子认为，只有先立人达人，自己才能真正实现成物成己，才能与他

---

[1] 袁久红，甘文华. 社会主义核心价值观与"中国精神"的新生 [J]. 东南大学学报，2013，(5)：5-16.

人结成君子之交。当前，随着工业文明和市场经济影响的逐步加深，人与人之间的关系愈发变得紧张和复杂，这就迫切需要提倡传统的谦让思想，重塑人与人之间的关系。古代士阶层的志向是修身齐家治国平天下，而要实现这样的愿望最有效的方式就是读书。书读得好就可以做官，做官则必须清廉。尽管中国历史上不乏贪官污吏，但对官员廉洁的要求始终没有放松。《周礼·天官·冢宰》很早就提出了考核官吏的六条标准："一曰廉善，二曰廉能，三曰廉敬，四曰廉正，五曰廉法，六曰廉辨"。这六个标准都包含"廉"字，充分体现了"廉洁"的重要性。俗话说，公生明，廉生威。为官只有廉洁清正才能树立威信。当前，我们党正在推进全面从严治党，传统文化当中的廉洁思想无疑是可资借鉴的重要资源。

总之，在全社会积极培育和践行社会主义核心价值观不能脱离中华传统道德文化特别是传统儒家道德文化。相反，应该把社会主义核心价值观与传统儒家道德文化融合起来。在具体的融合过程中，一方面，要依据社会主义核心价值观来鉴别区分传统儒家道德文化当中的精华和糟粕，通过继承优秀传统道德思想来丰富和完善社会主义核心价值观，同时实现传统儒家道德文化的现代重生。另一方面，社会主义核心价值观要借助优秀儒家传统道德文化这一富有生命力的思想载体，不断内化为普通群众的思想观念，外化为广大人民的善行义举。

第三节　借鉴传统儒家文化中的道德培育模式和践行模式

社会主义核心价值观要批判继承中华传统道德文化特别是传统儒家道德文化当中的对应价值理念，深化和丰富社会主义核心价值观的基本内涵。要以传统儒家道德文化当中的其他优秀价值理念为补充，构建以社会主义核心价值观为主导的价值体系，确立全国各族人民的最大价值公约数。同时，要立足当前经济社会发展需要，借鉴传统道德培育模式和践行模式。作为中华传统文化的重要组成部分，传统儒家道德文化包含丰富的优秀价值理念、行之有效的道德培育模式、知行合一的道德践行方式。借鉴和吸收传统道德培育模式，人们就可以在社会主义核心价值观的培育中由内而外、由己及人，依次生发出个人层面、社会层面和国家层面的价值取向。

一、继承中华优秀传统道德培育模式

社会主义核心价值观的培育和践行必须要落实到个体身上，这就需要透过纷繁复杂的现象探寻人的共同本质。马克思主义认为："人的本质不是单个人所固有的抽象物，在其现实性上，它是一切社会关系的总和。"❶ 与之类似，儒家从人际关系的角度定义人的本质，从而凸显人的社会性。❷ 在传统社会，人一出生就成为家庭的一员，并按照性别、年龄、辈分确立家庭身份。在一个大家庭当中，一个人要对不同辈分的人采取不同的待人方式，对长辈要孝敬，对同辈要友善，对晚辈要慈爱，同时要尽力维护家庭和睦。在儒家看来，国家和天下是一个由众多小家庭组成的大家庭。与小家庭之外的人打交道时，可以参照家庭内部的待人方式。

在传统社会，个人首先养成家庭美德，并由之向外衍生出职业道德、社会公德，向内生发出个人私德。当然，在传统道德文化当中，并没有个人私德、家庭美德、职业道德、社会公德的严格区分。为了便于分析，笔者按照现代伦理学对传统道德理念做了分类。传统家庭美德的形成贯穿个体的整个成长过程，尤其是在蒙童时代，家庭美德的塑造更为重要。长辈通过亲身示范和表彰榜样来潜移默化地影响孩子的道德养成，通过重要节日的隆重礼仪培育孩子的道德情感，通过对违背道德规范行为的惩罚警示孩子们要中规中矩。蒙童入学之后，教书先生除教会孩子们识字句读之外，最重要的工作就是教导他们洒扫庭除、待人接物。

在传统社会，家庭美德的养成主要通过外在灌输来实现。但仅有外在灌输还不够，一方面，因为人有认知能力和选择能力，当外在灌输与个体价值观念相抵触时，灌输效果就大打折扣。另一方面，有效的灌输发生在个体价值观形成之前，当一个人价值观形成之后，灌输就很难起作用。随着认知能力的提高，个体对道德的理性认知变得更为重要，个人德性的自我塑造逐渐

---

❶ 中共中央马克思恩格斯列宁斯大林著作编译局. 马克思恩格斯选集（第1卷）[M]. 北京：人民出版社，2012：135.

❷ 汤一介. 传承文化命脉推动文化创新：儒学与马克思主义在当代中国 [J]. 中国哲学史，2012（4）.

取代外在灌输成为道德养成的主要方式。对此，《大学》开篇就给出了说明："物格而后知至，知至而后意诚，意诚而后心正，心正而后身修，身修而后家齐，家齐而后国治，国治而后天下平。自天子以至于庶人，一是皆以修身为本。"对于一个有抱负的男子而言，拥有家庭美德仅仅是一个起点，在此基础上，他要树立齐家治国平天下的远大志向。要齐家治国平天下，就必须先修身养性，而要修身养性又离不开格物致知。那么，格什么物，致什么知，正什么心，诚什么意？在中国传统思想当中，格物致知主要是对道德行为的体认和分析，并由此形成对伦理纲常的理性认知。那么，个人如何修身养性，如何从已经具备的家庭美德生发出个人私德、职业道德、社会公德？一般来说，要从两个方面着手：一是要做读万卷书、行万里路的致知工作；二是要通过慎独和反躬自省的道德功夫，提高自己的道德修养。相比于格物致知，慎独的功夫对道德的养成更为重要。《中庸》讲："道也者，不可须臾离也，可离，非道也。是故君子戒慎乎其所不睹，恐惧乎其所不闻。莫见乎隐，莫显乎微，故君子慎其独也。"朱熹认为，伦常之理贯穿于日用之间，不可稍许偏离，即使在幽暗细微之中，也不能不审视自己。立足于家庭美德，个人通过格物致知和道德功夫就可以培育出个人私德、职业道德与社会公德。

当前，我国正由传统社会向现代社会转型，生产方式发生了质的变化，传统的家国同构模式逐步解体，代之以公民社会。在这种情况下，社会主义核心价值观的培育和践行就不能只依赖家庭环境，而应该直接指向个人。虽然社会主义核心价值观没有对个人私德过多强调，但这并不是说个人私德不重要。恰恰相反，在现代社会，个人私德是家庭美德、职业道德和社会公德得以养成的基石。只有当价值主体在思想上认同、情感上接受社会主义核心价值观时，国家、社会、个人层面的价值取向和价值准则才能内化为自己价值观的一部分，核心价值观的内容才能积淀并固化为自己的个人私德。个人私德表现在家人之间就是家庭美德，表现在他人、社会和国家方面就是社会公德，体现在所从事的职业方面就是职业道德。因此，在社会主义核心价值观的培育和践行方面，个人私德的养成极为重要。

在个人私德培育方面，传统儒家道德文化蕴含着许多可以借鉴的资源。❶例如，传统社会非常重视对个人私德的外在培育，采取丰富多样且朴实有效的方式开展道德说教。当小孩子朦胧懂事的时候，长辈尤其是父母是孩子的道德启蒙老师；幼儿时期，长辈通过寓言故事和家庭礼仪给小孩子灌输道德知识；入学之后，教书先生通过言传身教启发学生做什么人、如何做人；及至成人之后，还要在日常生活当中固化道德责任，践行道德规范。这样的道德培育方式对社会主义核心价值观的培育有着重要的启示意义。在社会转型时期，尤其是在功利主义和物质主义泛滥的当下，必须把社会主义核心价值观融入个人私德养成的各个层面和整个过程。

在传统社会，个体非常重视对道德知识的学习和践履。不管是儒家、道家抑或是佛教，都执着于做什么人的问题，并给出了各不相同的回答。儒家认识到伦理纲常的重要性，主张在日常生活中恪守道德规范，维护家国的有序稳定。❷道家追求心灵自由和内心宁静，主张摆脱尘世纷扰。佛教认为外在的一切皆是幻相，要求人们铲除贪嗔痴，亲证真如佛性，获得涅槃寂静。儒释道三家分别提出自己的德性修养方式。在儒家看来，不同资质的人，既可以选择程颢、程颐和朱熹所主张的由格物致知一步步培育德性的"笨方式"，也可以选择陆九渊和王阳明主张的直接体悟内心良知的"简捷方式"。笔者认为，就社会主义核心价值观的培育和践行而言，儒家的德性修养方式值得借鉴。具体来说，一部分人可以通过外在灌输和个人自学逐步认识并接受社会主义核心价值观；另一部分人则可以凭借自己的生活阅历与知识储备，直接接受并践行社会主义核心价值观。

在继承传统道德培育模式时，一方面要摒弃不合理的成分和做法，另一方面要立足当前经济社会发展实际，采用多种途径和方式丰富传统道德培育模式。具体来说，一要注意道德灌输的方式和比重。适当的道德灌输是可以的，也是必要的，但不能把社会主义核心价值观的培育和践行完全建立在强制灌输的基础上。否则，只会培养大量伪君子。道德说教者不能以道德权威

---

❶ 赵金科，陈慧文. 试论社会主义核心价值观与中华优秀传统文化传承 [J]. 中共青岛市委党校青岛行政学院学报，2014（4）：102-106.

❷ 徐玉明. 简述大学生社会主义核心价值观的知行统一 [J]. 思想理论教育导刊，2015（4）：68-72.

自居，拿道德的大棒随意批评人，强迫他人接受自己对社会主义核心价值观的理解，而是要采用老百姓喜闻乐见的方式，循循诱导，示范引领。二要重视个人对社会主义核心价值观的学习和理解，但不能脱离实际和行动，玩空对空的文字游戏，更不能把社会主义核心价值观当作教条。社会主义核心价值观是引导人们开展价值判断的指向标，是规范人们行为举止的警示线。因此，必须处理好培育和践行之间的关系。既要在培育过程中践行社会主义核心价值观，又要通过践行来深化社会主义核心价值观的培育。三要立足时代发展，强化对职业道德和社会公德的培育与践行。在个人私德的培养过程中要意识到家庭结构和成员关系的变化，重新审视社会保障体系日益完备之后个人对家庭的道德责任。同样，在职业分工日益细化和越来越重视契约精神的今天，个人要把职业道德和社会公德纳入私德培养之中。只有如此，个人私德才能在外化为行的过程中表现为职业道德和社会公德。

二、采纳中华优秀传统道德践行方式

社会主义核心价值观的培育和践行涉及知行问题。[1] 就逻辑关系来说，对社会主义核心价值观的认知是培育和践行的前提，对社会主义核心价值观的践行是认知和培育的结果。就重要性而言，社会主义核心价值观的培育最终要落实到行动上去，因此，践行比认知重要。但认知和践行不是两种独立无关的活动，也不能因为践行更为重要就忽视认知。那么，如何把社会主义核心价值观的认知与践行有机统一起来，实现以知促行、以行践知，传统儒家道德文化为我们提供了宝贵的思想资源。

宋明哲学家把封建社会的伦理纲常和道德规范抽象化为"天理"，要求人们在日常生活中认识和践行"天理"。在如何认识与践行"天理"方面，程朱和陆王产生了分歧。"二程"认为，天理客观存在，表现"在天为命，在义为理，在人为性，主于身为心，其实一也。"（《二程遗书》卷十八）朱熹讲，天理流行于万物就表现为"在物之理"，流布于心就表现为"在己之理"，但两者最终涵摄于心灵，"心包万理，万理具于一心"（《朱子语类》卷九）。与

---

[1] 王茂森. 社会主义核心价值观培育的家训传承路径探析 [J]. 毛泽东思想研究, 2016（4）: 104-108.

程朱不同，陆王将天理直接安放于内心，将天理等同于良知。陆九渊讲："人皆有是心，心皆具是理，心即理也。"（《象山先生全集》卷十一）王阳明指出："心即理也。此心无私欲之蔽，即是天理，不须外面添一分。"（《传习录》上）在对天理的认识方面，程朱主张天理虽然居于我心，但需要经历格物致知的过程，通过今日格一物，明日格一物，格到一定程度，"则众物之表里精粗无不到，而吾心之全体大用无不明矣"（《大学章句·补格物章》）。但王阳明认为，天理就是良知，因此，对天理的认识就是致良知。具体来说，就是要遵循自己的良知，"善便存，恶便去，他这里何等稳当快乐。此便是格物的真诀，致知的实功"（《传习录》下）。

此外，程朱和王阳明对知行关系的看法也不相同。程朱主张，知先行后，相对于知，行更为重要。二程认为："不致知，怎生行得？勉强行者，安能持久？除非烛理明，自然乐循理。"（《二程遗书》卷十八）"以识为本，行次焉。"（《二程粹言》卷二）朱熹讲："论先后，知为先。论轻重，行为重。"（《朱子语类》卷九）王阳明反对程朱把知行截然二分的观点，认为如果一个人只注重知，就会"茫茫荡荡，悬空思索，全不肯着实躬行"。相反，如果一个人只注重行，忽视知的重要性就会"懵懵懂懂的任意去做，全不解思惟省察，也只是个冥行妄作"。（《传习录》上）正确的做法就是把知行统一起来，以对天理的认识指导对天理的践履，以对天理的践行深化对天理的认识。正所谓"知是行的主意，行是知的功夫。知是行之始，行是知之成。"（《传习录》上）王阳明认为，知行不仅互为条件、互相影响，而且存在内在关联。联系两者的桥梁就是行的"明觉精察"，知的"真切笃实"。人们通常把明觉精察跟认识活动、把真切笃实与实践活动联系起来。但王阳明意识到，如果没有明觉精察的认识作为指导，对伦理纲常的践履就缺乏真切笃实，甚至成为懵懵懂懂的冥行；如果对伦理纲常的认识缺乏真切笃实的践履，认知结果就不可能明觉精察，这样的认识也就成为茫茫荡荡的妄想。因此，知需要真切笃实，行需要明觉精察。他讲："行之明觉精察处便是知，知之真切笃实处便是行。"（《王文成公全书》卷六）当然，程朱和陆王所讲的知行是对封建伦理纲常和道德规范的认识与践履。在道德领域，知行是相资以为用的，而且，对道德理念的践行是认识活动的根本目的。在这一层意义上，王阳明的确抓住了知行之间的密切关系。但不能忽视王阳明有"以知为行""销行以归知"的问题，他甚至把"一念发动处"视为行，要求人们在意念发生时就应该惩恶扬善。显然，这样的要求超出了开展客观道德评判的范围，并且高估了普通人的道德自省能力。

社会主义核心价值观是我们党立足我国经济社会发展需要，以马克思主义核心价值观为主导，批判吸收中华优秀传统文化和西方资本主义核心价值观而形成的理论产物。社会主义核心价值观不是一成不变放之四海而皆准的"天理"，也不是人们先天具有的醇善良知，而是引导和规范全国各族人民行为举止且符合中国历史传统和现实国情的先进价值观。价值观的培育不同于价值观的认识与践行，但又离不开对其的认识与践行。在全社会培育社会主义核心价值观就要求人们通过认识活动把核心价值观作为大家普遍接受的科学理论，通过道德品行塑造把核心价值观作为大家共同接受的价值理念，通过实践活动把核心价值观作为大家一致认可的价值尺度。因此，在社会主义核心价值观的培育过程中，认知活动、道德品行塑造活动和价值践行活动不是截然分离的。相反，三者有机融合在一起，并互相影响、互相促进。

同样，价值观的认识离不开价值观的践行。社会主义核心价值观不是纯粹抽象的理论，不能只坐在椅子上通过冥思苦想或逻辑推演来掌握。当然，理论学习非常重要，尤其是对社会主义核心价值观基本内涵、理论特征以及对核心价值观与马克思主义、中国传统文化、西方价值观关系的认识，还必须以理论学习为主要途径。但社会主义核心价值观是引导和规范人们行为举止的价值规范，它能不能以及如何有效引导和规范人们的行为举止，还必须依靠实践活动来回答。例如，要深刻理解爱国的内涵，就需要人们有意识地去爱国，通过自己爱国的切身体会和实际行动深化对爱国理念的理解。另一方面，认识和培育核心价值观的根本目的是践行核心价值观。因此，认识活动必须关注践行方式和实际效果。在现实生活当中，有些人侧重于对社会主义核心价值观的认知，有些人侧重于践行。人们对社会主义核心价值观的认知和践行可以有所偏重，但不能把两者完全割裂开来。否则对社会主义核心价值观的认知就成为王阳明讲的"茫茫荡荡"的妄想，对核心价值观的践行就成为"懵懵懂懂"的冥行。

王阳明认为良知是对天理的自然明觉，是对天理的"真诚恻怛"，以此

"真诚恻怛"之情事君事亲，便是对忠孝的"真切笃实"之行。与之类似，对社会主义核心价值观的认知不只是冷静的理性把握，更要附带"真诚恻怛"之情，并在日常生活中转化为"真切笃实"之行。社会主义核心价值观涵盖个人修身、处世、爱国三个层面的价值诉求，设定了国家发展和社会建设的目标，致力于为每个人全面而自由发展创造宽裕的外部条件。正因为如此，对社会主义核心价值观的认知和践行要以"真诚恻怛"之情来推动，以求在理智上实现对社会主义核心价值观的"明觉精察"之知，在践履上实现对社会主义核心价值观的"真切笃实"之行。"明觉精察"有助于将社会主义核心价值观内化于心，"真切笃实"有助于将社会主义核心价值观外化为行。内化于心的目的是要外化为行，外化为行将会加深社会主义核心价值观的内化于心。因此，参照王阳明的知行合一思想，对社会主义核心价值观的认知不仅要"明觉精察"，还要"真切笃实"。同样，对社会主义核心价值观的践行不仅要"真切笃实"，还要"明觉精察"。在"明觉精察"和"真切笃实"的基础上就可以实现对社会主义核心价值观的知行统一。

王阳明讲：一念发动处，便即是行了。（《传习录》下）显然，这是不对的。但他要求人们在意念产生时就惩恶扬善，将恶"防于未萌之先，而克于方萌之际。"（《王文成公全书》卷二）这一点对社会主义核心价值观的培育和践行有一定的借鉴意义，刻意培育和践行社会主义核心价值观固然值得提倡，但不如将培育和践行社会主义核心价值观积淀为人们日用而不知的行为习惯。后者要求人们在意念和动机形成的一开始就遵循社会主义核心价值观。如此一来，社会主义核心价值观就内化成为人们道德品行的一部分，自觉践行社会主义核心价值观也就固化为人们的行为模式。

在漫长的历史发展过程中，中华民族创造了诸多富有思想内涵和情感色彩的道德故事，涌现出一大批感化人心的道德楷模，积累了浩如烟海的德育文献，凝炼形成了诸多优秀价值理念，提出了行之有效的道德培育模式和道德践行方式。这些都是我们在新时代培育和践行社会主义核心价值观的重要资源，通过批判性继承和创造性发展中华优秀传统道德文化特别是传统儒家道德文化，就可以实现对社会主义核心价值观基本内涵的深化、对社会主义核心价值观培育方式的丰富和对社会主义核心价值观践行模式的完善；就可以推动对中华传统文化的创造性转化和创新性发展，建设以社会主义文化为主导、以传统文化为根基、以其他人类文明成果为重要补充的新时代中华文化；就可以增强普通老百姓对社会主义核心价值观的情感认同、价值认同和实践认同，增强社会主义核心价值观对普通老百姓日常行为举止的引导与规范。

▶ 结　语

文化和价值是仁者见仁智者见智的一对范畴，也是引起学者们广泛兴趣的两个主题。前文已经对文化和价值做了较为深入的分析，但在笔者看来，仍然有许多问题没有得到解决。在本书的最后一部分，笔者想放弃正文中的严肃态度和行文习惯，漫谈一些与文化和价值有关的话题。之所以如此，一方面是为了补充正文内容或强调正文中的某些观点，另一方面则是为进一步开展相关研究提供一些可以借鉴的思路。

第一个话题是文化。"文化"是一个古已有之的词语。《周易》讲："刚柔交错，天文也；文明以止，人文也。观乎天文，以察时变；观乎人文，以化成天下。"在这里，《周易》将天文和人文区分开来。天文指的是自然界的各种现象及其运动变化，人文指的是人的活动及其历史产物。"文化"是"人文化成"的缩写，但在含义上等同于"人文"。《说文解字》称："文，错画也。象交文。""文"的本义为各色交错的纹理，引申义为文饰、文章。《说文解字》称："化，教行也。"段玉裁将"教行"注解为"教行于上。则化成于下。""化"的本义为变易、造化、生成，引申义为教化、培育、改造。在古代中国，"文化"与"野蛮"相对立，特指开化、文明，引申义为包含语言文字、文物典章、礼仪制度在内的人类文明成果。在日常生活当中，"文化"概念的具体使用场合不同，其意义也就不尽相同。当人们在言说"文化建设"时，"文化"指的是包括新闻出版、影视制作、文艺创作、娱乐设施在内的文化事业和文化产业。当人们言说"学文化"时，"文化"指的是各种知识。当人们言说"中华文化""西方文化"时，"文化"指的是包括政治制度、思想观念、生活方式在内的文明成果。当然，"文化"的含义不止这三种。但在本书中，"文化"特指包含物质文化、精神文化和制度文化在内的广义文化。在文化的诸多内容当中，体现在生产生活当中的思想观念是重要内容。

结　语

对文化的理解，除了直接把握其含义之外，还可以通过比较文化与精神、文化与物质来实现。文化与精神既存在紧密联系，又有明显区别。就紧密联系而言，文化是人类精神活动对物质世界施加影响的产物。人的精神活动包含思维、情感、意志、欲望等诸多内容，人的精神活动伴随着人的一生。其中，有些精神活动并不对外在世界产生影响。例如，人们的幻想、妄想、无法实现的欲望等。有些精神活动可以通过人的身体和生产工具对外在世界产生影响，例如，吃饭的欲望可以引导人们去餐馆吃饭或去厨房做饭。严格来说，吃饭本身不是文化，做饭的方法和吃饭的方式才是文化。通常，人们把吃饭活动蕴含的文化称为饮食文化。人们有居住的需求，如果这种需求只存在于脑海当中，那么，居住需求并不会转变为居住文化。但当人们通过自己的双手在一定的自然环境当中建造适合居住和符合审美需要的住房之后，居住文化或民居文化就得以产生。其他所谓的娱乐文化、企业文化、行业文化都是如此。可见，文化的产生离不开人的精神活动，但精神活动不同于文化。作为个体的人有精神活动，但没有广义的文化。广义的文化是相对于一个族群、民族或国家而言的。离开族群，单个的人只有生存，没有生活。人与人的交往和合作不仅创造了生活，而且创造了文化。概言之，人创造了文化，同时，文化也创造了人。人的精神活动是文化得以形成的重要前提，与此同时，文化也塑造着人的精神状态。精神活动要转化为文化就必须借助于人们的物质生产活动，使一定形式的物质与特定的精神状态有机结合起来。众所周知，精神不同于物质，精神无法与物质直接结合。但人们可以通过改变物质的存在方式使物质承载人们的思想观念、审美情趣、价值追求、道德规范。文化是人类在历史发展过程中创造出来的，因此，与文化相对的是处于历史发展过程中的人的精神活动。

正如精神不同于物质但又离不开物质，文化也不同于物质且必须以物质为载体。当人们言说文化时，通常将文化和物质区别开来。例如，在中国特色社会主义建设"五位一体"总布局中，文化建设与经济建设相区别。人们参加的文化活动绝不会是盖房修路的物质生产活动。在狭义层面，文化与物质的界限非常明显。但在广义层面，文化必须以物质为载体。如前所述，"天文"不同于"人文"。贵州黄果树大瀑布是优美的自然景观，人们不可能从黄果树大瀑布领略到独特的文化。之所以如此，是因为黄果树大瀑布没有承载人们的精神活动。有些自然景观不仅有优美的景色，还承载着人们的思想观念和价值追求。因此，这些自然景观同时也是人文景观。由此可见，文化离不开物质，但物质本身不是文化。或许有人会说，哲学、价值、道德等思想观念是文化的重要内容，但它们不依赖于物质。的确，思想观念就其自身所是而言并不依赖于物质。例如，真本身不依赖于物质。但是，思想观念是人的思想观念，人是由物质构成的，因此，思想观念的产生依赖于物质。同样，思想观念的持存也依赖于物质。人们是通过书籍、声波和文字符号等物质载体学习哲学思想的，可以说，离开物质就没有文化。不可否认，哲学、宗教、艺术、道德等文化内容与物质的关系比较疏远，饮食文化、服饰文化、建筑文化、汽车文化等与物质的关系比较紧密。但无论如何，所有的文化内容都离不开物质。

　　通常，当人们言及文化时都会产生一种历史悠久感。例如，中华文化不仅给人们一种博大精深的感觉，而且使人们觉得其历史非常悠久。但是，何谓"悠久"？时间多长才算悠久？显然，这些问题没有统一的答案。然而，没有统一的答案并不意味着"文化"概念就可以乱用。近年来，随着"文化热"不断兴起，很多东西被冠以文化。例如，火锅文化、臭豆腐文化、大闸蟹文化等。吃火锅、臭豆腐、大闸蟹是不同地区人们的饮食习惯，如果把饮食习俗或习惯也要统统上升为文化，那么，没有什么不能称为文化的。文化有广义和狭义之分，也有种类之别。不可否认，"文化"概念存在多义性和语义模糊性，但这不是乱用"文化"概念的理由。如果要借用或套用"文化"概念，就必须明确"文化"在具体使用场景中的含义。在本书中，文化指人类在物质生产活动中呈现出来的精神状态，是人的类本质的对象化。对不同的民族和国家来说，其文化形成的历史可长可短。但一般不会认为一两代人就能创造出独具特色的民族文化或国家文化。这是因为文化的形成是一个漫长的过程，文化的传承和发展也是一个漫长的过程。近代以来，随着人们对文化建设规律的不断掌握和对文化建设重要性的不断自觉，文化建设的速度不断加快。尽管如此，文化建设的步伐仍然比经济建设的步伐迟缓许多。例如，新中国成立之后，中国人民用了不到一百年的时间就实现了从站起来到富起来的转变，并不断迈向现代化。相比之下，人们的思想观念和道德素质的现代化就显得比较缓慢和复杂。

第二个话题是价值。与"文化"一样,"价值"也是一个具有重要影响的概念。虽然人们很少专门提及"价值",但"价值"与人们的行为举止密切相关。可以说任何理性的活动都受到的价值的指引。但与"文化"不同,"价值"的含义更加宽泛,价值的衡量非常困难。这就影响了人们对"价值"概念的使用频率。虽然"价值"概念在日常生活中用得不多,但与其相关的词语却充斥着我们的生活。例如,当一个人被要求做某事时,通常会问为什么要做该事情。或者,做该事情有什么好处。"为什么做"询问的是做事情的原因或理由,而且,对做事的原因或理由还可以进行不断追问。当"做事"与人的需求联系起来之后,做事的原因和理由就是"做事"对人的意义。"做某事有什么好处"询问的是做该事情的意义或能满足什么样需求。总之,人们理性地做任何事情都是为了满足自己的需求,而对需求的满足就是做该事情的价值。或许有人会指出,有些人做事情并不需要理由。例如,做好事不留名的人。的确,默默无闻做好事的人是伟大的,但他做好事不仅满足了被帮助的人的需求,而且满足了自己希望做好事的需求。需求有种类和层次之分,价值也有大小和高低之别。没有价值的引领,人们将会生活在一片混乱之中。由于受地理环境、历史文化、宗教信仰、生产方式等因素的影响,不同民族或国家有不尽相同的价值体系。但是,作为人类,所有民族和国家都有一些共同的价值追求,例如,和平、安全、平等、真善美等。拥有共同的价值追求为世界和平与发展提供了重要保障,不同的价值体系则为人类文明繁荣多元提供了现实可能。

从宏观层面来看,人类理性的行动离不开价值的指引。那么,在微观层面,价值是如何引领行动的?回答这一问题有助于我们理解价值重要性。就拿最普通的喝水来说,这一行动至少包括以下几个动作:端起盛水的容器、放到嘴边、将水倒入或吸入口中。这些动作的完成是由神经系统、骨骼系统、肌肉系统合作操控的,脑电波的释放受到人的需求的影响,而人的需求也是由特别区域的脑电波呈现出来,并通过神经系统控制骨骼和肌肉的运动。抛开生理学的术语,可以得出喝水的动作受制于主体喝水的需求。如果没有喝水的需求,人们一般不会将水杯放到嘴边并喝水。或许有人会说,有些行动并不受需求的引导。例如,一个不喜欢喝酒的人在宴会当中有时候不得不喝一些酒。通常,不喜欢喝酒的人不会自己主动拿酒喝,他之所以喝酒不是因为自己有喝酒的需求,而是因为自己喝酒能够满足自己的其他需求,如为了友情强迫自己喝酒,或者为了放纵自己强迫自己喝酒,或者请求别人帮忙强迫自己喝酒等。总之,如同喝水这样极为简单的行动都受价值的引导,更何况精心设计和谋划的复杂行动。

文化是人类改造自然的产物,而改造自然是行动,因此,文化也是人类行动的产物。既然价值与行动存在密切关系,那么,价值与文化也存在相似的关系。具体的价值与具体的行动相关联,与文化相关的价值则是抽象的价值。价值不同于行动,两者之间不存在归属问题。但是,文化虽然不同于价值,但与价值有归属关系。价值归属于文化,或者说,价值是文化的组成部分。就广义的文化而言,价值只占文化的一小部分,但却是最为关键的一小部分。对普通老百姓来说,异质文化给人影响最深的无非就是不同的建筑风格、异样的饮食习惯、富有特色的衣着打扮、不一样的生活习惯等。对专家学者或有一定理论基础的人来说,异质文化给人影响最深的应该是宗教信仰、道德规范、政治制度、文学艺术等。实际上,这两个方面共同构成了异质文化。那么,世界上为什么会有特色鲜明、丰富多样的多元文化?除地理环境、自然资源之外,多元文化产生的一个重要原因就是不同族群或民族拥有不一样的价值追求。不同的价值追求直接影响了人们的思想观念、道德规范、生产方式、政治制度。例如,对真的追求促进了人类对自然和自我的认识,对善的追求促进了人与人之间的合理交往,对美的追求促进了音乐、绘画、建筑、歌剧的产生和发展,对圣的追求有助于人们培育虔诚的信仰,等等。不同民族对真、善、美、圣、平等、正义、自由、法治等价值目标的追求不一样,从而创造了不同的文化。因此,不同文化现象之间的差别都可以追溯到价值追求上的不同。由此可以得出,价值是文化的核心。

价值广泛存在于人们的日常生活当中,不同的人有不同的价值追求,不同的行动对应不同的价值。即使是相同的价值理念,人们对其的理解和认识也不尽相同,如自由、平等、公正、法治是当今社会绝大多数人的共同价值追求。但受宗教信仰、生活习俗、历史文化、生产方式、受教育程度等因素的影响,人们对自由的理解不一样,有些人认为法律容许的行为就是自由的行为,有些人认为法律不禁止的就是自由的;有些人认为自由是天赋人权,有些人认为自由是人们约定的产物;有些人认为法治为自由服务,有些人认为自由必须服从法治；等等。对其他价值理念的理解也存在类似差异。尽管如此，人们可以归纳出绝大多数人应该坚持的最大价值公约数。与文化相对应的价值就是抽象层面的价值公约数，每一种文化有自己的价值最大公约数，不同的文化可以归纳出共同的价值最大公约数。价值最大公约数一经形成就具有较强的稳定性，但是，当一种文化遭遇其他强势文化的持续冲击时，原来的价值最大公约数就会发生动摇甚至坍塌。发生动摇的价值最大公约数通过调整和完善就可以重新得到巩固，坍塌之后的价值最大公约数就会被新的所代替。正如文化会始终存在，价值最大公约数也会伴随人类始终。

第三个话题是社会主义核心价值观。如前所述，价值是文化的核心，人是文化的动物。因此，价值对人有深刻影响。可以说，追求什么样的价值直接影响一个人成为什么样的人，例如，追求不劳而获的人不会成为对社会有贡献的人，追求为人民服务的人不会无视人民群众的苦难。需要说明的是，价值理念要对人们产生影响，就必须被人们所理解、接受和践行。接受一定的价值理念之后就会形成价值观，而对主体产生直接影响的不是价值理念而是价值观。显然，价值不同于价值观。价值是客体对主体需求的满足情况，价值具有客观性和主体性。价值观是主体在外在因素和内在追求综合影响下形成的关于追求什么的思想观念。在价值观中，价值是主体追求的对象。严格来说，价值对行动的引领就是价值观对行动的引领。当做某件事符合主体的价值观时，主体才会做该事情。如果价值理念不与主体的需求关联起来，就不会对主体的行动产生影响。这就是现代教育为什么把培育学生正确的价值观作为重要目的的原因。一个人需要价值观引领自己的言行举止，同样，一个民族或国家也需要共同的价值观引领人民的行动。如果没有共同的价值观，一个民族就缺乏凝聚力和向心力，一个国家就会四分五裂。民族或国家是抽象的存在，没有类似于个体所拥有的价值观。因此，"共同的价值观"是不准确的说法，准确的说法应该是"共同的价值追求"。

中华民族是"多元一体"的民族，中华文化是兼容并蓄、富有生命力的文化。广袤的国土、农业生产技术的早熟、外部环境的相对稳定推动中华民族形成了强调伦理、重视家庭、安土重迁、追求和谐的价值追求。这种价值追求适合传统农业生产方式，能够较好地维护社会秩序。在一定意义上，这种价值追求催生了中国传统社会的超稳定型结构。但是，面对以工业生产为代表的现代文明的冲击，中华文化屡试不爽的以我为主、消化吸收的应对方法不管用了，中华民族遭遇到"数千年未有之大变局"。丢掉手中的大刀长矛，拿起买来或自己造的洋枪洋炮，也无法打败同样装备洋枪洋炮的侵略者。显然，近代中华民族遭遇的挑战不只是侵略者装备的优势，更是侵略者拥有的制度优势和文化优势。同样，中华民族面临的境遇不再是能否打败侵略者，而是生死存亡。为了救国救民，无数仁人志士为之抛头颅、洒热血。最后在中国共产党的领导下取得了新民主主义革命的胜利，实现了人民解放和民族独立。但是，中华民族面临的挑战仍然没有消除、中华民族的处境依然非常艰难。新中国成立之后，我们党带领人民经过长期努力实现了国家从站起来向富起来的转变，并进一步走向强起来；人民生活不断得到改善，并向着创造美好生活而不懈奋斗；中华民族彻底扭转了衰落的势头，不断迈向伟大复兴。笔者认为，国家、民族和人民的现代化不仅表现为物质层面的现代化，更表现为精神层面的现代化。而精神层面的现代化就是文化的现代化并集中体现为价值追求的现代化。

党的十八大紧密结合国家、民族和人民发展的实际，提出在全社会培育和践行社会主义核心价值观。这不仅是推进中国特色社会主义文化大发展大繁荣的重要抓手，也是推动国家、民族和人民实现全面现代化的战略举措。在社会主义核心价值观提出之前，我们党就提出建设社会主义核心价值体系这个重大任务。之所以要在社会主义核心价值体系之外提出社会主义核心价值观，原因有三。一是相比于社会主义核心价值体系，社会主义核心价值观更加凝炼和简洁，有助于广大群众入脑入心入行。二是面对西方价值观的渗透，我们有必要提出符合国情和民情且更具包容性和科学性的价值观。社会主义核心价值就是满足这一现实需要的产物。三是社会主义核心价值观和社会主义核心价值体系相互补充、相辅相成，是进入新世纪我们党巩固马克思主义指导地位和推进中国特色社会主义文化建设的重要举措。两者不是取代关系，而是互补关系。不同于其他价值观，社会主义核心价值观包含三个层面十二个价值理念。从数量上来说，十二个价值理念似乎偏多，不利于老百姓入脑入心。但从种类来说，十二个价值理念分属国家、社会和个人层面，每个层面四个价值理念。经过分类之后，就会发现十二个价值理念不多不少，既能涵盖三个层面的主要价值取向，而且能覆盖人们的私人领域和公共领域。

结　语

从内容来说，社会主义核心价值观坚持了马克思主义价值观，继承了传统优秀价值思想，借鉴吸收了其他先进价值理念，是符合时代发展要求和我国各族人民根本利益的价值观。三个层面十二个价值理念不是简单堆积在一起，而是形成了层层递进、联系紧密、覆盖全面的价值理念体系。

价值观的先进性不仅体现在具体内容的完整性和科学性方面，还体现在对人民群众行为举止的引导方面。社会主义核心价值观要发挥现实效用，就必须被广大群众所认知、认同和践行。关于如何推进社会主义核心价值观的培育和践行，正文已经做了较为深入的分析。这里不再赘述，需要补充的是，社会主义核心价值观的培育和践行必须与中国特色社会主义建设事业有机结合起来，必须与改革开放伟大实践有机结合起来，必须与人的全面发展有机结合起来。社会主义核心价值观是中国特色社会主义道路、制度、理论和文化在价值观层面的集中体现，是具有科学性、先进性和实践性的价值观。但是，要把社会主义核心价值观的培育和践行落细落小落实，不仅要求宣传部门、组织部门和文化主管部门把社会主义核心价值观解释好、宣传好、推广好，还要求我们党团结带领全国各族人民坚持好和发展好中国特色社会主义伟大事业，让老百姓切实感受到幸福和荣光。社会主义核心价值观的培育和践行不是关起门来的自说自话，而是在国与国交往和多元文化交流过程中的自觉行动，我们要以社会主义核心价值观回应西方价值观的冲击和渗透，以自信的态度宣传好、践行好社会主义核心价值观，以实际行动让世界感受到中国共产党和中国人民的崇高价值追求。在初始阶段，社会主义核心价值观的培育和践行存在一定程度的被动现象。但从本质上讲，社会主义核心价值观的培育和践行是促进人的自由全面发展的重要举措。我们既要在理论层面把这层关系讲清楚，又要在现实层面以社会主义核心价值观的培育和践行促进人的自由全面发展，让老百姓切实感受到社会主义核心价值观是尊重人、成就人和发展人的价值观。

参考文献

一、专著

[1] 中共中央马克思恩格斯列宁斯大林著作编译局. 马克思恩格斯选集［M］. 北京：人民出版社，2012.

[2] 马克思恩格斯全集［M］. 北京：人民出版社，2002.

[3] 马克思恩格斯文集［M］. 北京：人民出版社，2009.

[4] 毛泽东选集［M］. 北京：人民出版社，1991.

[5] 毛泽东外交文选［M］. 北京：中央文献出版社，1994.

[6] 邓小平文选［M］. 北京：人民出版社，1993.

[7] 江泽民文选［M］. 北京：人民出版社，2006.

[8] 胡锦涛文选［M］. 北京：人民出版社，2016.

[9] 胡锦涛. 坚定不移地沿着中国特色社会主义道路前进为全面建成小康社会而奋斗［M］. 北京：人民出版社，2012.

[10] 习近平. 之江新语［M］. 杭州：浙江人民出版社，2007.

[11] 习近平. 习近平谈治国理政［M］. 北京：外文出版社，2014.

[12] 习近平. 习近平谈治国理政（第二卷）［M］. 北京：外文出版社，2017.

[13] 习近平. 干在实处 走在前列：推进浙江新发展的思考与实践［M］. 北京：中共中央党校出版社，2006.

[14] 习近平总书记系列重要讲话读本［M］. 北京：学习出版社，2016.

[15] 习近平关于社会主义社会建设论述摘编［M］. 北京：中央文献出版社，2017.

[16] 习近平关于协调推进"四个全面"战略布局论述摘编［M］. 北京：中央文献出版社，2017.

[17] 习近平关于社会主义文化建设论述摘编［M］. 北京：中央文献出版社，2017.

[18] 中共中央文献研究室. 十八大以来重要文献选编（上）［M］. 北京：中央文献出版社，2014.

[19] 中国共产党第十八届中央委员会第五次全体会议文件汇编［M］. 人民出版社，2015.

[20] 李殿斌. 马克思主义哲学原著选读［M］. 北京：高等教育出版社，2000.

[21] 李云峰. 马克思学说中人的概念［M］. 北京：人民出版社，2007.

[22] 萧永义. 毛泽东诗词史话［M］. 北京：东方出版社，2004.

[23] 韩延明. 红色文化与社会主义核心价值体系建设研究［M］. 北京：人民出版社，2013.

[24] 陈鼓应. 庄子今注今译［M］. 北京：商务印书馆，2007.

[25] 孙希旦. 礼记集解［M］. 北京：中华书局，1989.

[26] 王先谦. 荀子集解［M］. 北京：中华书局，1988.

[27] 程颢，程颐. 二程集［M］. 北京：中华书局，2004.

[28] 朱熹. 朱子语类.［M］北京：中华书局，1986.

[29] 王守仁. 王文成公全书［M］. 北京：中华书局，2015.

[30] 朱贻庭. 中国传统伦理思想史［M］. 上海：华东师范大学出版社，2003.

[31] 曹锦清. 梁漱溟文选［M］. 上海：上海远东出版社，1994.

[32] 崔治忠. 金岳霖知识论比较研究［M］. 北京：知识产权出版社，2015.

[33] 冯契. 人的自由与真善美［M］. 上海：华东师范大学出版社，1996.

[34] 冯契. 认识世界和认识自己［M］. 上海：华东师范大学出版社，1996.

[35] 金岳霖. 论道［M］. 北京：中国人民大学出版社，2010.

[36] 金岳霖. 知识论［M］. 北京：中国人民大学出版社，2010.

[37] 康德. 实践理性批判［M］. 北京：人民出版社，2003.

[38] 罗国杰. 中国传统道德（规范卷）［M］. 北京：中国人民大学出版社，1995.

[39] 曼纽尔·卡斯特. 认同的力量［M］. 北京：社会科学文献出版社，2006.

[40] 欧文·拉兹洛. 多种文化的星球：联合国教科文组织国际专家小组的报告［M］. 戴侃，辛未，译. 北京：社会科学文献出版社，2004.

[41] 费耶阿本德. 反对方法［M］. 上海：上海译文出版社，1992.

[42] JONATHAN D. An Introduction to Contemporary Epistemology［M］. Oxford：Basil Blackwell Ltd，1985.

[43] JEAN. Existentialism and Human Emotions [M]. New York: Philosophy Library, 1957.

[44] LOUIS P. POJMAN. Ethics: Discovering Right and Wrong [M]. CA: Wadsworth/Thomson Learning, 2002.

[45] WITTGENSTEIN. Philosophical Investigations [M]. Oxford: Basil Blackwell Ltd, 1967.

[46] QUINE, WILLARD. Word and Object [M]. Cambridge: The MIT Press, 2013.

二、论文

[1] 朱利安·H. 斯图尔特. 文化生态学 [J]. 潘艳, 陈洪波. 译. 南方文物, 2007 (2): 107-112, 106.

[2] 陈秉公. 传统价值观涵养社会主义核心价值观若干理论研究 [J]. 理论探讨, 2016 (4): 31-36.

[3] 陈晓莉. 培育和践行社会主义核心价值观: 问题与对策 [J]. 学习论坛, 2016 (7): 58-62.

[4] 程林辉. 弘扬中华优秀传统文化与培育社会主义核心价值观 [J]. 桂海论丛, 2014 (5): 10-13.

[5] 崔宜明. 社会主义核心价值观与中华优秀传统文化的再认识 [J]. 道德与文明究, 2014 (5): 21-27.

[6] 崔治忠. 以文化的综合创新为路径建设中华民族的精神家园 [J]. 攀登, 2013 (1): 42-47.

[7] 崔治忠. 何谓人道价值 [J]. 广西社会主义学院学报, 2017 (2): 91-98.

[8] 崔治忠. 社会主义核心价值观的价值意蕴 [J]. 理论探索, 2015 (3): 10-13, 50.

[9] 崔治忠. 社会主义核心价值观的培育与践行: 基于中华文化认同的视角 [J]. 领导之友, 2016 (13): 5-10.

[10] 崔治忠. 社会主义核心价值观的认知认同与践行 [J]. 苏州科技大学学报, 2017 (2): 1-6, 107.

[11] 崔治忠. 社会主义核心价值观弘扬中华优秀传统道德思想的三个维度 [J]. 广西社会主义学院学报, 2018 (1): 82-88.

[12] 崔治忠. 新形势下民族地区高校意识形态教育面临的挑战与应对策略 [J]. 内蒙古农业大学学报, 2017 (4): 85-89.

[13] 崔治忠. 中华传统道德文化与社会主义核心价值观 [J]. 广西社会主义学院学报, 2016 (5): 10-14.

[14] 方爱东. 社会主义核心价值观论纲 [J]. 马克思主义研究, 2010 (12): 127-135.

[15] 费孝通. 中华民族的多元一体格局 [J]. 北京大学学报, 1989 (4): 1-5.

[16] 冯留建. 社会主义核心价值观培育的路径探析 [J]. 北京师范大学学报, 2013 (2): 13-18.

[17] 韩震. 论国家认同、民族认同及文化认同：一种基于历史哲学的分析与思考 [J]. 北京师范大学学报, 2010 (1): 106-113.

[18] 何萍. 马克思的文化哲学及其传统 [J]. 南京大学学报, 2008 (6): 5-14, 138.

[19] 黄骏. 文化社会学视野中的多元文化互动与社会变迁 [J]. 甘肃社会科学, 2009 (3): 66-69.

[20] 黄骏. 文化社会学视野中的文化与多元文化互动 [J]. 中南民族大学学报, 2008 (1): 168-172.

[21] 黄育馥. 20世纪兴起的跨学科研究领域：文化生态学 [J]. 国外社会科学, 1999 (6): 19-25.

[22] 黎昕, 林建峰. 优秀传统文化的传承与社会主义核心价值观的凝炼 [J]. 福建论坛, 2012 (9): 163-167.

[23] 李德顺, 龙旭. 关于价值和"人的价值" [J]. 中国社会科学, 1994 (5): 116-130.

[24] 汤一介. 传承文化命脉推动文化创新：儒学与马克思主义在当代中国 [J]. 中国哲学史, 2012 (4): 5-8.

[25] 王久高. 社会主义核心价值观的生成与内涵 [J]. 中国特色社会主义研究, 2014 (4): 69-73.

[26] 王磊, 王世荣. "中国传统道德的分析与评价"学术研讨会综述 [J]. 道德与文明, 1989 (1): 29, 41-43.

[27] 王茂森. 社会主义核心价值观培育的家训传承路径探析 [J]. 毛泽东思想

研究，2016（4）：104-108.

[28] 王晓晖. 积极培育和践行社会主义核心价值观［J］. 求是，2012（23）：32-35.

[29] 王玉樑. 价值与文化［J］. 中州学刊，1989（3）：71-72.

[30] 王泽应. 论承继中华优秀传统文化与践行社会主义核心价值观［J］. 伦理学研究，2015（1）：6-10.

[31] 温静，王树荫. 弘扬民族精神以培育社会主义核心价值观［J］. 中国特色社会主义研究，2013（2）：66-70.

[32] 习近平. 决胜全面建成小康社会 夺取新时代中国特色社会主义伟大胜利［J］. 求是，2017（12）：15-34.

[33] 习近平. 为建设世界科技强国而奋斗：在全国科技创新大会、两院院士大会、中国科协第九次全国代表大会上的讲话［J］. 科协论坛，2016（6）：4-9.

[34] 习近平. 在纪念刘少奇同志诞辰120周年座谈会上的讲话［J］. 社会主义论坛，2018（12）：4-7.

[35] 习近平. 在庆祝改革开放40周年大会上的讲话［J］. 前进，2019（1）：4-11.

[36] 习近平. 坚持和完善中国特色社会主义制度推进国家治理体系和治理能力现代化［J］. 求是，2020（1）：1-8.

[37] 徐文涛，赵立波. 社会主义核心价值观知晓度的初步分析：以一种历史研究方法的视角［J］. 中共福建省委党校学报，2016（7）：48-54.

[38] 徐玉明. 简述大学生社会主义核心价值观的知行统一［J］. 思想理论教育导刊，2015（4）：68-72.

[39] 杨向荣. 文化社会学：学科抑或理论浮现［J］. 思想战线，2011（6）：37-41.

[40] 衣俊卿. 世纪之交中国文化哲学研究述评［J］. 深圳大学学报，2003（1）：72-81.

[41] 袁彩云. 金岳霖逻辑思想研究［J］. 江汉论坛，2002（3）：37-40.

[42] 袁贵仁. 关于价值与文化问题［J］. 河北学刊，2005（1）：5-10.

[43] 载斗勇. 文化生态学论纲［J］. 佛山科学技术学院学报，2005（5）：1-7.

[44] 张怀承. 论中国传统道德的诚信精神及其现代意义［J］. 道德与文明，2007（2）：15-18.

[45] 张允熠. 论儒学的实用理性主义与近代实证主义的会通［J］. 学术界，1996（6）：30-34.

[46] 赵金科，陈慧文. 试论社会主义核心价值观与中华优秀传统文化传承 [J]. 中共青岛市委党校青岛行政学院学报，2014（4）：102-106.

[47] 郑海祥，王永贵. 正确认识社会主义核心价值观与先进文化建设的关系 [J]. 思想理论教育，2011（23）：8-12.

[48] 郑晶晶，曲建武. 社会主义核心价值观大众认同的多层诠释及路径探索 [J]. 当代世界与社会主义，2016（3）：93-98.

[49] 郑震. 孙本文的文化社会学与中国社会 [J]. 南京大学学报，2012（6）：138-143.

[50] 周怡. 文化社会学的转向：分层世界的另一种语境社会学研究 [J]. 社会观察，2003（4）：13-22.

[51] 周志山. 马克思生态哲学的社会视阈与科学发展观 [J]. 马克思主义研究，2011（5）：85-92.

[52] 邹广文. 马克思文化哲学思想的展开逻辑 [J]. 求是学刊，2010（1）：29-35.

[53] 钟明华，黄荟. 社会主义核心价值观内涵解析 [J]，山东社会科学，2009（12）：14-18.

[54] 何大隆. 英国：合力传播核心价值观 [J]，瞭望，2007（22）：27.

[55] 胡孝权. 走出西方生态伦理学的困境 [J]. 北京航空航天大学学报，2004（2）：6-10.

[56] 许宪隆，张成中. 文化生态学语境下的共生互补观：关于散杂居民族关系研究的新视野 [J]. 中南民族大学学报，2011（5）：31-38.

[57] 刘立夫，胡勇. 中国传统道德理念的内在结构 [J]. 哲学研究，2010（9）：41-46，128.

三、报纸文章

[1] 运用辩证唯物主义世界观方法论 提高解决改革发展基本问题本领 [N]. 人民日报，2015-01-25（001）.

[2] 中共中央办公厅印发《关于培育和践行社会主义核心价值观的意见》[N]. 人民日报，2013-12-24（001）.

[3] 冯刚. 提高国家文化软实力要努力传播社会主义核心价值观 [N]. 光明日报，2014-07-23（016）.

［4］习近平. 在庆祝中国共产党成立 95 周年大会上的讲话［N］. 人民日报，2016-07-02（002）.

［5］习近平. 在省部级主要领导干部学习贯彻党的十八届五中全会精神专题研讨班上的讲话［N］. 人民日报，2016-05-10（002）.

［6］习近平. 在哲学社会科学工作座谈会上的讲话［N］. 人民日报，2016-05-19（002）.

［7］坚持以人民为中心的创作导向　创作更多无愧于时代的优秀作品［N］. 人民日报，2014-10-16（001）.

［8］习近平. 在第十二届全国人民代表大会第一次会议上的讲话［N］. 人民日报，2013-03-18（001）.

［9］习近平. 在北京大学师生座谈会上的讲话［N］. 人民日报，2018-05-03（002）.

［10］习近平. 永远做可靠朋友和真诚伙伴：在坦桑尼亚尼雷尔国际会议中心的演讲［N］. 人民日报，2013-03-26（002）.

［11］习近平. 在纪念马克思诞辰 200 周年大会上的讲话［N］. 人民日报，2018-05-05（002）.

［12］把培育和弘扬社会主义核心价值观作为凝魂聚气强基固本的基础工程［N］. 人民日报，2014-02-26（001）.

后 记

文化与价值是笔者比较感兴趣的研究主题，但限于知识储备不够和时间精力不足，一直没有做系统且深入的思考。2016年，本人申请获批国家社科基金一般项目"青藏地区多元文化与社会主义核心价值观研究"。为了开展该课题，笔者花了较长时间和较大精力对"文化与价值"进行较为深入的分析，研究结果就是呈现在大家面前的这本书。

关于这本书，我想做以下三点说明：一是本书的题目是《文化与价值》，但内容涉及的主题有文化、多元文化、价值、价值观、社会主义核心价值观、传统儒家道德文化等。主题的"繁多"不仅分散了本书的"焦点"，而且限制了研究成果的学术深度。不过，主题较多的好处是章与章之间的逻辑关系相对松散，读者可以按照兴趣选择阅读特定章节。二是不同于一般的研究成果，本书是笔者对"文化与价值"深入思考和分析的产物。因此，本书对其他研究成果的介绍和批评较少，对相关主题的对立思考较多，而且，主要从哲学角度思考"文化与价值"。其中，很多观点是笔者的一家之言，对错与否有待专家学者进一步地分析与论证。三是由于笔者的学力有限，再加上时间仓促，本书难免存在观点陈旧、论证简单、分析不透彻、结构不严密、语言表述不当等问题。希望各位方家批评指正，以便作者对本书做进一步的修改和完善。

本书的撰写和出版得到朋友和家人的支持与帮助，特此表示衷心感谢。曹海玲教授、方立江教授、张丽萍教授、马春芳教授为本书的撰写提供了宝贵意见和建议，母亲、妻子以及爱女的理解和支持为本书的顺利完成提供了坚实的"后勤保障"，国家社会科学基金和青海师范大学马克思主义学院资助本书的出版，知识产权出版社的韩婷婷女士为本书的编校、定稿和出版付出了大量心血。

作　者

2021年7月